英語動詞の統語法
日英語比較の新たな試み

秦 宏一 著
Koichi Jin

The Modern English Verb
A Pragmatic Approach

KENKYUSHA

緒　言

　わが国の英語教育が抱える問題は、文法に止まらず語彙の学習および発表力の養成など英語学習のすべての面に及んでいる。もともと英語を始め印欧語系の言語は我々日本人に易しいものではない。英語を易しく教えることも易しく学ぶこともできない相談であることを改めて認識しなければならない。我々が英語を使うことに困難を感じるのは伝統的な教育が英語の難しい部分をあえて切り捨ててきたことに一因がある。

　本書の内容には伝統文法あるいは学校文法の「確立した」説明と両立しない箇所が少なくない。既存文法と言語の現実とのギャップ（これは想像以上に大きなギャップであるが）、これを埋めることが当初から著者の狙いであった。本書ではじめて紹介する見解や用語の定義が少なくない。それらの評価は今後を待たなければならないが、こうした事情から同じ文言の繰り返しが類書より多くなっていることをあらかじめお断りしておきたい。

　本書では米英を中心に多数の作家、文筆家から例文を引用している。言語は歴史の産物と考える著者の言語観に従って、扱う範囲を狭義の現代英語に限らず19世紀から現代までおよそ200年間に書かれた英文を対象としている。すでに古風あるいは極めて文語的と判断される場合は個々に指摘してあるので参考にしていただきたい。出典は原則として作者名を記したが手元の記録が失われたものもあり余白の関係で省いた場合もある。

　本書の構想は十年以上前から著者の念頭にあったものであるが、出版が具体化するにあたっては元秀文インターナショナル社長中村宏氏の熱心な慫慂とご鞭撻によるところが大きい。また原稿が編集部に渡ってから中村氏と研究社編集部の佐藤淳氏に並々ならぬお世話になったことを記して感謝の意を表したい。

平成 21 年 2 月

著者　識

略語：

cf. = compare「比較せよ」；e.g. = for example「例えば」；i.e. = that is「即ち」

作家名： 本書に引用する作家名で引用頻度の高いものおよび音節数の多いものを次のように略記した。

G. K. Ch. = G. K. Chesterton（1874–1936）英国の小説家、批評家、詩人。

E. Bur. = Edgar Rice Burroughs（1875–1950）ターザン・シリーズで知られる米国の通俗小説作家。

D. H. Lawr. = D. H. Lawrence（1885–1930）英国の作家。口語を積極的に小説の文体に取り入れたといわれる。

D. Liv. = David Livingstone（1813–73）スコットランドの宣教師、探検家。アフリカ探検記で知られる。

J. Gals. = John Galsworthy（1867–1933）英国の作家。 代表作は「フォーサイト家物語」。

L.M.M. = Lucy Maud Montgomery（1874–1942）「赤毛のアン」シリーズで知られるカナダの女流作家。

R.L.S. = Robert Luis Stevenson（1850–94）「宝島」、「ジキル博士とハイド氏」で知られるスコットランドの作家。

W. Ch. = Winston Churchill（1874–1965）米国の作家。英国の政治家とは無関係。

W.M.T. = William Makepeace Thackeray（1811–63）英国の作家。

W.S.M. = William Somerset Maugham（1874–1964）英国の作家。

主要参考書：

Bolinger, D.　*Meaning and Form*, NY: Longman 1977

Fowler, G.　*Modern English Usage*, London: 1975

Jespersen, Otto　*A Modern English Grammar*, London: rep. 1963

Leech, G.　*Meaning and the English Verb*, London: Longman 1971

Leech, G.　*Semantics*, London: Pelican Books 1981

Partridge, E.　*Usage and Abusage*, NY: The Citadel Press 1965

Quirk, R. et al.　*A Comprehensive Grammar of the English Language*, London: Longman 1985

Sinclair, J.（ed.）　*COBUILD English Grammar*, London: Collins-COBUILD 1992

Barron's A Dictionary of American Idioms, NY: Barron's Educational Series

Harrap's Essential English Dictionary, Edinburgh: Chambers Harrap 1995

Murray J. et al.　*The Oxford English Dictionary* on CD, London: OUP

Wyld, H. C.（ed.）　*The Universal English Dictionary*, London: Routledge Kegan Paul 1933

目　次

序論　日英比較文法の可能性を求めて　1

- 0.0　文法を見る目を養う──日本語と英語　1
  - 0.0.a　体言止め　1
  - 0.0.b　「呼びかけ」について　2
- 0.1　「は」と「が」についての考察　2
  - 0.1.a　「は」と「が」の共存　2
  - 0.1.b　「鯨は哺乳類である」　3
  - 0.1.c　文の省略　3
  - 0.1.d　助詞「の」の機能　4
- 0.2　日本語の制限事項　4
- 0.3　「補語」は単数か複数か　4
- 0.4　名詞の二重性格：[鯨]動物＝[哺乳類]動物　5
  - 0.4.a　「春は曙」の解釈　5
  - 0.4.b　主部と述部の名詞　5
- 0.5　「私はカレーライスだ」の解釈　6
- 0.6　「構造的省略」というもの　6
- 0.7　「XはXだ」という表現について　6

第一章　英語動詞総論　8

- 1.0　日本語の動詞　8
- 1.1　時間、時制、動作の様態　8
  - 1.1.a　未然と已然　8
  - 1.1.b　「発話の時点」というもの　8
  - 1.1.c　発話の時点(MS)と進行形の関係　9
  - 1.1.d　発話の時点(MS)と過去形の関係　9
  - 1.1.e　未来への言及　11
  - 1.1.f　日本語におけるMSの扱い　13
- 1.2　「様態」の定義　14
- 1.3　動作の定義　14
- 1.4　動作の節目　14
- 1.5　様態より見た動詞の種類　14
  - 1.5.a　第1群　15
  - 1.5.b　第2群　15
  - 1.5.c　第3群　16
  - 1.5.d　第4群　16
- 1.6　完了動詞(Perfective Verb)というもの　16
- 1.7　動作のあり方と時間の経過　17
- 1.8　現在という時間　17
- 1.9　英語時制の特殊性　19
- 1.10　日本語と英語の相違点　19
  - 1.10.a　日本語の時間感覚　19
  - 1.10.b　進行形との相性　20
  - 1.10.c　開始と収束　20
- 1.11　動作から見た現在　21
- 1.12　英語動詞の二面性　21

第二章　現代英語の動詞　23

- 2.0　英語の動詞　23
- 2.1　動詞の起源(規則動詞と不規則動詞)について　23
- 2.2　動詞の語根から派生した動詞(強変化動詞 'Strong Verb'　23
- 2.3　名詞・形容詞から派生した動詞(弱変化動詞)　24
  - 2.3.a　弱変化動詞　24
  - 2.3.b　弱変化動詞の由来　24
- 2.4　意味の諸相　25
  - 2.4.a　I 動作のあり方　25
  - 2.4.b　II 動作の現れ方　26
  - 2.4.c　III 時間の表記法について　27
  - 2.4.d　IV 動作の性格について　28
  - 2.4.e　V 動作の収束を含む動詞と含まない動詞　29
  - 2.4.f　VI 空間移動の動詞　29
  - 2.4.g　VII 動作内容を欠く動詞　30

[v]

2.4.h　VIII 意志動詞と無意志動詞の相互関係　30
2.4.i　意志遂行の可能と不可能　31
2.4.j　意志動詞と無意志動詞の組み合わせ　31
2.4.k　IX 類動詞(Generic Verb)　31

第三章　動詞の形態——定動詞、不定詞、動作名詞、動名詞　32

3.0　定動詞(The Finite Verb)　32
3.1　三人称単数現在　32
3.2　不定詞(The Infinitive)　32
　3.2.a　「不定詞」という名の由来　32
　3.2.b　不定詞の名詞的用法に関する学校文法の誤謬を正す　33
3.3　名詞＋to do「〜すること」/ 名詞＋to be「〜であること」　33
3.4　「先取りの it」が選ばれる理由　35
3.5　代名詞 it の扱い　36
3.6　不定詞か動名詞か　39
3.7　不定詞句の to に特有の意味　40
　3.7.a　古期英語の不定詞　40
　3.7.b　「原因および理由の不定詞」というもの　41
3.8　「条件を表す不定詞」は誤り　42
3.9　不定詞の to と通常の前置詞 to との意味の違い　42
　3.9.a　不定詞か動名詞か　42
　3.9.b　動詞の時間の向きと不定詞・動名詞の峻別　44
3.10　「目標に向かう、へ傾く」(「方向」は toward(s))　44
　3.10.a　前置詞 to を目的の意味で使う用法　44
　3.10.b　不定詞句が動詞に直接に接続する場合　45
3.10.c　所謂「形容詞的用法」について　45
3.11　前置詞句として「〜におよんで、〜におよぶような」　50
　3.11.a　叙事文において順序を表す　50
　3.11.b　判断文において人の性格あるいは物の性質を表現する　50
　3.11.c　叙事文、判断文と関係節　52
　3.11.d　be＋形容詞＋不定詞句　52
　　A　非欲求　52
　　　I　「確信」型(主観による判断)　52
　　　II　「確実」型(客観情勢の判断)　53
　　B　欲求　53
　　　I　意欲型　53
　　　II　躊躇型　54
　　　III　懸念型　54
　　C　容易と困難　55
　　D　可能と不可能　56
　　E　上記以外の場合　57
　　F　特例(その1)　57
　　G　特例(その2)　58
3.12　不定詞の意味上の主語　58
　3.12.a　日本語の助詞「が」　58
　3.12.b　似て非なる場合　60
3.13　使われる前置詞の種類とその解釈　60
　3.13.a　「意味上の主語」と前置詞　60
　3.13.b　流動的な前置詞句の解釈　61
　3.13.c　特殊な語法　61

第四章　動名詞　63

4.0　動名詞の由来　63
4.1　文中における動名詞の機能　64
　4.1.a　叙事文(Historical Statement)において　64
　4.1.b　不定詞が適切な場合　65
4.2　動作名詞　65
4.3　動名詞の諸相　66
　4.3.a　動名詞の「意味上の主語」　66
4.3.b　不定詞との混淆　69
4.4　動(作)名詞の便利な機能　69
　4.4.a　動作名詞の性格　69
　4.4.b　古い動作名詞　69
4.5　成句　70
　4.5.a　in＋Noun＋of　70
　4.5.b　可能または不可能　70
　4.5.c　禁止　70

第五章　文 その(一)　72

- 5.0　表現内容から見た二種類の文　72
- 5.1　「叙事文」と「判断文」　72
  - 5.1.a　(1)叙事文(Historical Statement)　72
  - 5.1.b　(2)判断文(General Statement)　72
- 5.1.c　判断文の意味　74
- 5.1.d　叙事文と判断文の組み合わせ　74
- 5.2　叙事文と判断文の接点　74
- 5.3　叙事文としての It is kind of you.　76

第六章　英語動詞のカテゴリー　77

- 6.0　能動態と受動態　77
- 6.1　時制　現在形と過去形　77
  - 6.1.a　時制の連想　77
  - 6.1.b　「時制とは何か」　77
  - 6.1.c　本書における時間の捉え方　78
- 6.2　過去形の独自性　79
- 6.3　注意すべき過去形の用法　79
- 6.4　単純現在形の用法(その1)──判断文　80
  - 6.4.a　自然の法則に対する認識　80
  - 6.4.b　人の習慣、好み、業務の手はず、など　80
  - 6.4.c　地理上の名称　80
- 6.5　単純現在形の用法(その2)　81
  - 6.5.a　歴史上の事実　81
  - 6.5.b　大見出しの現在形　82
  - 6.5.c　作品への言及　82
  - 6.5.d　歴史上の事実　82
  - 6.5.e　出身　83
- 6.6　コマ送りの現在形　83
  - 6.6.a　連続性の表示　83
  - 6.6.b　歴史的現在　84
  - 6.6.c　スポーツの中継　84
  - 6.6.d　手品の実演など　84
  - 6.6.e　順送りの現在形　84
- 6.7　実行型動詞(Performative)　84
- 6.8　未来を語る　85
  - 6.8.a　未来ということ　85
  - 6.8.b　単純な予定　85
  - 6.8.c　非予定　87
- 6.9　行為の実行　87
  - 6.9.a　発話と同時あるいは直後の実行　87
  - 6.9.b　発話の時点と実行の時点の乖離　88
- 6.10　意志を発動できない場合　89
  - 6.10.a　自然の成り行き　89
  - 6.10.b　無意志動詞と話者の予想　90
- 6.11　日本の学習者が注意すべき項目　90
- 6.12　to be going to について　91
  - 6.12.a　to be going to の基本義　91
  - 6.12.b　客観描写の to be going to　91
  - 6.12.c　to be going to と副詞句　92
- 6.13　現在進行形と過去進行形　92
- 6.14　現在完了形の形成　92
- 6.15　完了形の形成　93
  - 6.15.a　想像される経緯　93
  - 6.15.b　完了形の特徴　93
- 6.16　古期英語の語法とその現代英語との対応　94
  - 6.16.a　完了形と未然の表現　94
  - 6.16.b　過去形と完了形相互の関係　95
  - 6.16.c　関係節中の過去形　96

第七章　文 その(二)　97

- 7.0　文と節　97
- 7.1　「節」の定義　97
- 7.2　文と節(続き)　97
- 7.3　語順の変更　98
  - 7.3.a　I 疑問文　98
  - 7.3.b　間接疑問文　99
  - 7.3.c　II 否定文　99
  - 7.3.d　質問と答え　100
  - 7.3.e　III 感嘆文　101

第八章　文型解説　その（一）——序説　102

- 8.0 　五種の構文の取り扱い　102
- 8.1 　「状態」と「様態」　102
- 8.2 　状態とは何か　103
- 8.3 　継続と結果　103
- 8.4 　「様態」の諸相　104

第九章　文型解説　その（二）——本論　106

- 9.0 　英語の文型についての解説　106
- 9.1 　「主語＋動詞＋補足語」の構文　113
  - 9.1.a　補足語の性格　106
  - 9.1.b　「不完全自動詞」について　107
  - 9.1.c　as の出没について　107
- 9.2 　「主語＋動詞＋補足語」の詳細　108
  - 9.2.a　構文の基本的性格　108
  - 9.2.b　本書における「補語」の定義　110
  - 9.2.c　動詞 to be＋形容詞　110
  - 9.2.d　I am Japanese か a Japanese か　111
  - 9.2.e　「太郎は背が高い」　111
  - 9.2.f　比較することの意味　112
- 9.3 　前置詞句による状態の表示　113
- 9.4 　to- 不定詞句が to be の補足語（「補語」）になる語法　114
- 9.5 　主語の to- 不定詞句と名詞が倒置される語法　114
- 9.6 　現在分詞と前置詞＋動名詞　115
- 9.7 　動作名詞と進行形の起源　115
- 9.8 　to be 以外の動詞　117
  - 9.8.a　場所と状態の補足語　117
  - 9.8.b　to appear (to be) fit「元気そうだ」　118
  - 9.8.c　「なる(to become)」　118
  - 9.8.d　受動性を含む比喩表現において　119
  - 9.8.e　特別な場合　120
  - 9.8.f　to get＋形容詞　120
  - 9.8.g　動詞 to grow　120
- 9.9 　数量の増減　121
- 9.10　自然現象について　121
  - 9.10.a　It grows＋形容詞　121
  - 9.10.b　to grow「〜が拡大・増大する」　122
  - 9.10.c　語義の抽象化　122
- 9.11　特殊な構文　123
  - 9.11.a　場所の表示　123
  - 9.11.b　There is / was＋固有名詞　124
  - 9.11.c　普通名詞と固有名詞が重なった中間的な例　124
  - 9.11.d　there- 構文と定冠詞の例（例外ではない）　125
  - 9.11.e　成句 There's the rub.「そこが難点だ」　125
- 9.12　場所の表示が不要な場合　125
  - 9.12.a　判断文　126
  - 9.12.b　特例　126
  - 9.12.c　展開文(The Expanded Sentence)において　127
  - 9.12.d　出来事名詞　127
  - 9.12.e　現在進行中の事態　128
  - 9.12.f　混淆(Contamination)　128
- 9.13　「ここに〜がある」　129
- 9.14　there- 構文における数の一致　129
- 9.15　There's ... の語法　130
  - 9.15.a　There's の数の不一致（口語）　130
  - 9.15.b　複数の選択　130
  - 9.15.c　複数形がないのは不条理か？　131
- 9.16　文型 Ib「名詞による状態」（旧第三構文）　132
  - 9.16.a　主語と述語の状況　132
  - 9.16.b　繋辞「〜である」の論理内容　133
  - 9.16.c　主語と「補語」の確かめ方　134
  - 9.16.d　避板法というもの　135
  - 9.16.e　同一性の確認と分類　135
  - 9.16.f　様態の副詞(Adverb of Manner)の特性　136
  - 9.16.g　特例　136
  - 9.16.h　主語と補語の転置についての追加説明　137
- 9.17　主語の諸相　137
  - 9.17.a　「明日」の品詞　137
  - 9.17.b　題名の扱い　138
  - 9.17.c　引用符と同義　138
  - 9.17.d　特異な構文　138
- 9.18　補語のみの文　138

9.19　主部の省略　139
9.20　述語の諸相　139
9.21　主部と述部の諸相　139
9.21.a　コピュラ文　139
9.21.b　動名詞　140

第十章　動詞と目的語　141

10.0　文型II（旧第三構文）　141
10.1　主語と動詞と目的語の関係　141
　10.1.a　主語＋動詞＋目的語　141
　10.1.b　目的語の省略（その1）　141
　10.1.c　目的語の省略（その2）　142
10.2　動作の目的　143
　10.2.a　動詞と目的語の関係　143
　10.2.b　結果目的語　143
10.3　「似て非なる目的語」としての不定詞　143
10.4　擬似目的語（Pseudo-Object）　144
10.5　動詞 to promise の文構成法　145
　10.5.a　人の与格と物の目的語　145
　10.5.b　人の与格と it～that の目的語　145
　10.5.c　見える規則と見えない規則　145
　10.5.d　動詞 to promise の受動態　146
10.6　動詞 to expect　146
10.7　動作を始める、あるいは終える　147
　10.7.a　動名詞と現在分詞　147
　10.7.b　to begin a-doing　148
　10.7.c　意志動作の開始と収束　149
　10.7.d　その他の場合　149
10.8　品詞不明の～ing 形 'I went fishing, swimming.'　150
　10.8.a　前綴りの消失　150
　10.8.b　前綴り a- をとる動詞　150
　10.8.c　to be ＋a-doing　150
　10.8.d　制限事項　151
10.9　動詞とその使役形（Causative）　152
　10.9.a　印欧語の使役動詞　152
　10.9.b　日英語の違い　152
　10.9.c　語彙上の対応　153
　10.9.d　使役構文の条件　154
　10.9.e　本来の使役動詞　154
　10.9.f　使役動詞と惹起動詞　155
　10.9.g　受動態　155
10.10　文型IIb「主語＋動詞＋与格＋目的語」　156
　10.10.a　与格をとる動詞　156
　10.10.b　論理の要求──授与動詞というもの　156
　10.10.c　授与動詞と紛らわしい動詞　156
　10.10.d　英語授与動詞の判別法　157
　10.10.e　不利益の表現　157
　10.10.f　授与動詞　158
10.11　与格と受動文　158
10.12　文型II（旧第五構文）　161
　10.12.a　主語＋動詞＋目的語＋補足語　161
　10.12.b　第五構文の実態　161
　10.12.c　例文イ）について　161
　10.12.d　例文ロ）について　164
　10.12.e　例文ハ）について　164
　10.12.f　例文ニ）について　165
　10.12.g　文全体に関する場合　169
　10.12.h　for certain, for sure　169
10.13　目的語は意味上の主語か　171
　10.13.a　目的語と不定詞──初期値というもの　171
　10.13.b　初期値（続き）　172
　10.13.c　初期値の変更　172
　10.13.d　初期値がない場合　172
10.14　言説、思考、想像　173
10.15　言説の動詞（Verbs of Saying）　174
10.16　「説得する」意味の動詞　174
　10.16.a　結果を含む動詞　174
　10.16.b　他の表現法　175
10.17　結果を含まない動詞　176
10.18　思考の動詞（Verba Cogitandi──初期値なし）　176
10.19　意欲の動詞　177
10.20　to wish の受動態　178
10.21　英国学者の解釈例　179
10.22　規格外の文型　179

第十一章　現在分詞と過去分詞　181

- 11.0　現在分詞の起源と発達　181
- 11.1　過去分詞の性格　181
  - 11.1.a　結果を継承できない動詞　181
  - 11.1.b　結果を継承できる動詞　181
  - 11.1.c　他動詞　181
- 11.2　過去分詞の制限事項　182
- 11.3　過去分詞の起源　182
- 11.4　過去分詞のない動詞　182
- 11.5　義務分詞　182
- 11.6　分詞に共通する性格　183
- 11.7　再帰動詞の分詞　184
- 11.8　自動詞と他動詞　185
- 11.9　瞬間動詞について　185
- 11.10　他動詞の現在分詞　186
  - 11.10.a　仮想目的語　186
  - 11.10.b　目的語を伴う分詞　186
  - 11.10.c　しばしば -er 名詞　187
- 11.11　現在分詞の述語的用法——進行形 187
- 11.11.a　進行形が成立する要件　187
- 11.11.b　動作内容による判別　187
- 11.11.c　単一の動作が前後して行われる場合の進行形　189
- 11.12　動作の構成　190
  - 11.12.a　進行形の成立　190
  - 11.12.b　行住座臥というもの　191
  - 11.12.c　進行形との関係　192
  - 11.12.d　過去時制　193
  - 11.12.e　体位(FCP)の変更　193
- 11.13　背景としての FCP　194
- 11.14　進行形の諸相　195
- 11.15　単純現在形と進行形の相違　196
- 11.16　段階的進行形(Gradual Progressive)　197
- 11.17　判断文としての進行形　198
- 11.18　仮想進行形(Virtual Progressive)　198

第十二章　過去分詞と受動態　201

- 12.0　直接受動と間接受動　201
- 12.1　用語の問題　201
- 12.2　受動形式と論理受動　201
- 12.3　他動詞の過去分詞と受動態　201
- 12.4　過去分詞の二面性——break と buy　202
- 12.5　「状態受動」と「動作受動」というもの　203
- 12.6　受動文と行為者の表示　204
- 12.7　論理上の受動(受動性)　205
  - 12.7.a　概念上の受動態　205
  - 12.7.b　「首になる＝解雇される」　205
  - 12.7.c　「落第する＝落とされる」　205
- 12.8　他の方法　206
- 12.9　経験と体験　206
- 12.10　行為者を表明しない受動性　207

第十三章　受動文をめぐる諸問題　208

- 13.0　受動態成立の条件(その1)　208
- 13.1　受動態成立の条件(その2)　209
- 13.2　「心理」動詞の特徴　209
- 13.3　受動態成立の条件(その3)　210
  - 13.3.a　受動文構成のバランス(一)　210
  - 13.3.b　受動文構成のバランス(二)　210
- 13.4　主語と行為者の定・不定の均衡　211
- 13.5　受動文成立要件の再確認　211
- 13.6　受動文における行為者の扱い　211
- 13.7　日本語の問題　212
- 13.8　「受動進行形」について　212
- 13.9　現在の標準的語法 to be being done　213
- 13.10　受動進行形成立の経緯　213
- 13.11　受動の論理　214
- 13.12　「受動態」の諸相　215
- 13.13　「再帰動詞」の受動態　215
- 13.14　再帰動詞の自動詞化　215
- 13.15　受動を意味しない受動態　217
- 13.16　再帰用法が存在する動詞と再帰用法が存在しない動詞　218
- 13.17　「再起動詞」起源の自動詞　219

13.18	使役動詞の自動詞化――Ergative Verbs　220	13.22	「現在の状態」と両立しにくい再帰動詞　223
13.19	Ergativeの妥当性　220	13.23	ロマンス系の語彙　224
13.20	英語におけるErgativeの意味　221	13.24	「受動形」が不可能な動詞　224
13.21	意志の有無　222	13.25	相互動詞　224

第十四章　感覚器官の受動的な機能　226

14.0	感覚作用　226	14.16	無意志動詞としてのto wantとto like　235
14.1	五感とその働き　226	14.17	動詞to wantについての注意事項　236
14.2	概念と用語　226	14.18	婉曲的表現　236
14.3	第一類　227	14.19	丁寧な言い回し(I should wish / want)　237
14.4	助動詞canとともに　227		
14.5	第二類　228	14.20	命令および指示の意味を含むYou want to do...　237
14.6	第三類　228		
14.7	動詞＋like＋名詞　229	14.21	That's allの意味　238
14.8	第六感　230	14.22	間接話法としてのto want　238
14.9	動作から出来事へ　230	14.23	性向および好みの表現におけるto like　239
14.10	受動から経験へ　231		
14.11	受動表現の多様性　231	14.24	特定の場合に限る欲求　240
14.12	人に関する非人称文　233	14.25	受動態への転換の可否について(続き)　240
14.13	生理現象と非人称動詞　233		
14.14	ラテン語のimago　234	14.26	類似表現「いま〜したい」　242
14.15	動詞to think(続き)　235		

第十五章　過去分詞と完了形　243

15.0	現在完了の形成の経緯　243	15.2.e	完了受動態　250
15.1	現在完了形I　243	15.2.f	部分的完了(完了II)　250
15.1.a	完了形による過去の総括　243	15.2.g	動詞to beと部分完了　251
15.1.b	分量の表現　244	15.3	現在完了形III　251
15.1.c	二種類ある時間の把握法　244	15.4	現在完了進行形　252
15.1.d	現在完了形と過去時制　246	15.5	完了か継続か――「含み」について　253
15.2	現在完了形II　247	15.6	過去完了形　254
15.2.a	近過去　247	15.7	大過去　255
15.2.b	時間の相対性　248	15.8	完了不定詞　255
15.2.c	動詞to beの完了形　249	15.9	完了分詞と動名詞　256
15.2.d	「今回」の完了形　249		

第十六章　分割文——先行詞と関係節の分離　258

- 16.0 「は」と「が」と英語に対応する英語構文　258
- 16.1 The One Who (The Cleft Sentence)　259
  - 16.1.a 「分割文」とは何か　259
  - 16.1.b 先行詞の位置　260
  - 16.1.c 類への言及　261
- 16.2 分割文の意味　261
- 16.3 「擬似分割文」(The Pseudo-Cleft Sentence)　262
  - 16.3.a 基本構文の分析　262
  - 16.3.b 「擬似分割文」の破綻　263
- 16.4 Vox Populi Vox Dei の意義　263
- 16.5 「物がある」、「ことがある」　264

第十七章　展開文　265

- 17.0 展開文(The Expanded Sentence)　265
- 17.1 「展開文」の定義　265
- 17.2 certain の有無　266
- 17.3 省略構文　266
- 17.4 物の一部の状態(a=a certain)　267

第十八章　名詞節の性格　268

- 18.0 目的語が事柄の場合　268
- 18.1 求められる条件　268
  - 18.1.a that-節の起源　268
  - 18.1.b it の起源　269
- 18.2 直接引用と間接引用　271
- 18.3 間接話法の主動詞　271

第十九章　命令文　272

- 19.0 命令文の性格　272
  - 19.1.a 名称の是非　272
  - 19.1.b 「命令」と「指示」の伝達　272
  - 19.1.c 直接話法の多様性　273
  - 19.1.d 「命令法」の詳細　273
- 19.2 「命令形」が用いられる環境　273
- 19.3 祈願「〜あれかし」(三人称で)　276
  - 19.3.a God (Heaven)を主語とするもの　276
  - 19.3.b それ以外の主語　277
- 19.4 *suffice* it . . . (古風)=*let* it *suffice* . . .　277
- 19.5 be 動詞の命令文　277
- 19.6 譲歩文　278

事項索引　279

序論　日英比較文法の可能性を求めて

0.0　文法を見る目を養う——日本語と英語

　始めに日本語の文構成の特異性、ということについて少し考えてみたい。特異性ということは日本語に限ったことではないが、ここでいうものは英語をはじめとする西洋の言語を念頭に置いた場合にいわれる日本語に特有の性格という意味である。
「文」の構成を見る場合、「主語」である名詞・代名詞を含む部分を「主部」といい、「動詞」を含む残りの部分を「述部」と呼ぶ。述部の核となる動詞を英語で「定動詞（Finite Verb）」という。これは不定詞 (to go) に対する概念で He goes / went など時制、人称などの区別を含む動詞の語形をいう。日本語にも「主部」と「述部」はあるが「定動詞」はない。英語では「主部」と「主語」のどちらも the subject と呼ぶので紛らわしいが概念上の区別はある。「主語」を特に the subject word ということがある。「述部」は the predicate である。次の例では下線部がそれぞれ「主語」および「動詞」である。

　　　実は何を隠そうこの<u>私</u>が　　　あなたが探しておられる山田<u>なの</u>です。
　　　|←　　　主部　　　→|　　|←　　　　　述部　　　　　→|

0.0.a　体言止め

　日本語には「あなたが探しておられる山田なのです、この私が」のように主語だけを文末に回すという「特技」がある。古語では主部が文末に置かれるとき、これを「体言止め」と呼ぶ習わしがある。国語の専門家による和歌の解釈を見ると、この後置された文の主語を誤解して「呼びかけ」のように現代語訳する例が実に多いという事実に改めて驚かされる。例えば「東風吹かば匂いおこせよ梅の花、主なしとて春をわするな(拾遺集)」では述部の「匂いおこせよ」と主語の「梅の花」の順序が散文とは逆になっている。即ち「梅の花は春が風が吹いたならば(いつものように)咲き誇れ、...」の意味である。「梅の花」はここでは「呼びかけ」ではない(次項参照)。

0.0.b 「呼びかけ」について

「呼びかけ」とは第二人称に対して行われる言語行為であるから、印欧語の呼びかけには「呼格(vocative)」という特別の格形が命令形の添え物として使われる。「怒りを詠え、女神よ、ペレウスの子アキレウスのすべてを破壊し尽くすおぞましい怒りを (Homer, *Iliad*)」の形式を取るのである。日本語には印欧語でいう呼格はないが呼びかけの例は無論ある：「時によりすぐれば民の嘆きなり八大龍王雨やめたまへ」(金塊集) など。

しかし海や波などの無生物や概念への呼びかけは西洋では一般的ではないので日本語の呼びかけ風の表現を英語で再現するには人格(神格)を特定する必要がある。例えば「我こそは新島守よ讃岐の海の荒き波風心して吹け」(増鏡)は英語ならば Spare me thy force, Oh *God of the Ocean*, the new Guard of the Island I am. と書くべきであろうと思う。また印欧語とは違い日本語の「荒き波風」は呼びかけではなく「吹け」の主語ではないかと判断される。

印欧語と異なり日本語には主語を持たない「命令形」というものは存在しないので「肯定文」の動詞を「命令形」に置くだけでよい。日本語で主語を表現しないのは「命令文」に限ったことではない。

閑話休題。英語は主語と動詞を中心に文を展開するので日本語の「体言止め」のように両者が離れることはない (第八および九章参照)。例えば「ばかだなあ、私は」に対して英語では What a fool *I am*! という。また「知ってますよ (動詞)、そのことなら (目的語)、私も (主語)」ともいえるが、上述の理由から英語でこの語順は使えないのである。

0.1 「は」と「が」についての考察

0.1.a 「は」と「が」の共存

例えば次の文はどう説明すべきであろうか。

「象は鼻が長い」

国文法の最重要事項の一つとして事あるごとに「は」と「が」の違いが問題とされるが、この問題設定は「は」「が」が互いに排除する関係にあるとの間違った前提に立っているように見える。そもそも上の例では「は」と「が」のどちらも省くことができないではないか。

「私は山田です」→「私は山田なのです (木村ではありません)」
「私が山田です」→「実は私が山田なのです」

上の文の「山田なの」は「山田という人間」ともいえる。下の文の「山田なのです」における「の」は、主語の「実は」を受けて「山田ということです」という意味である。同様に「ソクラテスは人間なのである」は「ソクラテスは人間という動物・生き物・存在なのである」と書いてもよい。

0.1.b 「鯨は哺乳類である」

この判断形式は、数式 2 + 3 = 5 のごとく、左右が等価であることを、言語的に表現したものであるが、その根拠は「鯨という動物は哺乳する動物である」という文に求められる（0.4.a に説く「春は曙」と同じものである）。同時に「動物」以外の要素が左右で異なることも必要条件であって「動物は動物である」は論理上は正しくても言語表現としては意味がない（▶ 0.7）。

0.1.c 文の省略

上に示したソクラテス云々の例にあるように、「象は鼻が長い」は「長い」のあとに、いくつかの語を連ねて、文を延長できる、という事実に最初に着目したい。

　　　「象は鼻が長いんだ・のだ」
　　　「象は鼻が長い動物・生き物だ」

「象」は「長い」ではなく、「の」「動物」「生き物」などに対して、主語の関係にあることは明らかで、原文「象は鼻が長い」は一種の省略語法なのである。即ち、「象はこれこれの生き物だ」というのが、全体の枠を構成していてその内部にもう一つの陳述「鼻が長い」が入り込んでいるのである。しかもこの「長い」は終止形などではなく連体形である（現代口語の形容詞に終止形はない）。本書では仮に前者を「外枠文」、後者を「内枠文」と呼んでおこう。

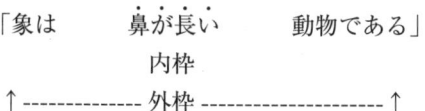

「鼻が長い生き物だ」、「鼻の長い生き物だ」というが「象は」を想定しない限り、このような文は成り立たない。この「が」は「鼻の長い」のように「の」と交代することがある。

0.1.d　助詞「の」の機能

次に、述部に見られる「の」について考察する。「は」を主部とする文の述部は、既に述べたように、「のです」の形をとる。

　　　「〜は〜のです」

この「の」は体言と同等のもので文中にある位置をしめているが辞書的な内容はない。「象は鼻が長い動物・生き物だ」ともいうから、「の」は体言と交代できることが分かる。機能単位ではあるが辞書的な内容がないという意味で英語の不定代名詞の one に似ているといえよう。

0.2　日本語の制限事項

ところが、「の」と体言の関係に関して、ここに意外な制限がある。述部で表現される動作が、特定の折の一回限りの動作、現象であると、「の」は名詞(特定の体言)と入れ替えができない。逆に一般論では「の」は文脈に合ったものであれば、それができる。「これから私は手紙を書くのだ」──「〜書く人間です」は不可。「私はうそいつわりは言わない人間です(可)」──「〜言わないのです」も可。また「の」は、主部の内容次第では、人や物だけでなく、「事柄、出来事、行為」を述部として受けることもできる。

「言うのは易いが、実行は難しいのだ」＝「言うことは容易だが実行は難しいことだ」

0.3　「補語」は単数か複数か

The whale is a mammal の a mammal が「哺乳類」を意味するのであれば、*Whales are a mammal ともいえるのではないかという疑問が生じるかもしれない。この a mammal は「哺乳類に属する1個体」の意味であるから、主語の個体数だけ補語にも必要となるのである。即ち whale 1 + whale 2 + whale 3, etc. = whales と理解すべきである。従って Whales are mammals となる。しかし補語に置かれた名詞が総称的あるいは集合的な内容であれば、類名詞として単数形となる。

They were *a gang*. (A. Christie)「彼らはならず者の集団だった」‖ These fish are *a species* of mackerel. (E. T. Bullen)「これらの魚はさばの一種である」‖ Young practioners are a *most hopeful class* of community.「若い開業医は町で将来を嘱望されている人たちだ」‖ The Russians are *a very religious peo-*

ple.（D. M. Wallce）「ロシア人は信心深い民族である」

0.4　名詞の二重性格：［鯨］動物＝［哺乳類］動物

「鯨という動物は哺乳類という動物だ (The whale is a mammal)」というとき、主語と補語のどちらにも「動物」という言葉が言外に含まれている。「鯨」＝「哺乳類」の等式は成立しないが、「鯨という動物は哺乳類という動物だ」と見れば、それが成り立つ。また「鯨」と「哺乳類」との間には「概念の梯子」という原則が成り立つ（▶ 9. 16. c）。

0.4.a　「春は曙」の解釈

「春夏秋冬」というときの春は「季節」であるから「春という季節」といい換えてもよい。「春という季節は曙が美しい季節だ」ということを「春は曙」とかの枕草子の作者は表現しているのである。英語に置き換えると

　　　The season of spring is *the season* of auroral beauty.

となる。同じ単語が主部と述部にあるとき、英語では初出を削除し、再出を残すので結局 Spring is *the season* of auroral beauty / when dawn is at its best となる。日本語はどちらも省く。西洋人の耳に「春は曙」が「非論理的」に響くとしても、名詞の一つを省くか、両方とも省くかの違いにすぎない。五十歩百歩を笑うのたぐいではないか。同様に「100 マイル」は距離をいうのであるから *The distance* of one hundred *is* a great distance＝One hundred miles *is* a great distance となる。「数の一致」の例外ではない。

0.4.b　主部と述部の名詞

主部と述部に同じ名詞があるときは、主部に名詞を残すこともできる。但し、名詞が特定の個体を指す「定」の状態であることが条件になる。述部には代名詞 one を置くが、これは主部の名詞が不可算扱いであるときは使えない (*Beauty is a true one)。例えば The space is a large one というときの *the* space の原型は *a* space である。

The cigar was *a good one.*「質のよい葉巻だった」‖ *The site* was *a good one.*「目的に合う場所だった」‖ *The bed* was no doubt *a good one.* ‖ The prospect is *a serious one.*「見通しは予断を許さない（のだ）」‖ Your problem is *a serious one.*「君の問題は深刻だ」

0.5 「私はカレーライスだ」の解釈

いわゆる早口言葉に「隣の客はよく柿食う客だ」というのがある。英語でも A friend in need is a friend in deed のように同じ言葉を繰り返すことがある。また「うちの客はよくスイカを食うが、隣は柿だ」ともいえる。この「隣は柿だ」とは「隣の客は柿を食う客だ」というのと同じであるのなら、「私はカレーを注文する客だ」も「私はカレーだ」といえるのではないか。また「春は曙」が「春という季節は曙の季節だ」という意味であるならば、「吾輩は猫である」即ち「吾輩という動物は猫という動物だ」と同じ論理構造でなければならない。

0.6 「構造的省略」というもの

文の一部を習慣的に省略することは「おはよう」、「さようなら」など、英語なら Good morning, Good night, Thanks 等々どの言語にもある。Good morning は God give (s は不要) you a good morning「神があなたによい朝を与えんことを」の短縮形と説明される。「隣は柿だ」のごとく言語表現の一部が無条件に省略される状況を本書では「構造上の省略」と呼ぶ。例えば "Will you lend me a dollar?"「一ドル貸してくれ」"Nothing doing!", i.e. I will not do it.「いやだね」(Barron's) また口語の Who by? は by whom の変形ではなく Who was it done by? など文の省略と見てよい。因みに Where from? は門番の誰何の言葉「どちらの方ですか」でもある。また Dear me!, Bless you! では 習慣的に God が省かれている (▶ 7. 3. a; 10. 1. b)。ほかにも Well, I never!「それは驚きだ」、Well, I never do.（強い否定）など省略による慣用表現は多い。

0.7 「X は X だ」という表現について

日本語で「腐っても鯛は鯛だ」、「軽くても罪は罪だ」というが、英語も同じらしい。

Arson was arson; a man in prison more or less was a man in prison more or less! (J. Gals.)「放火は放火だ。刑務所暮らしの人間は所詮は刑務所暮らしなんだ」∥ "Why?" "Because *horses are horses*, and *pigs are pigs*; it's natural for horses to shy at them." (J. Gals.)「所詮馬は馬、豚は豚さ。人を避けたがるのも道理だ」∥ But *an order is an order*, and a good soldier can but shrug his shoulders and obey. (C. Doyle)「命令は命令だ。兵士というものはあきらめて従わねばならぬ」∥ But *facts are facts*, and I have twice heard this crying upon the moor. (C. Doyle)「信じられなくても事実は事実です。荒野で二度もあの声を聞いたのです」∥ Life is too short. *Facts are facts*. (C. Dreiser)「命短し。この事実は変えられない」∥ *Boys* will be *boys*.「ガキはガキ、性根は変わらぬ」。cf. There are *hotels and hotels*.「ホテルにもピンからキリまである」∥ *My friend is my friend, no matter how he is dressed*. (H. Kemp)「どんな身なりでもおれの友はおれの友だ」∥ Duty is duty. ∥ Business is business.「私情は禁物」

この筋道は次のように説明される。

$$放火・程度^1 = 放火・程度^2$$ 「（程度の違いはあっても）放火は放火だ」

「放火事件 1 も、放火事件 2 も、放火には違いない」という意味。

$$豚・個体^1 = 豚・個体^2$$ 「（個体は違っても）豚は豚だ」

この表現が特殊であるといわれるのは、X・Y＝X・Zの非共通項であるYとZが表面に出ないため一見したところ 3＝3 のように見える、という点である。

第一章　英語動詞総論

1.0　日本語の動詞

　日本語と西洋の言語を比べて見ると、動詞のあり方が大きな相違点であることに気づく。序論でふれたように「定動詞」とは動詞が文中に現れるときに時制、人称、数、法を表示する形態をいう (He *walks, is* walking, *walked, has* walked)。日本語にない「定動詞(finite verb)」というものは我々日本人には実に分かりにくい。例えば「昨日おもしろい映画を見た」は「映画を見たのです」を縮約した形であるから、「見た」は終止形ではなく連体形であり、英語の定動詞 (I) saw とは根本的に性格が違う。

1.1　時間、時制、動作の様態

1.1.a　未然と已然

　国文法では事態が未だ現実になっていない状況は「未然」であるといい、既に発生し終わっている事態は「已然」であるという。これを図示すると

　　［已然形］　　　　　　　　　［未然形］
　　今朝6時に成田に着いた　　　予定通りに6時に成田に着けば

英語の時制は「何時何分」という時間の点が情報としてあることを前提にして運用されるが、日本語ではこの時間の点の情報が欠けていても困ることはない。例えば「トンネルを通過してる」という文は「(今)トンネルを通過している」とも「(既に)トンネルを通過している」ともいうが、未然の文脈でのみ「(これから)トンネルを通過する」という。日本語では既に現実になっているか否かという二点のみ関心が集中して、他の時間の関係は無視するのである (▶ 1.1.c; 8.2)。

1.1.b　「発話の時点」というもの

　「発話の時点」即ち英語で the Moment of Speaking (MS と略記) というのは「ちょうどいま進行している時間」というのと同じことである。ある人が無言

で新聞を読んでいるとき、時間は音を伴わずに進行しているが、言語の使用がないため人の意識に上らない。しかし絶えず移動するこの経験的時間は過去、現在、未来の時を設定するときの基準点として重要である。例えば「今朝の6時」というとき、「今」即ち発言の時点がもとになっている。無音の時を意識に呼び戻さなければ過去と現在、現在と未来という概念と概念の関係を確立できないのである。にもかかわらず、英語では一般の言語使用者にはこの基準点を使用しているという意識はないものと思われる。「平成20年1月1日に」というときは時間の点が固定されているので MS は基準となり得ないが、さりとて発話が行われている以上 MS がないとはいえない。要するに基準値としての MS の機能が一時的に「おあずけにされている」(suspended) ということである。I have arrived では have が MS と平行しているともいえるが I had arrived では MS が再び見えなくなってしまう(今から見た過去のさらに過去)。

1.1.c　発話の時点(MS)と進行形の関係

　MS の他に過去と未来にそれぞれ点を設定すると過去進行形、未来進行形の環境が得られる(▶ 2.4.c)。むろんこれらの点は固定されたもので MS のように移動するものではない(何年何月何日何時何分)。

　　　　●固定点　　　　　　　移動点 MS →　　　　　　固定点○
We were passing through the tunnel. ‖ We are passing through it. ‖ We will be passing through it.

1.1.d　発話の時点(MS)と過去形の関係

　現在の状態の発端は過去形で表現することがある。

'With a space behind it sufficient to conceal a man?'
'Yes, — in fact, there's a small recess, but how you *knew* about it? (A. Christie)
「後ろに人一人かくれる空間がある」
「確かにそうだが、どうしてそれを知ったのですか」
"How *did* you *know* that's my room?" Mary asked swiftly. (C. Gilman) ‖ You have the photograph? — I *know* where it is. — How *did you find out*? (A. Christie) ‖ "How *did you come*?" asked Mrs. Tolbridge; "on horseback?" — "No, ma'am; with a wagon." ‖ (F. R. Stockton)「どうやってここへ来たの？馬？」「いえ馬車です」‖ You *demanded* to see me, mademoiselle? Sit down, I pray of you. (A. Christie)「私に会いたいというお話でしたね。まあ、おかけく

ださい」
'How can I help you?'　　　「いらっしゃいませ」
'I'm looking for ...'　　　　「...を探しているんだが」
'You *came* to the right place.'　「それなら当店にございます」(TV)

シェイクスピアの *Julius Caesar* で Mark Antony が追悼演説(実は扇動演説)をする場面に I *come* to bury Caesar, not to praise him とある。日本語なら「本日は父の使いでまいりました」というところであるが現代英語では現在形、過去形どちらも例がある。

To-day I *come* on your business and none of mine. (C. Reade)「本日参ったのはあなたの用向きです」‖ I *come* to arrest him, and I'm goin'to. (Z. Grey)「あの男を捕まえに来たのだから実行するつもりだ」‖ Strictly speaking, I *come* from Charley, because I left him only a little while ago. (C. Dickens)「Cには先ほど会ってきたところです」‖ 'I *came* to see your father for a few moments — on business,' Austen explained.... 'One reason I *came* was because — because I *wanted* to hear the worst.' (W. Ch.)「私がここへ来た訳はとことんまで事実を知りたかったからだ」‖ 'I'm very glad I *came* to you, Mrs. Weatherstone,' said the girl. (C. Gilman)「お目にかかれてよかったと存じます」

この過去形について英語学者 O. Jespersen が「過去形を使うのはここへ来る決断をしたのが過去だから」などと苦しい説明をしたことがあった。そもそもI arrived a week ago など過去形ではその時から現在 (MS) との連続感は保証されない。I *came* to bury Caesar には過去形であるにもかかわらず現在との連続感があることが奇異に感じられたのであろう。現代英語においてこの種の連続感は現在完了形の特徴であるからである — cf. I am a curiosity dealer, you understand, and that is why *I have come* to England from Smyrna, but next week I go back once more. (C. Doyle)
この世に生を受けてから一時期でも生を離れてどこかへ行って戻ってくることが不可能である以上、I was born に同じ性質の問題が既に含まれているにもかかわらず伝統文法家が十分注意を払わなかった。「生まれた」はなかんづく英語、ゲール語は過去形のみであるが、ドイツ語、ノルド語などでは現に生存している人 (一人称!) と物故した人では現在形と過去形を使い分ける。後者の言語では MS に時制の形を合わせているわけである (Ich *bin* in Berlin geboren. 'I

第一章　英語動詞総論　　　　　　　　　11

was born in Berlin.' ‖ Thomas Mann [1875–1955] *wurde* in Lübeck geboren. 'T. Mann *was* born in Lubeck.')

文法優先	They arrived a week ago.	現在の居所は不明
	They have just arrived.	結果が現在に継続
	We have been flying 3 hours.	状態が現在に継続
事実関係優先	I came here to bury Caesar.	現在演説中
	I was born in 1970.	現在も生存中
	We left Tokyo 3 hours ago.	現在飛行中

現在完了形＋現在進行形＋未来表現は次のように使われる：He (i.e. Jesus) *has been raised* from death, and now he *is going to* Galilee ahead of you; there you *will see* him.（Matth. 28.7）「主は蘇えりすでにガリラヤへ向かっておられる。その地でお目にかかれるであろう」

1.1.e　未来への言及

　事態が未来へずれると、開始の部分が現在形で表現される。未来への言及は進行形による場合もある（▶ 6.8.a）。

Poirot:　Without doubt. She *is coming* here.「きっとそうです。その御婦人がきますよ」
Hastings:　How do you *make* that *out*?（A. Christie）「どうして分かるのだ」
"How *do you know* I expect a *she*?" asked the doctor.（J. F. Cooper）「私が女の子を期待しているとなぜ分かるのかね」‖ 'What *do you say*, dear?' said my wife, looking across at me. '*Will you go*?'（C. Doyle）「（ホームズさんからの電報のことですけど）あなたどうなさるおつもりですの。お出かけになりますか、と妻が私のほうを見て言った」‖ How *do you know* it won't produce, till it has been tried?（B. M. Bower）「やってみないうちに土地に作物ができないとどうして分かるのだ」‖ I believe he *is coming here*（未来）... Yes, I rather think he *is coming* to consult me personally. I *think I recognize*（現在）the symptoms.（C. Doyle）「あの男はここへ来ると思う。私に折り入って相談したいことがある。その兆候が見えていると思う」

　次の例には過去、現在、未来への言及が含まれている：*I shall expect* you to amuse me tomorrow — *I want you* to tell me all about yourself, and how *you came* to visit these wild islands of ours.（W. Collins）

この現在形の性格に関して筆者はまだ結論を出していないが、心証としては「判断文」(▶ 5.0.b) ではないかと思っている。無線通信で使われる Do you read me?「聞こえますか」と同じく「これからのことを含めてこれこれができる環境にあるか」という意味である。「今言ったことが聞こえましたか」はむろん Did you read (または copy) me? という。

【備考】
1. 助動詞 can は未来の文脈でも be able to と交代しない。以下の例には現在への言及を含まない: I *can* only decide to take it with me, when I see her *to-morrow*, and to let the circumstances determine whether I *shall risk* letting her see it or not. (W. Collins)　直訳:「あす彼女に会うときにはじめて決められる」'I *can* do it tomorrow' などは日常会話に頻出する。
2. I *came* here to see you では既に会っていること (已然) が前提であるが、I *am here* to speak to you は既に会っているがまだ話を始めていない含み (未然) となる。現に会って話をしている相手に ?? I *am here to see* you というのは妙である (cf. I am here *seeing you in person*)。また I'm here to see *him*, etc. は「未然」であるから問題ない。

変則的な「未来形」
to expect「予期する、期待する」to hope「希望する」などは名詞節中に助動詞を援用するが主動詞は現在形のままで MS (発話の時点) を示している。

I expect you'*ll* miss her very much! ‖ I hope I *shall* go abroad some day. ― cf. At this moment I expect (i.e. suppose) her face *is* as bright as the sky. この to expect は「想像する」意味の口語法で未来への言及はない。

不定詞構文では常に未然の意味となるが副詞句で補強することが多い。

The lecture starts *at 10* and I expect you *to be punctual*, i.e. I expect you'll be punctual. ‖ *To-morrow* I expect *to quit* this place. ‖ I hope *to come* home on leave about *June 4th*. ‖ I expect *to be going next week*. (E. Oppenheimer)

このとき口語英語では MS に対応している主文の動詞に助動詞を使うことがある (I shall expect＝I expect)。論理とは別に心理的色彩 (modality) が濃い。

I *shall* expect to see him. ‖ 'I *shall* expect you, then, at Eyford at 11:15.' 'I shall certainly be there.' ‖ I *shall* hope to see you shortly. ‖ If you come to town I *shall hope* to have the pleasure of seeing you. (C. Darwin)「当地へ来られたときお目にかかれるものと念じております」— cf. I *shall look* forward to seeing you again this afternoon. (C. Doyle)

名詞節の主文の動詞の shall / will は蛇足であるがこちらも使用例がある。

I *shall* hope that you *will* use the influence of early friendship ... (A. R. Wallace)「昔のよしみでご助力願いたいものと存じまして ...」‖ I *shall* hope you *will* change your mind about the illustrations. (B. Hart) ‖ I *shall* expect that you *will not* violate that word. (W. Carlton)「食言されては困る」‖ The bishop *will* expect that you *shall* attend this school. (A. Trollope)

1.1.f 日本語における MS の扱い

　日本語では「到着したのです」も「そのとき既に到着していたのです」も「～です」の部分は変化しない。あらゆる発言を締めくくる日本語の「です」は MS に相当する、というのが(暫定的ではあるが)筆者の解釈である。しかも言語的に MS を表現しない英語が MS を基準として「時制」の体系を組み立てているのに対して、日本語はこれを表現しているのに、あるいは表現できるにもかかわらず MS と動作の間に連携がない。次の日本文のどれが英語の進行形に対応しているのだろうか。

（イ）「既に日は傾いている」　（ロ）「雨が降っている」
（ハ）「顔が輝いている」　（ニ）「本を手に持っている」
（ホ）「いまトンネルを通過している」　（ヘ）「既にトンネルは通過している」

日本語では MS から見て進行中の状態と、MS から見て完了した結果の状態を表現上区別しない。発話の時点 (MS) と動作が行われる時間が連携する英語では、（ホ）に対しては進行形 We are passing ... （ヘ）には完了形 We have passed が適用される。前者では MS と動作の時点が一致しているが、後者では MS に対して既に動作は収束している。この事態は並行して走っていた列車の一方が他方を追い抜いてしまった状況 (The one has overtaken the other) に例えられよう。英語などと違い日本語では「いま～」と「既に～」の動作の部分「～」は共通項目となっている。英語の現在完了形（第十五章参照）ではこの出来事の余韻がまだ「ホット」なのである。

1.2 「様態」の定義

　第一義として動作の「様態」とは動詞の意味内容を構成する動作の性質をいう。例えば、「切る」という動作は瞬間的であるとか、「歌う」という動作は継続的である、といわれる。第二義は、ある時の一点における動作の状況をいうもので、「切る」という瞬間的な動作もひっきりなしに切りつづければ継続中として把握できる（「チョキチョキ切る、スパッと切る、スパッ、スパッと切る」）など。前者は語義論(semantics)における動作のあり方であり、後者は統語論(syntax)における動作の表現形式の意味内容である。本書では特に用語は設定せずに日常的な言葉で事柄の説明を行うことにする。

1.3 動作の定義

　「動作(action)」には基本的な性質として

- 行為者があり、かつその意志の発動によって動作が行われること
- 動作というものは開始・継続・収束の三相で構成されていること

人間はこの世に生を受けて人生を送り、ついには世を去っていく。これもまた三つの相からなるといえないこともない。しかし一般の「動作」とは決定的な違いがある。誕生以前は人間は無であり、死してまた無となる。一方の「動作」は人の誕生とともに開始されて、辞世に至るまでやむことなく続く。しかもその数は人生(lifetime)のごとく一つではなく、無数に繰り返される。例えば、座っていた私が立ち上がって十歩歩き、再び座ったとしよう。そのとき「私は立ち上がる、歩く、座る」の三動作をしたと理解される。この区切りの数が動作の数と見なされるのである。

.... | standing up | .... walking .... | sitting down | ....

1.4 動作の節目

　ゆっくり歩いている人が急に歩調を早めるとき「その人が走り出した」という。一方では時速60キロで「走っている」自動車が急加速して80キロへスピードをあげても、表現は変わらない。人の歩行が「歩く」から「走る」へ変わるのは意識的に立てた区別である。

1.5 様態より見た動詞の種類

動詞の分類(grouping of verbs)

次に時制と密接な関係がある動作の「様態」に着目してみよう。定義上、動作とは開始・継続・収束の三部分から構成されている。

$$\text{Beginning 開始} \text{──} \text{Duration 継続} \text{──} \text{Ending 収束}$$

動詞は第1群から第4群までの4種類に分かつことができる。

1.5.a 第1群

開始・継続・収束が短時間で終わると見られるもの:「咳をする」「瞬きする」「切る」「折る」など。動作そのものは瞬時に収束するので、進行中としてとらえることができないが、動作は任意に繰り返すことができる。

(i) I am *shutting* the windows.
(ii) He *has been coughing* all night.

主語と目的語の性質によっては、反復が必要条件となっているものがある。例えば太鼓は連打するものであるし、星は連続して光るものである(少なくともそう見える)。日本語では擬声語を用いて「ドンドンと太鼓をたたく」「星がキラキラ光る」などという。

(iii) They are *beating* the drums. (個別の動作は hit あるいは strike)
(iv) The stars are *twinkling* in a cloudless sky.
(v) He *hit* me a blow on the face.
(iv) He *kept hitting* himself on the chest. (反復)

1.5.b 第2群

第1群と同じ瞬時に完結する動作で、理論上中間部分が全くかけているものがある。「接触する」(touch) および「離れる」がその代表的な動作で、それぞれ開始か収束のどちらかのみをいう。競売で Going, going, going, gone! という going も後者の例である。
この群の動詞には変種がある。「出発する(leave)」、「到着する(arrive)」、「戸を開ける・閉める(open, close)」、「離陸する(take off)」、「着陸する(land)」などで基本的に接触とその反対の動作をいうものであるが、動作を行う主体の形状あるいは動作の対象の構造などから、いわば準備の時間(start-up time)が多少必要となるため、動作が進行中のように思われることがある。例えば旅客機が車輪を下ろして滑走路に接地直前にある状況を The plane is landing と表現す

る。接地する動作は瞬間的であるから「接地しつつある」とは「接地直前である」ということになる — cf. We are at take-off, i.e. we are ready to take off.「離陸準備OK」‖ We are taking off, i.e. we are in the process of taking off. (TV)「離陸中」。同じように We are losing him! (TV)「まずいぞ(患者の容態が急変したときの医師の言葉)」

1.5.c 第3群

　ここに属する動詞は動作が進行する過程をとらえたものであるが中間部分にある程度の長さを確保する必要がある。例えば一歩前へ進むことを step forward というが、これには継続性は認められない。しかし stepping forward を繰り返すことで実行される walk という動作ならば、これを「歩行中」として把握することが可能になる。また「食べる」は「噛む」「咀嚼する」「飲み込む」を一つの単位として繰り返す動作である。

　　　　step forward — step forward — step forward　　［walking］
　　　　bite + chew + swallow — bite + chew + swallow　　［eating］

私たちが日常的に行う動作には瞬間的な動作も多々あるが、「歩く、食べる、話す、読む、見る(watch)、立っている、横になっている」など第3群の動作が圧倒的に多い。これらの動詞は進行形と非常に相性がよく、無条件でこの形式を適用することができる (I'm walking, eating, talking, reading, watching.)

1.5.d 第4群

　特定の動作を含まない動詞(所謂状態動詞)をここに納める。動詞 to be がその典型で「どこそこにある」という意味である。例えば God exists は God is everywhere と同じことになる。これらの動詞は情緒や認識を表す動詞を始め to live, to remain など個々の動作のイメージが薄らいで、状態のように受け止められる。

1.6　完了動詞(Perfective Verb)というもの

　to know, to recognize, to understand など認識を意味する動詞は(イ)「認識する」と(ロ)「認識した結果いまも認識している(知っている)」の両義がある。印欧語の文法では後者を「過去的現在形(ラテン語: praeterito-praesentia)」と呼ぶ。
(イ)は多く過去形に出る: I *knew* him *at once.*「すぐ彼と分かった」‖ I *at once*

understood that some early Portuguese traders had penetrated to these islands. (A. R. Wallace)「ポルトガルの商人がこれらの島に来ていたことがすぐ分かった」

現在形は完了の結果としての状態の意味となる。

I *know* you. I'm sure we met before. ‖ We *consider* the matter settled.「一件落着」‖ *I understand* you are from the States.「あなたはアメリカの方でしたね」— You are from the States, aren't you より丁寧(politer)である。to remember では Can you remember「思い出せるか」が前者で、Do you remember「覚えているか」が後者に当る。

1.7　動作のあり方と時間の経過

定動詞を発話の時点 (MS) から切り離すこともできる。「(今) 仕事が終わった」は MS に関係するが、「仕事が終わったときは」にはそれがない。英語でも従属節においては定動詞であっても MS との関係が切れる。例えば英語の The rain will stop (by the evening)「夕刻までに雨は止むだろう」では、未来の事態を現在 (MS) の延長線上に見ているのであるが、when the rain stops と書けば、時間はいつでもよいことになる。

これはかつて従属節においては仮定法 (正確にいえば「接続法」) が使われていた事実を反映したものである。接続法の現在形、過去形は体験的時間に対応していない。現在でも動詞 to be に限って if it *be* fine tomorrow ということがある。成句 as it were「いわば」の過去形も過去ではなく現在の事態を指している。また従属節において動作動詞の過去完了形は過去形とほぼ同義となる。過去の事態は「収束した (= 完了)」と見られる。自然終了と意図的な動作の終了の両者を併せて以下「収束」と書く。

Immediately after *he left*, she heard . . . ‖ And after he *had left* her there alone, I heard . . . (M. R. Reinhart) ‖ when he *finished* his meal, . . . ‖ When *he had finished* his meal . . .

1.8　現在という時間

伝統文法の提示法によれば時間の流れに従うとき、下に示した図において已然と未然の中間がブランクのままである。この部分が所謂「現在」に相当するとされる。

過去(已然) [.............. 現在 ....] 未来(未然)

この図式には重大な欠陥がある。「正しい」図式を下に示す。

現在→

時間の経過は線状 (linear) ではなく点の連続 (series of dots) として提示されなければならない。時間の経過とは●が止むことなく先へ進むさまをいうのであり、その限りでは「現在」は一瞬たりとも静止することがない。上の図では時が一刻進むたびに白丸が黒丸に変わるといってもよい。欧米の文法家がいう「瞬間的現在」などというものは理論においても実践においても存在しえないものである。

H. G. Wells の *Time Machine* に次のような対話がある：

— And you cannot move at all in Time, *you cannot get away from the present moment.*

— My dear sir, that is just where you are wrong... *We are always getting away from the present movement.*「時間の中では身動きがとれない。現在というやつ (＝MS) はこれを振り切ることはできないものだ」「そこだよ、君、そこが間違っているのだ。我々はいつでも現在の動きから遠ざかっているのだよ」

我々の意識は常に黒丸の先端に位置していて、絶えず先へ進んでいるという実感がない。いわば列車で旅する乗客にとって周りの「野や山があとへあとへと飛んでいく」のである。時制論でいう「過去」とは、黒丸の一点あるいはその一定数の連続を指す。白丸は未来、即ちまだ現実になっていない出来事である。この白丸が刻々と黒く塗りつぶされていくのが時間の経過なのである。この意味で「現在に過去がある」ともいえる。時計が時を刻む tick-tack 音にそって事態が進んでいくと考えてもよいだろう。

↑　　　　↑　　　　↑
6時　　　現在　　　12時

実体験としての時の流れに対して、英語では現在以前に収束した事態には過去形を用い、現在 (即ち MS) において展開しつつある事態には現在進行形を、い

まだ実現していない事態には現在形か、または動詞＋助動詞など補助的手段を併せて用いる(▶ 1.1.c.)。英語を始めゲルマン系の言語には未来形は存在しない。

1.9 英語時制の特殊性

現代英語では上に示した図の上で矢印上にある動作は必ず進行形でなければならない。初期近代英語では進行形はなお成立前夜にあった。例えば

Cordelia: 'How *does* my royal lord? How *fares* your majesty?' (*King Lear*)
「上様のご機嫌はいかがでございましょうか」
'Speak, Clifford, dost thou know who *speaks* to thee?' (*Henry VI*) 「いまそなたと話しているのが誰か知っておるのか」
Polonius: 'What do you *read*, my Lord?' (*Hamlet*) 「殿下、なにをお読みで？」

今日でも How do you *do*? (定型句) How *fares* it with you? (古風)などという。現代英語では習慣的な動作に単純現在形を、上図の矢印上の動作には進行形を適用する。

1.10 日本語と英語の相違点

1.10.a 日本語の時間感覚

日本語では過去から現在まで既成の事実として確認されている事態はすべて「已然」として扱われ、いまだ事実となっていない事柄は「未然」とみなされる。日本語では発話の時点(MS)と動作の様態に関係なく「〜している」と表現する。「今仕事をしている」—動作と発話の時点(MS)が一致。「仕事をしていると、電話が鳴った」—動作とMSが不一致。継続態の「〜している」にも「た」が含まれているが、英語でも語の内容を見るとき、例えばbeatingのように一旦は収束することを前提とする反復が進行の意味になることはある(▶ 1.5.a)。日本語は「いる・ある」という語句がどのような事態についてもそれが収束した結果を時間の経過を無視して無条件に現在の状態として受け入れる。「古いコンピューターが故障したが、新しいのを買ってある」英語にはこれができる動詞とできない動詞がある(▶ 1.12)。

    雨が止んだ(もう降っていない)→雨が止んで・いる
    The rain stopped — *The rain is stopped
    Somebody *stopped* his car in our parking lot. 「(無断)駐車した」

The car *is stopped* in our parking lot. 「(無断)駐車している」

英語では to stop が「駐車する」意味のときは現在の状態として「～ている」と表現できるが、「雨がもう降っていない」状況を降り止んだ状態(It is stopped)とはいえない。

1.10.b　進行形との相性

また英語の進行形は、動作が進行しているさまを状態に見立てる文法的手段であるが、開始・継続・収束の三過程中で継続のみあって開始・収束のないもの、所謂状態動詞は進行形を適用できない。あるいは既に状態としてあるものをあらためて状態化することはできないともいえる。日本語にはこうした制約はない。

カランカランと、鐘が鳴っている(連続) The bells *are ringing*. ‖ ベートーベンの第九を演奏している(継続)　They *are playing* Beethoven's the Ninth. ‖ 太郎は、花子を愛している(状態) Taro *loves* Hanako.

1.10.c　開始と収束

「鐘が鳴り始めた」は、The bells *began ringing* であるが、「太郎は花子が好きになった(? 愛し始めた)」は Taro *fell in love* with Hanako である。The bells stopped ringing はあるが、to love の本来の意味において、*Taro stopped loving Hanako とはいわない(表現のみのトリックとして小説などで見かけることはあるが)。先に挙げた例「9月だというのに富士山にはもう雪が降っている」というとき、いまちらちら雪が舞っているのが見えるという意味ではない(▶ 2.4.b)。元来「穴を塞ぐ」意である to stop (cf. stop up)は「止まる」ではなく「わざと止める」ことである。

人の行為は随時収束が可能である： He stopped talking ‖ He stopped [whatever he was doing] ‖ He stopped loving Mary「言い寄る行為を止めた」(やや特殊な表現) cf. to make love to ‖ He does not love Mary any more. 他方、現象には意志が含まれない： The rain stopped ‖ It stopped raining (▶ 10.7.b). また意志の伴わない状況でも生理的現象は意志があるかのように扱われる： His nose *is bleeding* (He has a nose bleed) ‖ What's *ailing* you, Susan?「具合が悪いの？」‖ Her heart *was throbbing* ‖ Ethel had on low slippers and *was shivering and coughing*.

1.11 動作から見た現在

　時間として見た「現在」は進行する時間の最先端にある点であるが、進行中の動作は開始以来現在までを一つの動作と考えることができる。例えば午前10時に成田を離陸してロンドンへ向かっているとき、離陸してから現在までは「今回の旅行」といわれる。時間としての現在は「点」、動作としては開始から現在までの「点の連続」となる。現在完了進行形の項（▶ 15.4）参照。

　　「今」という時間に限定　　　　　　　「今回の動作」として把握
　　●●●●○ → NOW　　　　　　　　●●●● | ○○○○○ → NOW
　　　　　　　　　　　　　　　　　　　前の動作

We are flying towards London.　　　　We have been flying for 6 hours, since we left Narita.

　欧米の文法家が現在は「点」であるが心理的には幅があるとして「心理的現在 (psychological present)」と表現しているのは、この事実を意識してのことと思われる。また「今回の旅行」の枠内では「判断文」（▶ 5.0.b）を使用できる。

On this trip we use mobiles to communicate with each other. ‖ We have with us on this occasion one, as we my say, our equal in birth and breeding.（C. Gilman）「今回は生まれも育ちも私たちの仲間といってよい方がおいでです」

　さらに「巨視的現在進行形（▶ 11.14）も視野に入ってくる：We are not visiting museums on this trip. ‖（現在完了）So far we have followed Mr. Glaisher's account only.（J. Bacon）「これまではG氏の話だけでやってきた」

1.12 英語動詞の二面性

動作の完了とその結果の状態

　そもそも英語の動詞には大きく分けて二種類ある。その一つはa)に示したタイプの動詞であり、他はb)のように日本語同様に結果を「状態」として提示できるものである。この二種類の区別は先に指摘したように日本語にはない。

a) We bought a new computer — *A new computer is bought.　結果を提示できない
b) Somebody broke my glass — My glass is broken.　結果を提示できる

a) タイプの動詞は本書でいうところの「状態」を表現できない動詞である。例

えば to kill の過去分詞 killed に対応する「状態」は dead である。これを図示すると

a) ・・・・・・・・・・＊・・・・・・・・・・ → now　　b) ・・・・・・・・・・＊＊＊＊＊＊＊＊＊＊＊＊＊ → now
　　bought / killed　　　　　　　　　　　　　　broken / dead

但しこの制限は時の流動する現在時に限定され、過去時制ではこの制限はない (e.g. 'A new computer was bought.')。過去時では特定の時点を固定的にとらえて、そのとき買われたと表現できる。Cf. *The castle is *built* — The castle is *built on hilltop*.

同じことが自動詞についてもいえるが、やや規定がゆるい（古風あるいは方言）。

Joy to the world the Lord *is come*. (賛美歌) ‖ Chaos *is come* again.「再び混沌の世となった」‖ Things (pl.!) *is come* to a pretty pass. (C. Dickens)「厄介な事態になった」‖ He *is come and gone*. (A. Brontë)「来たと思ったらまた行ってしまった」‖ I feel that the time *is arrived* when Mr. Micawber should exert himself.

なお「離れていく、去っていく、消えていく」意味の動詞は現在も使われるが比喩的な意味になることが多い (cf. to vanish like a dream)。

She *is gone* to bed, doll and all. (C. Reade)「人形などをもって寝てしまった」‖ My youth *is gone* like a dream. (E. Gaskell)「わが青春夢のごとし」‖ She *is vanished*, she is dead. (E. Abbot) ‖ Hope *is vanished*. ‖ Thor *is vanished*（雷神トールがいなくなり), the whole Norse world *has vanished*.「世界がなくなった」

第二章　現代英語の動詞

2.0　英語の動詞

動詞(the verb)は文の核となる部分である。

　　数 NUMBER ‖ 人称 PERSON ‖ 時制 TENSE ‖ 法 MOOD

時制とは発話の時点 (the moment of speaking) から見た出来事の時間上の位置づけである。例えば to eat を発話の時点(MS)と平行に置くと I am eating となり、MS より前に置くと I ate または I have eaten となる。また I eat out this evening「今日の夕食は外で食べる」は現在形であるが MS ではまだ実現していない(未来への言及)。

「直説法」も MS との関連が密である。英文法の「仮定法」は印欧語の文法では「接続法」と呼ぶ。他に「条件法」「希求法」「命令法」などがある。これら直説法以外の法に対する語形上の裏付けは現代英語にはないが機能の一部は存続している。直説法以外の法では過去形が過去を意味しないなど言語形式と MS との対応が異なっている。

2.1　動詞の起源(規則動詞と不規則動詞)について

　学校文法で過去形および過去分詞が -ed に終わるものに限って「規則動詞」と呼ぶ。この伝統的分類法は経験上の事実に合致しない。to cut は不変化で keep kept kept, read read read, leave left left などは過去形・過去分詞が必ず同形であるから「規則的な」動詞である。歴史的に見ると to love と to cut / keep は同じ変化様式の下位タイプであった。どちらも派生動詞で名詞、形容詞および動詞をもとに新たに作られた。

2.2　動詞の語根から派生した動詞(強変化動詞 'Strong Verbs')

　「強」とはドイツ語 stark の直訳で盛んに動作が行われることを意味するが、ここでは「頻繁に変化する」ことであり「弱 'schwach'」はその反対の意味である。「変化する」のは動詞語幹の母音である。動詞(および名詞、形容詞)の活

[23]

用についていわれる「強」'strong'「弱」'weak'は「ゲルマン語文法」の著者で童話の収集で知られる (J. Grimm 1775–1863) の用語である。これを英語に strong, weak と直訳したため意味が分かりにくくなった。

  to sing: he sings, he sang, he has sung

このタイプの変化は印欧語で重要な語形成上の原理である母音交替 (ablaut; vowel gradation) によっている。現代英語で born, chosen, torn など過去分詞が -n で終わるものがそれである。現代では write — wrote — written / sing — sang — sung が最もよく強変化動詞の古形を伝えている。「母音交代」とは子音の枠内の母音を入れ替えて種々の文法上の機能を表現する印欧語特有の手段であった。例えば sit, set, seat, soot, nest は「定着させる」という意味の動詞の母音を変えて作られた同系統の単語である。また「家畜を追う」という意味の to drive の母音を変更して drove「(移動する)家畜の群れ」が作られた。現代英語では「母音交代」は意味を持たなくなっているけれども所謂「語源研究」を含む同系語の確認には必要な知識である。

2.3　名詞・形容詞から派生した動詞（弱変化動詞）

 名詞、形容詞、動詞から派生した動詞を弱変化動詞という。

lufu ＞ lufian ＞ to love ‖ cool ＞ colian ＞ to cool ‖ *drenkjan「飲む」— drankjan ＞ to drench「無理に飲ませる」

2.3.a　弱変化動詞

	過去形	過去分詞
タイプ1	-ede	-ed — loved 〜 loved
タイプ2	-de	-d — keep 〜 *keep-de ＞ kepte ＞ kept / *keepd ＞ kept

現代英語で過去形と過去分詞形が同じもの (lead — led — led; work — wrought — wrought) はタイプ2の系統である。to cut は理論上は *cut-de — *cut-d であった。

2.3.b　弱変化動詞の由来

 名詞から動詞が派生する：to lead「導く」は導くことという意味の動作名詞 lad (a は長音) から作られた。現代英語の lode (star)「導きの星；北極星」であ

る。
teach「教える」＜ token「しるし」から派生した動詞で原義は「物を示して知らしめる」こと。廃語に to beteach *to show* というのがある。
動詞から動詞が派生する動詞：to drink — drank ⇒ *drankjan* ＞ to drench *to make drink*「飲ませる」。所謂「使役形」で日本語で「上がる」～「上げる」というのと類似の現象である（▶ 10.9）。古来の使役動詞で現代英語に残存する例は少ない：to rise — to rear（raise は北欧語）；to sit — to set; to lie — to lay など。

2.4　意味の諸相

以下の説明において「動詞」と「動作」を区別している。

2.4.a Ｉ　動作のあり方
「意志動詞」と「無意志動詞」
　「動作」をするときはまず意志の発動があって次に動作が実現する。

　　　　〈意志の発動　→　動作の開始〉

しかしすべての「動作」に人の意志が関与しているわけでない。例えば「降りる」go down, descend は意志による動作であるが「落ちる」fall は違う。意志の有無に直接関与しない動詞も多い。例えば航空機あるいは船舶が to go down するのはそれぞれ「墜落する 'to fall from the sky'」「沈没する 'to go below water's surface'」ことである。
ことの性格上、物をなくしたり (to lose)、忘れたり (to forget) すること、さらに「喜怒哀楽」にも意志の関与はない。意志が関与する動作を「意志動作」、関与しないものを「無意志動作」、それらに対応する動詞を便宜上「意志動詞」、「無意志動詞」という (▶ 3.7.b)。また「(不)随意動作・動詞」ともいえる。日本語では「太鼓をたたく」とも「打つ」ともいうが「転んでひざを打った」はあるが「転んで膝をたたいた」はない。英語の to see には「～が見える (I saw a light)」という意味と「医者に見てもらう (I went to see my doctor)」、「医者が患者を診る」(The doctor is seeing his patients) など意志、無意志どちらにも通じる。to hear も「～の意見を徴する」意では意志動詞である (▶ 2.4.h; 9.7)。

2.4.b Ⅱ 動作の現れ方

　同じ動作、現象でも見る角度を変えるとその性格が違って見えることある。例えば「歩く」という動作は位置の移動を主意とする。しかし見方を変えると歩 (steps) の連続に見えてくる。前者が線状であるのに対し後者は点の繰り返し (反復) である： walk ＝ step＋step＋step＋step＋

同じ物体でも見る角度によって姿が異なる。田子の浦から見た富士の姿が最も美しいというとき「姿」である。これを「相」というが文法用語としても使われる。I love you というときの love を進行形にしないのは継続性という「相」の認識によるのであろう。日本語では「新聞を読んでいる」のも「愛している」のも「している」ことに変わりがない。

(a) 短い動作：　　　　　　「プツンと切る」'to cut'
(b) 時間を含まない動作：　「触れる」'to touch'
(c) しばらく続く動作：　　「読む」'to read'
(d) 非動作：　　　　　　　「喜ぶ」'to rejoice'

「動作」は「開始」「継続」「収束」の三過程を経て絶えず他の動作と入れ換わっている。

｜開始‥‥‥‥継続(今新聞を読んでいる)‥収束｜→次の動作

(a) は継続の部分が非常に短くて開始と収束がほとんど同時のように受け取られる。プツンと切る、ピカッと光る、(連続する身体の動作)ウインクする。こうした動作を進行形に置くと、「繰り返しによる継続状態」となる：I'm cutting a tape to pieces. ‖ Lightning is flashing. / The church bells are ringing.「教会の鐘がカランカランと鳴っている」

日本語の継続相は英語とは性格が大きく異なる。連続とはいったん終えた動作を間をおかずに繰り返すことで、上述の to wink がその例である。日本語には現在分詞のような語類がないので動作の継続を「繰り返し」として表現する。

　　　　雪やこんこ霰(あられ)やこんこ、
　　　　降っては降ってはずんずん積もる、
　　　　山も野原も綿帽子被り、
　　　　枯れ木残らず花が咲く。(文部省唱歌)

ここに見られる「降っては降っては」に注目していただきたい。「降った」は已

然の意味であるがひっきりなしに降ることをこのように表現するのである。「た」の繰り返しは本来の完了的意味は薄いで事態の継続を意味する文法形式と見ることができる。事実、「愛している」では繰り返すべき動作がない。

(b)「始める」「終わる、止む」など動作の開始と収束を内容とする動詞で現代英語では to begin, to start（原義「ピクッと動く」）∥ to end, to finish（原義「境界に達する」）∥ to stop（原義「塞ぐ」）。これらの内容を動作から取り出してはデモンストレーションして見せることができない。例えば「さあ、始めて」というとき何かの動作を始めるのであり、「開始」、「収束」の部分のみを取り出すことはできない。進行形は目前で実現しようとしている事態を描写する（▶ 1. 10. a）：The plane is landing. ∥ The rain is stopping.

(c)「歩く」「食べる」「話す」などは動作の遂行に時間の経過が必要なものをいう。瞬間的に歩いたり食べたりすることはできない。人間の動作の大部分がこのタイプである。進行形ともっとも相性がよいのもこの動作の特徴といえる。歴史文法で durative verbs「継続相の動詞」と呼んでいる。進行中であるとは既に開始したことが前提であるが、まだ収束していない状況である。

(d) 喜怒哀楽、好悪感情などむしろ人間の生理的な側面を表現する動詞は動作を含まない。意志で発動、停止ができないものは原則として進行形を用いない。日本語の「している」にはこの制限がない（▶ 1. 10. c）。

英語：　　I love you, Hilda. You know that, don't you, dear?
日本語：　「あの人はわたしを嫌っている」

この種の動詞は現代英語では極めて少なく、通常は to be + adjective の形式による。古期英語には「嬉しい」（feon = rejoice）「沈黙している」（swigan = be silent）「悲しい」（sorgian = be sorry, sad）などの動詞が存在したが、中期英語に至る過程でほぼ消滅した。現代英語では to be alive / living, to be silent, to be ill, to be glad という。

2. 4. c　III　時間の表記法について（▶ 1. 1. c）

　（イ）現在進行形は時間上の特定の一点と関連づけることはできない。先に説明したように「時が経つ」（Time passes）のを止められない以上これは当然である。

　（ロ）過去進行形および未来進行形は過去および未来の一点との関連がなけ

れば使用できない：What were you doing?「あなたは何をしていましたか」は何かが起きたとき、例えば「銃声を聞いたとき何をしていましたか」という意味である。

 i) Where were you, what were you doing *when you heard the shot*?
 ii) What were you doing *between 8 and 9*?

ii)は「8時から9時の間の任意の点」という含みである。

2.4.d Ⅳ 動作の性格について
動作名詞(action noun)というもの
　「名詞」と「動詞」は文法上の職能を異にするそれぞれが別の「品詞」であるが、動作という概念は人間の経験内容であるから品詞の枠にとらわれずに名詞でも動詞でも表現できる。品詞の枠内では動詞から名詞を作ることができるし、その逆も可能であるが、概念は一つである。例えば「読みが深い」などというときの「読み」は品詞は異なるが概念は「読む」という動詞と同一である。同様に「よみ・やすい、わかり・にくい、食べ・ごろ」など。動作と意味内容を共有する名詞を「動作名詞」(action noun)ということがある。この名称は本書でも使用する。英国の英語で drink driving とは「飲酒運転」を意味するが、この drink は「飲むこと」という意味の動作名詞である(「酒飲み運転」)。これに対して米語では drunk driving というが「酒を飲む行為」という意義素は同一である。類例：data *analysis*（データ分析）、security *check*（空港などでの所持品検査）、car *wash*（洗車）、insurance *fraud*（保険詐欺）など。

概念としての動作はその背後にある経験上の内容が一様でない。例えば「ドラムをたたく」ときは動作が反復される含みがある一方で「スイッチを押す」のは一回ですむ。動作の反復の有無は名詞にも多少は反映される。例えば There was a knock at the door は一回のノックであるが There was a knocking at the door はひとしきりノックされたことを含蓄する。他方「咀嚼する」は繰り返すことが前提であるから、同じ「噛む」という意味の to bite と異なり a chew は「噛み始めてから噛み続け噛み終わる」までの一過程を意味する。例えば 'Mr. Pappleworth *gave a chew to* his gum. (D. H. Lawr.)'

同じ区別が動詞ではさらに重要な意味を持つことになる。動詞 to beat は「繰り返し打つ」意味であるから無条件で 進行の状態になるが、to hit は「連続して打つ」という文脈でのみ進行形と見なしうる(類義語: to strike)。He *gave her a [bad] beating* for it.「あざができるほど何度も殴った」。また a winking diamond は「キラキラと光る」意味である。同様に 'twinkling stars'「キラキラ星」という。また I had *a nose bleed* というのは「ひとしきり鼻血がでて止まった」という状況である。

2.4.e V 動作の収束を含む動詞と含まない動詞

すべての動作は開始されることによって動作と認識されるが「収束」の扱いはさまざまである。例えば to bring はゴールが最初から予定されているが to carry には収束点は含まれていない。前者は完了時制と相性がよくて後者は進行形によくなじむ。

　　　　　to bring　　→ |　　　to carry →

to walk「歩く」の場合、終着点を含意しないために完了性と両立しないのである。I have walked *for an hour / a mile* ならば問題はない。このような完了形の用法を筆者は「部分的完了 (partial completion)」と呼んでいる (▶ 15.2.f)。

2.4.f VI 空間移動の動詞

　空間を移動する意味の動詞を特にこの名称で呼ぶことがある。この類の動詞に共通する特徴がある。2種類の区別がある:

(イ) 一つの地点から他の地点へ移動すること (to go, travel, move, fly, swim, creep, etc.)

終着点は補足することができる: I walked *to the station* (i.e. he went to the station on foot). ‖ They flew *to New York* (i.e. they went to New York by plane). ‖ He swam *across* the Dover (i.e. he reached France by swimming).

(ロ) あちこち定めなく動き回ること。空間の広さは問題にならない。宇宙空間でもよく部屋の中でもよい。通常 (イ) の動詞に about, around を加えると (ロ) の意味になる。

to roam (about), wander, etc.; to go about the garden「庭の中を歩き回る」; to travel around the country「国内を周遊旅行する」。この類の動詞は終着点が示されない限り上に説明した「部分的完了 (▶ 2.4.e)」のみが有効になる: We *have flown* for ten hours, i.e. we left Narita ten hours ago.

2.4.g　VII　動作内容を欠く動詞

　内容が指定されていない動詞として to begin, to start; to continue; to finish, to end, to stop などがある。「開始」「継続」「収束」の概念は独自の動作内容をもたないから開始、継続や収束のみを抽出してこれを「実行」することはできない。このタイプの動詞を単独で用いると動作の内容は文脈から自動的に補われる。

I stopped [walking, thinking, working, etc.]

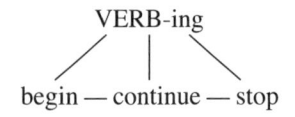

```
          VERB-ing
         ╱   │   ╲
    begin — continue — stop
```

動作（上図の VERB-ing）が明示されないときは、そのときどきの動作を始めるか継続するか収束させることである。例えば試験場で「はじめ！」といえばその意味は自ずから明らかである。進行形もあるが特殊な意味になる（▶ 1.5.b）。

2.4.h　VIII　意志動詞と無意志動詞の相互関係

　意志動作、無意志動作については既に略説した（▶ 2.4.a）。無意志動作が単発的に行われることはまれで、通則としては意志動作を実行中に何かのきっかけで思わずある動作をしてしまうということが多い。例えば I tripped over a stone は「（歩いているときに）石に躓いた」のである。また無意志の動作が原因となって別の動作をしてしまうという局面もある。「屋根を修理中に足を踏み外して梯子から落ちて腕の骨を折った」： While repairing the roof, I *lost* my footing and *fell* off the ladder; I *broke* my arm.
無意志動作にはさらに「自己の意志に反した取り扱いをうける」というものがある。例えば He lost his job は「解雇された」意味である。整理すると次の三つのタイプになる：

(a) He *jumped* into the river.　「飛び込んだ」　　意志動作・能動型
(b) He *fell* into the river.　　「川にはまった」　無意志動作・能動型
(c) He *lost* his job.　　　　　「解職された」　　無意志動作・受動型

上記(b)型の動詞としては to float (cf. to swim), to glide (cf. to fly), to bump / run into「ばったり会う」などが思い浮かぶ。(c)の He lost his job は He cooked the books ... the upshot was that he lost his job「帳簿をごまかして...結局解雇された」などと書く。他に to forfeit「権利を失う、剝奪される」、to perish「落命する、事故で死亡する」など。

2.4.i　意思遂行の可能と不可能
　意志動詞であるが結果のみ不作為というものもある： I *succeeded* / *failed* in getting the work done on time.「予定通りにうまくいった、うまくいかなかった」— 所謂 Man proposes, God disposes「人間の企てがいつも成功するとは限らない」という状況である。また I *made a mistake in* letting him know the facts「あれは間違いだった」/ I made some typing errors では結果が意図に反する。

2.4.j　意志動詞と無意志動詞の組み合わせ
　また「回想する」は意志動詞であるが「思い出す」は意志でコンロールできない。

　　　　　I'm　　*trying to*　　　remember...
　　　　　　　　意志動詞　　　　無意志動詞

「覚えている」は「忘れないように意を用いる」ことで前半は無意志であり後半は有意志である。命令文 Remember the letter!「手紙（の投函）を忘れないで」は後半にのみ関わる。結果はともかく約束したり将来の誓いを立てることはある： They *swore to love* each other.「将来の愛を誓い合った」‖ He *promised to remember* me in his prayers.「祈るときにお名前を忘れないと約束してくれた」

2.4.k　IX　類動詞（Generic Verb）
　「類動詞」とは辞書的内容が不特定なる動詞で所期の結果にのみ注目し動作の内容は問題にしないものをいう。例えば「待つ」、「祝う」という動詞には特有の動作がない。例えば What are you doing there? — I'm waiting for a friend of mine といえるのは「待つ」という行為に視認性が乏しいからである。to cook は「食材を火で処理する」が意味内容でその動作は調理法により多様である。

　　　　　　　　　　　　cooking
　　　　　　　　　　　　　↑
　具体的作業：　boiling　frying　stewing　steaming　grilling

第三章　動詞の形態
——定動詞、不定詞、動作名詞、動名詞

3.0　定動詞(The Finite Verb)

「定動詞」(finite verb)は動詞の特徴、即ち人称・数・時制・法などに応じて変化する。

3.1　三人称単数現在

所謂三・単・現の -s というのも定動詞(▶0.0)の一形態である。この -s は中世英語(古期英語と中期英語)の北部方言から取り入れたもので、この方言では一人称単数を除くすべての人称に -s があったのである。heren 'to hear' を例に取ると：

1 sg. here　2 sg. heres　3. sg. heres | pl. heres (Mossé / Walker 1952 による)

定動詞のカテゴリーに 受動態などの「態」はこの基本部類には入らない。動詞について「不定詞」というのは固有の「活用」を行わないという意味である。活用を行わないものは機能上もはや動詞ではない。文章中にあっては名詞として働く。現代英語で原形あるいは不定詞と呼ぶものはかつて動作名詞であった。この名詞相当形に to を置いて前置詞句としたのが所謂 to- 不定詞である。以下に不定詞および動名詞、伝統文法の所謂「準動詞(verbals)」について筆者の立場から解説する。

3.2　不定詞(The Infinitive)

「不定詞」は英文法以外では「不定法」と呼ばれている。

3.2.a　「不定詞」という名称の由来

この名はラテン文法の modus infinitivus「非限定法」に由来する。不定詞はもとは動作名詞でこの名詞に前置詞 to がついたものが所謂 to- 不定詞である。古期英語では前置詞の要求にしたがって名詞が与格に置かれていた。前置詞句

であるから名詞句として働くことはない。

古期英語　etan 'to eat'：＋to etannne＋'to eat＝for eating'

3.2.b　不定詞の名詞的用法に関する学校文法の誤謬を正す
　所謂不定詞の「名詞的用法」といわれるものがある。

1) *To err* is human. 「誤るのは人の常である」

この不定詞句は主語の位置にあるために外見は前置詞句であるにもかかわらず名詞に相当する要素であると伝統文法で説明されてきた。また次のようにもいう。

2) *It* is absurd to *say so*. 「そういうことは言うも愚かである」

前置詞 to を伴う不定詞は前置詞句であるから、動詞の部分 (err, say) は名詞でなければならない。一体全体、前置詞句であるものがどうして名詞相当句になるというのであろうか。また 2) の it は何であろうか。次の例を見て頂きたい。

「新しい橋の建設計画は実現しそうである」
3) The plan *to build* a new bridge is likely to materialise.
「新しい橋の建設は不可能であると分かった」
4) The committee found it [*i.e. the plan*] impossible *to build* a new bridge.

上記 3) では名詞と不定詞句がじかに繋がっていて不定詞句が名詞を「修飾」しているらしいことは容易に推定できる。1)と 3)、2)と 4)を重ね合わせると

　i) [?] to err is human.　　　　ii) It [＜ ?] is absurd to say so.

となる。また 3) からこの ? は名詞の何かであるらしいことは容易に想像がつく。

3.3　名詞＋to do「〜すること」/ 名詞＋to be「〜であること」
　上に見たように省かれた名詞は the act / the state であろう。the act to do はやや古風な in act to do に例がある。

I *am in act to do* a mad thing — to stand for the Edinburgh Chair of History. (R.L.S.)「いま私はとんでもないことをしている、大学の歴史の教授に応募しているのです」‖ But when I saw him lift and poise the book and stand *in act to hurl* it, I instinctively started aside with a cry of alarm.(C. Brontë)「本を手に持って投げつけようとしているのを見たとき私は叫び声とともにとっさに身をかわした」

【備考】 現今では in the act of doing の形式で動名詞を分詞化するために使用される。The car was caught *speeding*[1], i.e. *in the act of speeding*[2].(newspaper)「スピード違反で検挙された」なお speeding[1] の品詞決定に関しては 4.3「動名詞の諸相」を参照されたい。

これらの名詞を省いて to- 不定詞のみ残す理由は不明であるが、とにかく the act to do, the state to be が廃れて the act of doing, the state of being が現代英語の標準的な語法となった。the act と the state 共通の要素として通常は代名詞の it が使われる。そこで次のような規則が立てられる:「to- 不定詞句は代名詞 it が支えとなる場合にのみ文中で名詞として機能する」
しかもこの代名詞は表現されることもあり、そうでないこともある。金子みすずの詩にあるように昼空の星のごとく「見えないけれどもある」のである。

They desired [it] to proceed — *it* was desired to proceed.
They wanted to proceed — 対応なし

こうした場合に勝手に it を挿入して *they wanted [it] to proceed — *it was wanted to proceed などと書くことはできない。
Your duty is *to close the door on him*.「お前の仕事は(何かといえばそれは)あの男を家に入れないようにすることだ」(W. Collins) という文では不定詞句が補語のように見えるが実はこれが主語である。また主語と述語の倒置も起きている。正規の語順は *[*It*] to close the door on him is your duty > It is your duty *to close the door on him* となる (cf. I think *it* is your duty *to marry Mr. Haverley*)。その一方で述部が形容詞であるとき倒置は起こりえない: Don't think *it* is easy *to do this*; *it* is very hard *to give up* the best day of all. (L.M.M.) 不定詞句に it の支えがないと「義務分詞」(▶ 11.5) となる: What is *to be done* now?
「名詞的用法」の不定詞句を文の後部へ移動する際に不定詞句があった主語の場所に普段は省かれているこの代名詞 it を置かなければならない。但し既に述べたようにないものは置けないから He begged to be forgiven「どうか許していただきたい、と言った」という文を *it was begged to be forgiven といい換えることはできない。この代名詞が目的語である場合は省略しないのが通則で

ある (I found *it* impossible *to proceed*)。以上の事実は不定詞句が名詞相当句ではないことの証左と見ることができる。

To learn to read is the business of half a life.（L. Macaulay）「読書術を会得するには半生かかる」「読むのは半生の仕事である」‖ *To learn* is not *to know*; there are the learners and the learned. Memory makes the one, philosophy the other.（A. Dumas）「学ぶの（＝こと）と知るの（＝こと）は別だ。学ぶには記憶力があればよい。知るには哲学が必要だ」‖ But *to bustle* about it like a caged canary, and *not ever to falter* in your hilarity, is heroic.（J. Cabell）「鳥かごの中のカナリアのように羽をばたつかせながら快活でいられるのは並みの人間にできることではない」‖ *To scratch* or *to retire* is *to cheat* your opponent of his just triumph.（W. Tilden）「出場を取り消したり、リタイアすることは対敵から正当な勝利の機会を詐取することである」

3.4 「先取りの it」が選ばれる理由

To do so is easy ― *It* is easy *to do so*. < *it + to do* so is easy.

it の有無は意味内容に影響を与えないから、どちらを選んでもよいわけであるが、修飾語句が多くて主語が長くなるときは it を使わざるを得ない。学校文法でいう「先取りの it」である（次項の説明参照）。この語順によって後ろに置かれた部分を増幅する可能性が生まれる。ドイツの文法学者 Otto Behagel はこれを「増大する部分を後回しにする原則」と呼んだ。従来の説明の欠点は「先取り」が行われる条件を明示できないということにある。長いから後ろへ回されるというが、短くても後ろへ回される例をどう説明するのか。予知性（predictability）の欠如は文法論としては致命的である。

Wouldn't *it* be a good idea *to go to bed*?「そろそろ床についてはどうかな」‖ *It* might be a good idea *to learn some Czech* before going to Prague.（Harrap's）「プラハへ行く前にチェコ語をすこし学んでおくのもいいかもしれない」‖ *It* is the business of the administration *to see* that this is the case.（E. Bellamy）「こうした事態を確保することは管理者の仕事である」‖ *It* is heroic *to sacrifice* one's own interest to do good.（H. Walpole）「自己の利益を犠牲にしてまでも善をなすのは義侠心である」‖ But to almost anyone *it* is possible *to learn Russian* if at first it is presented in a lettering that gives no trouble.（H. G. Wells）「学びはじめに文字を工夫すれば*ロシア語の学習は誰にとって

も造作もないことだ」(*「ローマ字を使えば」という意味である) ‖ How easy *it* is *to be* deceived as to the height of these animals is well shown in the case of the Sumatran Orang. (A. R. Wallace)「これらの動物の背丈をいかに見間違え易いかはスマトラのオランウータンの例で十分証明されている」

【備考】
1. 不定詞句を文頭へ移動すると支えの代名詞が消失するが中期英語（14世紀）に反例がある：*To wone* any quyle in this won, *hit* was not my ernde (*Sir Gawain and the Green Knight* 257) 'To stay any length of time in his dwelling [ ] was not part of my mission.' (A. C. Cawley)

2. 「分割文」であっても It was to see you ~~that he came~~ など *that*-clause が表現されないと to- 不定詞句が一見して「補語」のように見える場合がある："I know why he was at the gate at that hour. *It* was to meet a woman." "To meet a woman! He?" "Yes, sir."(C. Doyle)即ち It was to meet a woman that he was at the gate の意味である。「旦那様があのような時間に門のところにいらしたのは女性に会うためだったのです」

3.5　代名詞 it の扱い

　コピュラ文の主語と補語（▶9. 16. b）が不定詞句であるときは *To see her was to love her* のように it が使えないが、主語の位置に代名詞 it が必要となるのは以下の場合である。要するに前置詞つきの不定詞句が名詞として機能できないために支えの代名詞が必要なのである。

a) 形容詞に修飾語がついているとき

To do so is easy — how easy *it* is *to do so*.

How hard *it* is *to prevent* one's wish biasing one's judgment. (C. Darwin)「欲求が判断を狂わせるのを防ぐのがいかに難しいことか」‖ *How easy it is to go* from bad to worse, when once we have started upon a downward course! (M. Twain)「いったん下り坂になると事態が悪化することのいかに速いことか」‖ Nor I am a physiologist. But I know enough to see *how ruinous it would be to stop* all progress in so grand a science as Physiology. (C. Darwin, *Letters*)「私は生理学者でもありませんが生理学のような崇高な学問の進歩を止めるようなことがあれば学問の壊滅であることはよく承知しています」

b）疑問詞あるいは関係詞がある場合

There are other rooms, higher up, of important men, to be sure, but *to* enter which *it* is not so much of an honour.「上階にも部屋があって VIP に利用されているが、そこへ入るのはさほど名誉なことではない」‖ Now you know what *it* is *to shudder*.「さあ震えるとはどんなものか分かったな」‖ That is what *it* is *to be rich*. (A. Dumas)「金があるとはそういうことさ」‖ I have come to know what *it* is *to have patience*. But I have lost my hope. (S. O. Jewet)「忍耐とはどういうものか悟りましたが、希望は費えました」因みに「入学が難しい大学」は a university *to enter which it is diffucult*.

c）不定詞句が学校文法でいうところの「目的補語」の「意味上の主語」である場合、即ち本書の言い方では不定詞句が目的語の「状態補足語」である場合。次の例を比較されたい。

「辞表を出すのがよい」
(1) [~~the act~~] *to send* in his resignation is advisabe ― 主語の名詞 act は通常省略
(2) *It is* advisable *to send* in his resignation. act の代わりに it を挿入したもの。

cf. *The act of sending* in his resignation is out of the question ― cf. *The act of taking or profiting* was directly and plainly considered *stealing*. (T. Dreiser)「無断で持ち去ったり利益を得ることは即盗みとみなされていた」‖ *The act of telling* someone your problems is usually a relief. (Harrap's)「悩みを人に打ち明けるとホッとするものだ」‖ Why *the act of clearing the throat* is not a reflex *action*, and has to be learnt by our children, I cannot pretend to say; but we can see why *blowing the nose* on a handkerchief has to be learnt. (C. Darwin)「咳払いの行為が反射的な行動ではなく、子供たちがこれを学習しなければならない理由は明らかではないが、なぜハンカチで洟をかむ行為は学習する必要があるのかその理由は説明できる」

既に述べたように古い表現形式 [the] act to do（即ち現在の it ～ to do）が現代英語の the act of doing に相当するのであれば両者は同じ意味内容でなければならない。即ち上に引用した The act of telling someone your problems is usually a relief は It is usually a relief to tell someone your problems と同義となるということである（▶ 3.6）。

(3) He finds *it* advisable *to send in* his resignation. 目的語の(代)名詞は省略不可。

He found *it* advisable *to send* in his resignation. (D. M. Wallace)「彼は辞表を出すのがよいと分かった」‖ The crookedness of the stream made *sailing* impossible. (N. Brooks) ‖ I found *talking* impossible.「口がきけなかった」即ち: talking = [it] to talk ‖ And here we find *it* necessary *to bring* our account of the interview to an end.「ここでインタビューの報告を打ち切る必要がありと我々は判断します」‖ He thought *it* impossible *to arrive* at a knowledge of God.「不可知論者だった」— cf. I never thought *anything* impossible. (J. Fanol) ‖ I deemed it prudent *to leave* him behind.「置いて行くべきと考えた」‖ On second thought, he apparently judged *it* better *to continue* his course as before. (A. Brontë)「彼は思い直してそのまま先へ行くのがよいと判断したようだった」

不定詞句が「補語(▶ 9. 16. b)」となるときも主語の場合と同じであり、主語と補語の判別は「概念の梯子」の原則による。即ち具体性の強い方が主語である (▶ 9. 16. c)。

It is a pleasure *to see you* は主語である場合は *To see you* is a pleasure を変形したものと判断される。また Her wish is *to see* him の to see は名詞相当句ではあるが、この位置に代名詞 it を置くことはできない。ここでは主語と補語の倒置が発生している (▶ 9. 16. h)。

One of my aims is [it] *to learn* Japanese. (Harrap's)「目的の一つは日本語の勉強です」‖ The hardest job was [it] *to learn my way about*. (C. Dickens)「最大の難点は道に迷わないことだった」

Her only wish is [it] to see her daughter married.「唯一の願いは一人娘の結婚である」

この見えない代名詞が次の文では現れてくる。また it の挿入で主語+補語の語順に復帰する。なお本書における「補語」の定義に関しては 9. 2. b を参照されたい。

It is her only wish *to see* her daughter married.「娘の結婚こそが唯一の願いだ」‖ *It* is my hope *to make* myself sufficiently worthy to win Diana in — in marriage. (J. Farnol)「ダイアナにふさわしい人間になるというのが私の望みです」‖ *It* is my wish in the present chapter *to give* some idea of my father's

第三章　動詞の形態——定動詞、不定詞、動作名詞、動名詞　　　　39

everyday life. (C. Darwin)「この章でしたいことは父の日常について書くことです」‖ *It* is his essential impulse *to want* something very much; to struggle and fight for it; to take all he can get. (C. P. Gilman)「じっとしていられない性格だった」

次の例では補語 (my first impulse) が承前のために文頭へ回されているので規則上は可能でも運用上 it ... to scream とならない：(Did you react immediately?)—My first impulse was *to scream*.「そのときどうしましたか」「真っ先に叫んでやりたいと思いました」

act / state 以外の名詞は省けないし it で代用もできない。

　　　the attempt to do something　　*the reluctance* to do something
　　　the decision to do something　　*the desire* to do something
　　　the wish to do something　　　　*the thought* to do something
　　　the suggestion to do something　 *the intention* to do something

She had stubbornly resisted every *suggestion to see* her husband. (T. Dixon)「どう説得しても夫に会おうとはしなかった」‖ I think *the reluctance to answer* as they wished was not quite unexpected. (E. C. Gaskell)「望むような答えが得られないことは予期されなかったことではない」‖ *The only way to get rid of it* [regret] is to yield to it. (O. Wilde)「後悔がいやならあきらめるのが唯一の方法だ」‖ *The impulse to share* the lives of the poor, the desire to make social service, irrespective of propaganda, express the spirit of Christ, is as old as Christianity itself. (J. Addams)「貧困者と生活をともにしたい、社会に奉仕したいという衝動はイエス・キリストの精神そのものの現れである」

3.6　不定詞か動名詞か

　不定詞句と動名詞の選択に関して *The King's English*. (OUP, 1973) は the hope to do よりも the hope of doing がよいと断定している。同書によれば to have the satisfaction のように動詞と名詞が一体となっているときは不定詞が適しているという。さらに (a tendency to do sth.) のように意味上で前置詞 to (〜の方へ) が必要な場合もある。同書はまた新聞雑誌は不定詞を使いすぎるとも指摘している。

Emily gave up *the attempt of diverting* her.「気持ちを紛らわす試み」‖ It would seem that *the plan of living* in the country was formed a year before it was actually carried out. 「その国に住む計画は一年前にたてられた」‖ To you we owe *the suggestion of writing* this book. 「本書を執筆の示唆」‖ He no longer entertained *a wish of destroying* the edifices of Rome. (E. Gibbon)「それ以上ローマの建物を破壊する意図はなかった」‖ He lost every *wish of hearing* a song. 「歌はもう沢山だと思った」

of-phrase が行為の主体に当たる場合には必ず不定詞を使う： the decision *of some drivers* [agent] *to return to work*. 「スト中の乗務員の一部の職場復帰への決断」

小説などについて用例の実際を調べてみるとやはり不定詞の例が圧倒的に多い。しかし意味に違いは認められない(例：to give up the attempt to do / of doing)

She gave up the attempt *of learning* his face. 「顔の特徴を覚えるのをあきらめた」‖ He gave up the *attempt to do* more than he was doing, as beyond his power. 「これ以上のことは能力を超えると思ってあきらめた」

【備考】 to hope, to desire, to intend, to think, to wish などは to have + Noun (hope, desire, intention, thought, wish) とも書く。この場合は不定詞と動名詞のどちらもある。

He *had no desire to* trample on all social customs 「世のしきたりを無視したくなかった」‖ She *had no desire of* resorting to compulsion to force it on. 「無理強いしたくなかった」‖ He *had no intention of* crying. ‖ We *have no intention to* embarrass our readers by offering various conjectures (G. Borrow) ‖ They *had thought to* find there a little food. (A. E. Barr) ‖ She *had no thought of* going back until her work was done. wish については She *had no wish to* be married のように不定詞句が普通であり、動名詞は E. C. Gaskell の作品に no *wish of* freeing himself from obligation とあるほかに例がない。

3.7 不定詞句の to に特有の意味

3.7.a 古期英語の不定詞

不定詞と結合できる前置詞は現在同様 to のみであった。

「目標に到達する」(factum 歴史上の事実)

He managed *to pass the exam.*「なんとか合格した」‖ I came *to know the truth.*「事実を知るに至った」‖ He persuaded (*i.e.* prevailed on) me *to accept the terms.*「結局条件をのまされた」因みに OED 'to prevail on, upon' の項に *to succeed in* persuading, inducing, or influencing とある。「説得がうまくいく」意味である。

3.7.b 「原因および理由の不定詞」というもの
「原因・理由を表す不定詞」の実体を見るために次の文の時間の関係に注意。

1) I am glad *to see* you.「お目にかかれてうれしいです」

無意志動詞は已然の意味。「無意志動詞」とは to find, to meet, to see, to encounter, to lose, to miss など期せずして起きる出来事をいうものである(偶然〜する、運良く(悪く)〜する)。また動詞 to be をはじめ to live などの「状態」動詞も同じ扱いになる。学校文法で「不定詞が原因を表す」と説明されるのがこれである。学校文法のこの規則にも予知性がない。

I am glad *to meet* you. =「あなたに偶然会ったことでうれしい気持ちになっている」‖ I was glad *to be* free from them, to be left to myself.「自由になれたのでうれしかった」‖ If you think that I was happy *to live unmarried*, you're mistaken. (P. Loti)「私にとって独身生活が楽しかったとお思いならそれは間違いです」‖ I'm *scared to be left* alone in the room. (F. H. Burnett)「一人にされると耐えられない」

次の形式では無条件で「已然」の意味になる。

She is so glad *to have done* with the High School. ‖ I'm glad *to have washed* my hands of London. (J. Gals.)「縁が切れてうれしい」‖ I'm glad *to have met* you for many reasons. ‖ I feel glad *to have lived* to know them.

2) I am glad *to help* you.「お手伝いできることになってうれしいです」

「意志動詞」では話者が「これからしようとしていること」についての発言となる。

But I'm glad *to get back.*「帰国することになってうれしい」(まだ帰国してい

ない）‖ He is, I am *proud to say*, my neighbour.（C. Doyle）「憚りながらこの方は私の隣人です」‖ I'm *afraid to say* I found the book is dull.「憚りながら」—too afraid は不可（▶ 3. 11. d）‖ 'I'm ashamed to say', 'I'm sorry to say' などは挿入句として会話に出る。

3）I *was afraid to go* to bed, i.e. I was *too* afraid *to go* to bed（*too* afraid はまれ）

I was *too* excited to sleep.「興奮のあまり眠られなかった」（この too は省けない）‖ I shall be *so*［i.e. *too*］*frightened to be* alone in England with my child.（D. H. Lawr.）

4）I *shall be* glad *to see* you.「お会いできればうれしいです」

助動詞を過去形にしても言及する時間（time reference）は変わらない。

I *should be* very glad *to get* that new appointment.「そのポストが得られれば結構だが」‖ "I *should be* delighted *to have* you do it," said her employer.（C. Gilman）「あなたに引き受けてもらえれば大変結構ですが」

3.8 「条件を表す不定詞」は誤り

　主文の動詞が未来形（I shall etc.）に置かれると上記1）2）ともに事実関係は非現実4）となる。日本語では英語の to see に相当する部分「会う」に手を加えて意義上の区別をするが、「うれしい」の部分はそのままである。英語は反対に「うれしい」の時制を変える。この場合の to see が「条件を表す」と説明するのは極めて不適当である。

「お目にかか̇れ̇て̇うれしい」　I *am* glad *to see* you. ‖ I'm *glad to have seen* you.
「お目にかか̇れ̇れ̇ば̇うれしい」　I *shall be* glad *to see* you.
「お目にかかれなかったのは残念です」　I *should have been glad to have seen* you.

3.9　不定詞の to と通常の前置詞 to との意味の違い

3.9.a　不定詞か動名詞か

　［to look forward to + Noun］to に続くのは名詞あるいは動名詞であるが、不定詞も散見される。

第三章　動詞の形態──定動詞、不定詞、動作名詞、動名詞　　43

Being Saturday, I looked forward *to being* home early.「土曜日とて早めの帰宅を期待した」
Both looked forward *to seeing* Piers.「二人ともピアスに会いたがっていた」‖ Hunt looked forward *to procure* additional horses for his journey.（W. Irving）「さらに馬の入手を期待していた」*to procure: to obtain, get ‖ They had looked forward *to add* ever State upon State, and Territory to Territory, till the whole continent should be bound together in the same union.（A. Trollope）「州を併合し土地を収用して一つの国にする日を待ち望んでいた」

以下の例においても両者の使い分けは語法上の制約にすぎないように見える。しかもその制約も流動的であることが多い。

I *came to know* more of the world.「もっと世間を知るようになった」‖ Duncan Ross *took to coming* in only once of a morning.「（習慣的に）～し始めた」‖ And he *fell to sobbing* again. — to fall to doing = to begin to do「（個々の動作について）」‖ A large, fresh, motherly Irishwoman ran forth upon the instant, and *fell to besiege* me with caresses and appeals.（R.L.S.）「盛んに愛撫したり願い事をし始めた」‖ And just as always he returned in July and at once *fell to work* [? verb] as usual with increased energy. ‖ And with that he *fell to breakfast* [? verb].（R.L.S.）「そう言って朝食を食べ始めた」

同様に to admit, to confess, etc. ＋ TO ＋ gerund *or* inf.

動名詞： Mr. Bailey admitted *to being* an acquaintance of Mr. Redmond since the mid-1980s.「これこれであることを認めた」（He admitted that he was an acquaintance of Mr. Redmond.） ‖ The agency says that 40% of 15 to 16-year-olds in Ireland *admitted to having smoked* cannabis.（newspaper）「通信社によるとわが国の 15–6 歳の 40％ が大麻吸引の経験があると認めたという」‖ The review group *admitted to* being deeply divided on the issue.「監視委員会は意見がまちまちであることを認めた」, i.e. They admitted that they were divided on the issue. ‖ I confessed *to having stayed up* until one o'clock the night.（J. Webster）「その夜は１時まで起きていたことをいさぎよく認めた」‖ He *deposed to* having heard Ryder's cry of dismay.（C. Doyle）「聞いたと証言した」‖ Several witnesses, interrupted by denials and explanations from the accused, *testified to having heard* Helene say that.（V. MacLure; 動名詞のみ）。

不定詞句: They *confessed to have hailed* from the regions.（O. Henry）「その地方の出身だと認めた」‖ He *confessed to have seen* it before, riding (i.e. sailing) in the Thames near London.（R. Hakluyt）「ロンドン近くのテムズ川を航行中に実は見たことがあると言った」‖ The neighbours *deposed to have heard* it.「近所の人たちがそれを聞いたと証言した」

3.9.b　動詞の時間の向きと不定詞・動名詞の峻別

I swear *to keep* the rules は未然の意味でこれからの行為を約束するのであるが（前向き）、I swear *to having* kept the rules [to have kept は不可] はこれまで規則を守ってきたことは間違いないと断言することである（後ろ向き）。後者は I swear *to the fact that* I have always kept the rules ‖ They swore *that* they knew the doctor とも書く。同様に to admit, to confess, to remember[1]「記憶している」は時間的に「後ろ向き」で完了不定詞または完了動名詞と結合する一方で、to expect, to look forward to*, to promise, remember[2]「忘れずに～する」などは「前向き」の動詞である［＋ 単純不定詞］。*上記解説参照。

3.10　「目標に向かう、へ傾く」（「方向」は toward(s)）

3.10.a　前置詞 to を目的の意味で使う用法

これは衰退した（▶ 11.5）。

I eat *to live*.「生きるために食べる」‖ I want something *to eat*.「食べるために何かが必要だ」の意で「食べるための」ではない。‖ This is a good place *to live*.（A. Christie）「住むために良い場所である」‖ You ─ you have so much *to live for*.（W. Ch.）「あなたは生きる甲斐があるわね」‖ Dakota and mother were away *never to return*.（H. Garland）

【備考】　学校文法でいう目的と結果の区別は相対的なもので不定詞に二種類あるわけではない。
In my second year, at college, Hope *went away to continue* her studies in New York. She *was to live* in the family of John Fuller.（I. Bacheller）「下宿するはずになっていた」とあるから「勉強を続けるために」と解釈できる。‖ A daughter in the bloom of womanhood said, "good-bye," and *went away to live with the angels*.「死んでしまった」

3.10.b　不定詞句が動詞に直接に接続する場合
定動詞と不定詞句の間に他の要素が介在しないもの。

I'm *going to say* good-by to him.「あの人にさようならを言うところよ」‖ You already know how I came to go to America, and how I *came to settle* in that lonely region in the South.(M. Twain)「私がアメリカに定住したいきさつはご存じですね」‖ I shall *have to toil* and moil all my days.(L. M. Alcott) — cf. You *are going to have to excuse* me. I have a conference.(TV)「失礼させて頂きますわ。会議がございますので」‖ You don't *happen to have* a pen about you?[happen to+状態動詞] ‖ How did you *happen to get caught*?「どうしてまた捕まったりしたのですか」[+動作動詞]

3.10.c　所謂「形容詞的用法」について
　O. Jespersen など欧米の文法家がいう「不定詞句の形容詞的用法」は彼らが作り出したフィクションであり、*Give* us some bread *to eat* を Give us some bread to eat のように恣意的に区切った結果である。しかも事柄は伝統文法家が見るほど単純ではない。She had no bread to eat は実は She had nothing *with which* to buy food (J. Davis)と同じ構文で She had no bread+[*which] to eat と理解すべきではないかという疑念が生じるのである。
関係詞 which は常に省かれるのであるが prep.+relative も省かれうるとみればI have no better place to *go to* ともI have no better place to go ともいえる理由が立つ。後者は I have no place [to which] to go と読めるからである。
この見解によれば bread to eat (＜+*bread which to eat)は「パン・食べるべきそれ」の意味であって「パン」と「食べるべきそれ」は同格に置かれた名詞および名詞相当句となる — cf. If I could make a rope, *by which to let myself down*, I could...(J. Masefield)「ロープ、それを使えば降りられるというもの、ができれば…」

「形容詞用法」の実態
　関係節は節の形式による名詞(clausal noun)であるという著者の解釈を関係代名詞を含む不定詞句に適用するとこの種の不定詞句は関係詞を含む phrasal noun ということになる。次例の power to do it は power *with which* to do it に等しい。

Her *power to control speech* was the equal of his.「彼女の言葉を操る能力は彼

に劣らなかった」(W. Ch.) — The Eternal . . . has given you *power with which to rend the globe.* (J. J. Astor)「神は貴方がたに地球をも引き裂く力を付与したのである」‖ The cedar tree was now shorn of its branching *power with which to wrestle* with the wind.「風に逆らうための分枝能力を失った」(M. T. Daviess)

関係節との対応を図示すると次のようになる。

関係節	不定詞句
「X＋いま私がしているそれ」	「X＋一般に人がするためのそれ」
The place in *which* I live	a place in *which* to live
*The place *which* I live in	*a place *which* to live in
The place [] I live in	a place [] to live in
The book *which* I am reading	*a book *which* to read
The book [] I am reading	a book [] to read.

この解釈に従えば I do not know *what to do* の斜体部は that *which to do* となる。「それ・即ちなすべきそれ」の意味である。「何をすべきか」と日本語に訳せても英文のこの what は疑問代名詞ではない。さらにいえば (I have no idea [of]) *what* to do が *that which* to do であるとすれば bread to eat もまた bread *which* to eat でなければならない。

目的語の関係代名詞は省略できるけれども the book, which . . . のようにコンマを置くあるいは発音に際してポーズを置くとき（所謂「継続的用法」）は省略できない。不定詞句にこのような用法はないので必ず関係詞を省くのである。関係副詞の where は 'the place in which' の意味もある (This is where I live) ので I know where to find the key は次の解釈が可能になる。

	Verb +	Noun +	prep. +	relative +	to-inf
I	know	the place	in	which	to find the key.

この関係詞は前置詞とも結合する — cf. I had so little idea *of* what to do with it. ‖ . . . with so little idea *of* where to look for true comfort . . . (W. Collins)「真の慰めをどこに求めるべきか分からぬまま」‖ You will be extremely thankful for *some idea of* what to say. (J.K.J.)「何を言うべきか示唆があればと思うことだろう」— No one seemed to have the least idea *where to get* a house. (A. R. Wallace) ‖ He has *nowhere to run to*, i.e. no place to which to run. (C.

第三章　動詞の形態——定動詞、不定詞、動作名詞、動名詞　　　　47

Garnett) ‖ There was *nowhere to hide*, i.e. *no place in which to hide*. ‖ I had *nowhere to go to*.（C. Dickens）　‖ A 16-year-old girl, whose father was jailed . . . now has *nowhere to live*.（newspaper）‖ There is *no where to put* the children.（newspaper）「子供たちを収容する施設がない」

同様に how（i.e. 'the way in which'）to do: Austen knew *how to answer*.（W. Ch.）‖ I do not know *how to begin* ‖ I was at a loss as to *how to begin* my campaign for election.「どう選挙運動を始めたものかと途方に暮れていた」‖ I gleaned from him many suggestions as to *how to carry an audience*.（J. Webster）「聴衆を感動させる方法について彼から示唆を受けた」— cf. The Government still believed benchmarking was *the way in which to address* their pay claim.（newspaper）「判断基準は賃金要求の提出方法にある」‖ So much for *the way in which to choose* your books.「以上が本の選び方である」— cf. This shows *the way how to discover* the enemy, to pitch the camp, to lead their armies, . . .（OED, 1560–1640 年；古風）

因みに「関係代名詞、関係副詞」は「関係詞として機能する名詞、副詞」の意味である。時間に関する名詞、例えば「寝る時間ですよ」Children, [it is] time to go to bed もまた It is high time *at which* to go to bed と解釈できるかと思うが用例は未見である。

(a) 関係詞の省略なし
They did not have the means *with which* to buy supplies.「必需品を買う手立てがなかった」‖ He had little time *in which* to make an acquaintance with a woman.（H. V. Irving）「女性と知り合いになる時間は殆どなかった」‖ The most lucky day *on which* to be married is still supposed to be Thursday.（J. Fiske）「結婚にむいた日は今も木曜日ということになっている」‖ Paris was at once the first and last place *in which* to be friendly with a pretty woman.（J. Gals.）「パリは美しい女性に巡り合うには最適でもあり、同時に最も不適なところでもある」‖ His children *had* no school *to which to go*.（I. Abrahams）「通いたくても学校がなかった」‖ There was no place *to which* to flee.「逃げるにもあてがなかった」（J. London）‖ Is mortal life so precious to those who *have* nothing *for which to live*?（E. M. Dell）「生きる目標がない人々にとって命はそれほど貴重であろうか」‖ Hunt, therefore, gave them the canoe, *that they might cross the river, and a few articles, with which to procure necessities*.（W.

Irving)「渡河用のカヌーと必需品を手に入れるための物品を与えた」— that they might cross the river により不定詞句の反復を避ける。順序を変えて... the canoe *by which to cross* the river and a few articles, that they might procure necessities と書いてもよいところである。

但し意味内容に影響が出る場合は省略しない： They have got something to start *from*. (J.K.J.) ‖ Had I a thousand souls *with which* to love, I would give them all to you! (A. E. Barr)「私にあなたに捧げるべきその数ほどの魂があれば」の意味。a thousand souls to love なら「それだけ人(souls)を愛する」ことになる。

(b) 関係詞の省略

Boston is still a good place *to start from*. (C. D. Warner)「ボストンは出発点としては今もよい場所だ」‖ I said I had a place to go *to* in Bayswater. (W. Collins) ‖ He showed us a place *to sleep in*. 「寝る場所へ案内してくれた」‖ His world would be an easier place to live *in*. (C. Gilman)「もっと住みやすいところになるだろうに」— 特例： There were no soda fountains in those days and the only place to take a friend was *to* the tavern. (J. Davis)「酒場へ案内するしかなかった」— the only place to take a friend *to* was the tavern を変形したもの。

(c) 前置詞＋関係詞の省略

I have *no place to eat nor to sleep* excepting a tavern. (E. E. Hale)「寝るのも食うのも酒場しかないのさ」(a place to eat が bread to eat と同じ構造であれば「場所を食う」ことになり意味をなさない) ‖ He took Huck to *a lonely place to have a talk* with him. (M. Twain)「こっそり話ができる人のいない所へ」‖ This is not *the place to say* much about Saltoun. (G. K. Ches.)「ここはその場所ではない」‖ A strange *place to put* it! (TV)「妙な所へ置いたのね」‖ [It is] a *place to hear* birds singing; a *place for lovers to frequent*. (R.L.S.)

「意味上の主語」と関係詞は共存できない。

the house *in which* to live <> the house *for me* to live in

There was the very *place for any man to hide himself*. (R.L.S.)「そこは隠れるのにもってこいの場所だった」‖ A great capital is an ill place *for a sick man to wait in*. (M. F. Barber)「首都というところは病人が待ちぼうけを食うところで

はない」‖ No place *for anyone to hide* here.（A. Christie）「ここに人が隠れる空間はない」‖ But home was not the place *for him to rest in*.（S. Smiles）「家には安らぎがなかった」‖ I have a place *for us to lodge in*, and a rare good one.「格好の宿がある」‖ There is the place *for him to go* when he shall be weary of Middlesex and Homer.（R.L.S.）— cf. But in truth Venice isn't in fair weather a place *for concentration of mind*, i.e. for you to concentrate your mind [in].（H. James）

動名詞との違い

　動名詞は関係詞を想定しないので prep. + relative は問題にならない。例えば the means *with which* to buy supplies に対して動名詞には the means *for buying supplies* [with] という構文しかない（末尾の前置詞はまれ）。また bread for eating は文字通り「食べるためのパン」であり、不定詞句 bread to eat の「パン・食べるためのそれ」とは内部の構造が異なる。

A sick chamber is no place *for jesting*.（C. Reade）「病人のいるところで冗談などというものではない」‖ I think it is a good place *for skating*. ‖ Southmolton is a busy place *for talking*.「S の住人は噂好きな連中だ」‖ They thronged every available place *for hearing and seeing*.（A. E. Barr）—「見聞のために」ではなく「見聞のための場所」であろう。

　一般に抽象名詞は不定詞句とも動名詞とも結合するが各々に語法上の制約もある。例えば a school to go to はあるが a school for going [to] は例がない（I've had Bartle Massey's night-school *to go to*. — G. Eliot）。この場合は to go to school が成句であることと関係がありそうである。一方 a good place *for our meeting* は a good place *for us to meet* ともいえる。

Dolly's children were making *plans for going* to look for mushrooms.「茸狩の計画を立てていた」‖ It was *a good excuse for going* to bed early. — cf. I shall *make an excuse to try*. ‖ I wish I *had any excuse to keep* your cheque. ‖ I must *make some excuse* to him *for not going* with you.（A. Trollope）‖ . . . to satisfy *your idle fancy for going* to Rome . . .（W. Collins）— cf. Stevenson *took a fancy to paint* him. / At Oxford he *took a fancy for studying* Arabic.（T. Macauley）‖ . . . Shongi's chief *motive for going* to England（C. Darwin）「動機」— cf. I'd *have no motive to harm* him. ‖ . . . to choose his own good *time for going* out and for coming in . . .（L. Doone）‖ I thought of various *pretexts for going* to her.「口実」‖ She pressed me so much to fix *a time for going* to Norbury.「時間」‖ *The day* came *for going away*.（A. Sewell）‖ Mr Pickwick's principal *inducement for going away*.（C. Dickens）「決心させた事情」‖ She had a moment's *distaste for going* out at all. ‖ *leave for going* out「外出許可」‖ This was *the signal for going* to table.「食事が始まる合図」

前置詞の後置（上述）: The best *directions for going in* over the regular bar passage are as follows.（D. Liv.）「砂洲を通るときの最良の方角は次のようである」— to go *in* directions.

3.11　前置詞句として「〜におよんで、〜におよぶような」（現代英語の as to の意味）

3.11.a　叙事文（▶ 5.0.a）において順序を表す

John *came in first* → he was *the first who came in* → He was *the first to come in*.

And *the first man to see* the land, when day came, was Rodrigo of Triana.（E. E. Hale）「夜が明けて陸地を最初に認めたのはロデリゴだった」‖ Hearing this I was *the first to say* it would be better I would get out of the neighbourhood.（G. Meredith）「これを聞いたとき自分がここを出て行くのがいいだろうと真っ先に言った」‖ Tommy was *the first to grasp* the consequences.（R.L.S.）「結果を真っ先に把握したのはトミーだった」‖ Colia was *the last to go*, after having helped him to change his wedding clothes.「コリアは彼が結婚衣装を着替えるのを手伝ってから最後に出て行った」

3.11.b　判断文（▶ 5.0.b）において人の性格あるいは物の性質を表現する

　He never tells lies → He is not a man *to tell lies*, i.e. *such* a man *as to tell lies*.

But, also, it was plain that he was not *the kind of a man to give in*.（Z. Grey）「負けを認めるような男ではなかった」‖ But I'm not *a man to cry*, and I'll make the best of it.（W. Ch.）「泣くような人間ではない」‖ But it is to be remembered that Columbus was not *a man to cultivate* the love of leisure.「コロンブスは有閑をこととするタイプの人間ではなかったという事実を思い起こそう」‖ You are the man *to kill* Girty.（Z. Grey）「殺しの役はお前がやるのだ」‖ I should be *the last to object* to your visiting her.（E. Wharton）「決して

第三章　動詞の形態——定動詞、不定詞、動作名詞、動名詞　　　51

反対などしません」‖ I'd kill a man *to touch your hand.*（Z. Grey）「お前の手に触れる（におよぶ）ようなやつは生かしておかん」（「手に触れたら」）‖ I never knew *a man to hang back* when a collection for a widow was being taken.（J. J. Davis）「未亡人のための寄付を渋るような（ケチな）男を見たことがない」‖ Vane was not *a man to discuss* his domestic affliction with anybody.「家庭の問題を口外するような人間ではない」— *a man* to discuss は「そういう類の男」という意味である‖ He was not *a man to lose his head.*「彼はかっとなるような人ではなかった」(i.e. such a man as to lose「冷静さを失う傾向の、そちらへ傾いた人ではなかった」)‖ He was *the last man to forfeit self-respect* by playing fast and loose with his conscience.（E.Venable）「良心をもてあそんで自尊心を失うような男では決してなかった」‖ Peace was not *the man to hesitate* in the face of danger.（H. B. Irving）(i.e. He did not hesitate.)「ピースはひるむような男ではなかった（実際ひるまなかった）」

現在形は一種の未来表現となる：She *is one to be* a mother of stout* ones.（G. Meredith）「彼女の子供たちは丈夫に育つだろう」*この意味では Scottish（OED）‖ Is there *no one to tell* you where to go, or what you are to be?「言ってくれる人がいないのですか」—cf. Here is *one who will be* able to assist me in whatever perplexities may arise.「困ったときに助け船を出してくれそうな人がいます」（E. Brahman）‖ There is in that train *one who will* make me a better mate.「よい連れになりそうな人がいる」

判断文において the last to do の形式で準否定のような意味になる。

Compassion — and I am the last *to deny it.*「共感、私はこれを否定する者ではない」‖ Dr. Aubertin was *the last to succumb* to the deep depression, but his time came.（C. Reade）‖ When danger appears, even when danger threatens, he is *the last to leave the field.*「最後まで退かないのが彼の行動のパターンだ」‖ I should be *the last to object* to your visiting her.（E. Wharton）「私は決して反対するような人間ではありません」

以下の例では不定詞句が名詞ではなく形容詞 likely と連携しているので上に説明した構文とは別のものであるが、形容詞があってもなくても意味内容は大同小異である。

He was *a likely man to rise* in his office.（R. Boldrewood）「出世しそうな男

だった」‖ He said you were *the most likely man to give* me information.（C. Darwin）「あなたに聴けばたいていは分かるだろうという話でした」‖ On this ground he was probably *the least likely man to win*.（E. M. Dell）「こういう訳でまず勝算はないだろうと見ておりました」‖ You are *the most likeky man to have done* it, i.e. you must have done it.「あなたがおやりになったに違いない」

3.11.c　叙事文、判断文と関係節

I was *the last who left*.（W. Collins）「私が最後に退出した」‖ Would to God they might be *the last who met* with such a miserable return!（E. C. Gaskell）「あのようなみじめな見返りを受けるのはあの人たちが最後であって欲しいものだ」‖ They were *the last who would* be received that day.（G. Ebers）「その日の受け付けは彼らが最後だった」‖ As luck would have it, *the first who came* to meet us at the gate was Lorna.（L. Doone）「運よく門へ迎えに出てきたのはローナだった」‖ So, then, we were not *the first who had viewed* this beautiful isle.（R. Ballentyne）「で、この美しい島を目撃したのは我々が初めてではなかった」‖ Hardyman *was not a man who yielded* easily, even in trifles.「我を折るのがいやだった」‖ Mrs. Dale was *the last person* in the world *who* ought to have been a parson's wife.（Bulwer-Lytton）「D夫人は牧師の妻に向いてなかった」‖ He *was not a man who inherently was troubled* with conscientious scruples.（T. Dreiser）「良心が咎めるという性格の男ではなかった」

3.11.d　be＋形容詞＋不定詞句

　英語学者 O. Jespersen はかつて He is sure to come を *he - to come* is sure であると説いたが、思いつきにすぎない。以下に示すように思考の型が異なるのである。

A 非欲求
I「確信」型（主観による判断）：不定詞句は使用されない。
He is sure, certain, confident of being elected.「当選を確信している」（He is assured, persuaded of being elected.）‖ It was an accident, wasn't it? — We are not so sure about that.（TV）

II「確実」型（客観情勢の判断）
(a) He is sure, certain to be elected.「当選確実」：It is sure, certain that he will

be elected. ‖ They are certain to have been caught by this gale. (R. F. Scott)「彼らがこの暴風に襲われたのは確かだ」— It is certain that they were caught... ‖ There are certain to be objections. (Harrap's), i.e. Objections are certain to arise.「反対があるのは確実だ」‖ Nothing is certain but death and taxes, i.e. Death is certain to come and taxes, too.「必ず来るもの、それは死と税金だ」

(b) He is likely to be elected. <> It is likely that he will be elected.「当選しそうだ」‖ He is the most likely person to be elected.「第一候補だ」cf. He is a difficult person to deal with.「いやな相手だ」

III「偶発」型（成り行き任せ）

［人称構文なし］It is possible, probable that he will be elected.「当選の可能性がなくはない」— cf. But I think there is just a chance that I shall be able to restore your property. ‖ Was there a chance that the scout was mistaken? (H. C. Whitmore)「その可能性はあったか」

B 欲求

I 意欲型：I am ambitious, anxious, desirous, intent, keen (etc.) to be / do
Being *ambitious to get* ahead socially and financially, he was very careful of whom or with whom he talked. (T. Dreiser)「社会的経済的な成功に意欲的であったこの男は話題にする人、話をする相手を注意深く選択した」— cf. He *was ambitious of such social advancement* as would illustrate his name. (G. Gissing)（不定詞句と同じ意味）‖ People are *anxious to work* as they wish.「好きな仕事をしたいと思っている」— cf. They *are anxious of conforming* the manners and customs of the country.「その国の風俗習慣に順応したがっている」(P. Lowell)（不定詞句と同じ意味）‖ Writers *are* for ever *anxious of* their style. (H. Belloc)（文体が気になる）‖ They were *intent to see* that the struggle for racial freedom and equality at home would continue. (N. Coomb)「国内で人種差別からの解放と平等を目指す闘争が続くように念じていた」‖ He was most *desirous to* return to England. (J. B. Macauley)「とても帰国したがっていた」— cf. He was *desirous of knowing* the nature and extent of his wound. (R. Ballentyne)「傷の性質と程度を知りたかった」‖ He *was desirous of* immediate action. (H. G. Wells) ‖ Yet he was *keen to know* about her. (D. H. Lawr.)「さかんに彼女のことを知りたがった」(叙事文) — cf. I am more *intent on* punishing that villain Abbot.「あいつ罰してやることが肝心だよ」‖ All the

kids are *keen on* swimming. ('keen to do, on': chiefly British — Macmillan's)

II 躊躇型:「～のあまり～できない」という意味は too + adj. + to be / do の形式によるが、形容詞に否定的な要素が含まれているときは通則として too を省く。

I *had been afraid* to face it.「そのあいだ怖くて直視できなかった」‖ We've been *scared to go out* in the dark ever since that murder. (Harrap's)「外出をためらっている」‖ She was *afraid to go* near the dog.「怖くて近づけなかった」— cf. He is *afraid of* being in a crowded place.「群集恐怖症だ」(習性の判断) ‖ She was kind of *scared to meet* Harry for fear of what he'd think of those little marks on her face. (I. Bachellor)「顔の斑点が気になってハリーに会うのをためらった」— to meet = go to meet (意志動詞) ‖ I shall be so *frightened to be alone* in England with my child, and no one to take care of us. (D. H. Lawr.)「子どもと二人で英国に残されて頼る人もいないなど考えるのも恐ろしいのです」— to be alone を意志的と見た場合 — cf. She was *afraid to be left alone* with him. (D. G. Phillips)「その男と二人きりになるのが怖かった」‖ She was *frightened to move* in case she slipped again. [same as scared, afraid] (Harrap's)「また足を滑らしはしないかと思うと動くことができなかった」(too とともに) Burke is actually *too afraid to go out* openly even in daylight.「白昼堂々と外出することなど恐ろしくてできない」‖ I was *too scared to* faint. (J. London)「恐ろしくて気を失うのもままならなかった」(下記 E (b) を併せて参照)

III 懸念型: to be afraid, scared などは無意志動詞・受動態と共に「～せぬかと不安だ、～が怖い」の意味となる。

I was *afraid to lose* sight of her. (G. Gissing)「見失うことが心配だった」‖ I was *afraid to lose* your love.「嫌われないかと不安だった」‖ Risk, risk everything, why are you so *afraid to lose*?「なぜそう物を惜しがるの」(S. Glaspell) ‖ You are *afraid to figure out*.「知るのが怖いのだね」‖ 'Surely you understand me.' ... 'I am *afraid to understand you*.' (W. Collins)「分かってもらえますね。あなたを分かることが怖いのです」‖ Why are you so *afraid to die*? ... Is there any one that is not *afraid to die*? (M. Oliphant)「死ぬのではと不安なのだね。なぜ?」「死の恐怖のない人はいません」‖ He *feared to be left alone*.「置いてきぼりが怖かった」‖ "I'm *scared to be left* alone in the room with it." (F. H. Burnett)「置いて行かれる」という意味合い ‖ — cf. I was *afraid of losing* my way.（Macmillan's）「道に迷うのが心配だった」‖ Was she *afraid of being murdered* if she retained this jewel?「宝石を手元に置くと殺されるかもしれないと怯えたのだね」（A. K. Green）‖ 'Oh! And weren't you ever afraid?' 'In my life? I don't know. Yes, I'm afraid of some things — *of being shut up, locked up* anywhere or *being fastened*. I'm afraid *of being bound hand and foot*.'（D. H. Lawr.）（習性）「これまでに怖いと思ったことはありますか」「今までですか。さあね。そう怖いものはある。狭い所に押し込まれるとか閉じ込めて鍵をかけられるとか、あるいは縛られるとか。手足を縛られるのは嫌ですね」

C 容易と困難

The job is easy to do と It is difficult to do the job の違いは前者が性質をいうのに対して後者は「状況が変わらない限り現状では難しい」という意味になりうる（叙事文）。また I am not easy to discourage「私は容易にくじけない人間だ」ともいうが、これは It is not easy to discrougage me!「おれは頑張るぞ」と同じ状況を指すとは限らない。また The answer was not an easy one to arrive at「容易に答えが出る性格の事柄ではなかった」とも書ける。この to は先行する形容詞に対して限定的な働きをしている如くに見える。

The subject is [a] difficult [one] + as to, in point of + understanding.

【備考】 古期英語に次の語法がある： prefix [eað / uneað] + 過去分詞の語幹（eaðfynde easy + found, lit. 'easy to be found': Hit is hyre eaðfynde, *lit.* 'it is easy for her to find.'）; 同様に torgete 'hard to get' とある。この eað- / tor- は中世および現代アイスランド語に比較すべき語法が見いだされる: *auð*fundinn 'easy to find', *tor*fundinn 'hard to find'（現代語は *vand*fundinn）。

この語法は中期英語で well sene 'easy to see', evil sene 'difficult to see' に受け継がれた。現代英語の It is more easily said than done「言うは易く行うは難し」/ It is easily done「造作もないことだ」がこの系統かと思われる。反意語 difficultly には用例が乏しいが使えなくはない: The words of their discussions *were difficultly understood* and not often nice.（J. Joyce, *Ulysses*）「言葉が理解しにくい」‖ Their only defensive armour is a large target..., which *is very difficultly pierced*.（R. Kerr）「突き通すのが難しい」（with difficulty も同じ: The rays of the sun were only *with difficulty* discernible.「見えにくかった」‖ His words came *with difficulty*.「なかなか言葉が出なかった」）

to be 以外の例 (an action comes easily or difficultly to a person の形式で): Letterwriting *came difficultly to* her. (W.S.M.) ‖ But I feel so depressed that perhaps it will *come easy* to me now. (L.M.M.) —easy は副詞で (cf. 'Take it *easy*') 現今ではむしろ easily という。なお「とかく～しがち」の意味にも留意されたい: 'to be easily broken' (i.e. fragile「脆い」), 'to be easily hurt' (said of feelings), i.e. 'vulnerable'「繊細で傷つきやすい」)

結局 OE eað + p.p., uneað + p.p. に対応する現代語法は上記の easy / difficult to find ということになる。なお evil 'with difficulty' の用例は 1377–1580 である (see OED eath- / uneath-; tor-; evil)。古期英語の eathfynde 'easy to find' に代わる *eath* to do は 13 世紀から、*uneath* to do 'difficult to do' は 1590 年、*easy* to do は 1538 年、torgete 'difficult to get' に代わる *difficult* to do は 1400 年以降のものであるが、この語法成立の陰にラテン語 facilis dictu 'easy to say' / difficilis factu 'difficult to do' が見え隠れする。因みに上記 I am not *easy to discourage* は斜体部分を機能単位、即ちかつての (eað + adj.) に対応するものと見ると理解しやすい (cf. discourageable — OED)。

ラテン語系の形容詞 irritable, irascible, excitable など -able, ible (否定: *in*defensible; *ir*resistible; *un*tolerable) は「可能・不可能 feasibility」、「難易 ease or difficulty」、「蓋然性 likelihood」の意味があるが個別に区別しにくい — cf. The narrow paths *are even difficultly passable* in summer. (R. Kerr)「夏季ですら通行が困難だ」

不定詞句: A spell *impossible to shake off*「解けない呪文」‖ It possesses a charm *impossible to explain* 'inexplicable' and *impossible to fail to perceive.* (W. Quaile)

D 可能と不可能

肯定の possible および (un-) able to do は直接名詞に接続できないが capable of doing は上記 impossible に準ずる。

a feasible plan = a plan it is possible to carry out ‖ an infeasible plan = a plan impossible to carry out ‖ a spell *which it is possible to shake off* ‖ a spell *by which it is possible to bind people* ‖ I have found but little *which it was possible to omit.* (H. Bulwer-Lytton) この which は省略できる: material support *it was possible to get*「得られる限りの物質的援助」‖「奇跡を行える手」— a hand *which is able to perform miracles* ‖ a hand *capable of performing miracles* また *easy-to-follow* lessons ‖ *easy-to-operare* device なども合わせて参照。

第三章　動詞の形態──定動詞、不定詞、動作名詞、動名詞　　57

E　上記以外の場合
(a) 感覚動詞と言説動詞。他に少数の動詞は一般的な意味の形容詞の適用範囲を限定する。ラテン語では supinum（不定詞の一種）が使われるがこれが英語の構文生成に影響を与えたのではないかと疑われる（上記 facilis dictu 参照）。
Easy *to look at* 'pretty' (Lat. 'facilis *visu*') (「みにくい（醜い）」参照) ‖ pleasant *to address* 'affable' (Lat. 'affabilis *dictu*') ‖ sweet to the ears 'sweet-sounding', 'melodious' = sweet to hear: She spoke things sweet *to hear*. (G. Meredith) ‖ sweet *to smell* 'fragrant.'

(b) 上記以外に「形容詞＋不定詞句」の句は (1)「形容詞＋enough＋不定詞句 / so＋形容詞＋as＋不定詞句」あるいは (2)「too＋形容詞＋不定詞句」の構文に現れ、それぞれ「〜に見合うだけの〜がある」、「限度を超える、〜に満たない」という意味を表す。
The rope is *long enough to cross* the stream.「長さがちょうどいい」‖ It is *too short to cross* the stream.「短すぎる」‖ It would take *too long to give* a sketch of the story. (E. Venables) ‖ You and I have been good friends for *too many years for us to part* this way. (W. Ch.)「長い付き合いだったからこんな風に別れるのはつらい」‖ But she was *too tired to do* any more. (G. Porter)「体力の限界だった」
形容詞＋不定詞句が TOO ... TO DO ... の枠の中にはめ込まれている状況がある。この場合は enough を置く場所がないことになる: He was far TOO *desirous to possess* her at any price now TO RUN a second risk of exasperating her. (T. Hardy)「彼女を自分のものにしたいという気持ちが強かったので二度と彼女を怒らせたくなかった」

F　特例（その 1）
程度の概念が希薄な形容詞は必ずしもこの構文に従わない場合がある。
RELUCTANT 'not willing': I *was reluctant to draw* attention to myself in any way. (A. Hope)「注目を浴びるのが嫌だった」次の例の too reluctant は異例である（*reluctant enough はない）。先行する too kind-hearted の影響と思われる: They reproached him for being *too kind-hearted, too reluctant* to press criminals. (E. Gaboriau)「囚人に対して甘すぎると責めた」

G　特例（その 2）
同じ構文であっても上記のように不定詞句が形容詞を制限することはない場合

がある．不定詞句がなくても文脈から補うことができるたてまえである (e.g. 'Are you ready?')．

READY「準備が完了している」: I'm *ready to leave.* ‖ I *am ready enough to tell* what I know. (C. Doyle) — cf. I vow you *are too* [i.e. *very*] *ready to take* this fellow's word. (R. Sabatini) ‖ They look up to him, and who *are only too* [i.e. *very*] *ready to follow* his example. ‖ He *was but too ready to accept* the position. (O. Wilde)

WILLING「心の準備ができている」: He *was unwilling* to consent to this. ‖ You *are willing enough to listen* to him. (C. Dickens) — cf. All I had to do was to listen and I *was only too* [i.e. *very*] *willing to do* that. (J. Davis)

【備考】「適している (to be fit)」,「準備ができている (to be ready)」などに続く不定詞句に対して動名詞句が受動的意味になることがある．但し動名詞に受動の意味があるわけではない : They are ready *to print* my new book. ‖ My new book is ready *for printing*, i.e. *for the press.* ‖ Some of the crops almost ready *for cutting.* (R. R. Wallace)「刈り入れができる状態だった」—むろん受動形式もある: It (i.e. the new building) is now completed, and ready *to be lived in.* (A. Lang) ‖ I could be ready *to be married* at eighteen, as she did. (A. Chapin) また fit, ready (etc.) for being done の形式もあるが極めてまれである : He could not tell, from description, whether the eyes were ready *for being operated upon* or not. (E. L. Gaskell)「目の手術が可能かどうか判断できかねた」なお to be fit, ready for *action, breakfast, service, use, wear* など動作名詞との組み合わせは標準的語法となっている．

3.12 不定詞の意味上の主語

3.12.a 日本語の助詞「が」

日本語の「が」がこれに相当する．例えば「それはあなたが決めることだ」: It is for you to decide.「日本人が英語を習得するのは難しい」: It is no easy job for Japanese to learn English.「鳥が鳴くのを聞く」: I can hear birds chirping in the trees. (▶ 9.7)

学校文法で「不定詞の意味上の主語」と呼ぶ I want to go と I want you とを重ねあわせて I want you to go と書く語法は中期英語から近代英語へ至る過程で発達した．

Do you *intend us to understand* that you spent over an hour walking about outside?（A. Christie）「私たちにそのように思いこませるつもりなの」‖ Well, I *understand you to accept*?（W. D. Howels）「じゃ承認されるのですね」‖ I *understand you to say* that your room is on the second floor.（C. Doyle）「あなたの部屋は3階にあるのでしたね」

制限事項： 動詞によっては不定詞が状態の表現でなければならない： to believe somebody / something +（状態の表現）。この制限は学校文法の「目的補語」を「状態補足語」とみる本書の見解に甚だ都合がよいのであるが...I believed *him to be doing well* — but I did not *know he was master* of a mansion like this.（C. Brontë）— to be doing の to be は省略不可 ‖ She could have believed *him to be dozing*.「まるで居眠りしているような格好だった」‖ He was far from the abolitionist which the South *believed him to be*.（N. Coomb）「南部の人々が信じていたような差別廃止論者ではなかった」‖ Not a man believed him *capable* of the feat.（J. London）「彼がそこまでやれるとは誰も思わなかった」‖ Clemens believed him *concerned* in the matter.（M. Twain）「彼が絡んでいると見ていた」‖ Cash believed him *a kidnapper*.（B. M. Bower）‖ I had believed him *to be a beggar*.「乞食かと思っていた」‖ She believed him *to have become crazed*.（B. Stoker）「気が狂ったと思い込んでいた」

名詞節との関係： 当該の構文では that- 節による構文が時間的に先行し、それだけ安定している（I *intended* that *it should be exhaustive* — Bram Stoker）が、不定詞構文には説明不可能な条件がつくことが多い。例えば He *is said to be* a man of character に対して They *say him to be* a man of character もまれに見かけるが語法として可否の判断が難しい。They *say he is a man of character* が本来の英語ではないかと思う（OE secgan 'say' も節構文のみ）。因みにラテン語では不定詞構文が一般的である（▶ 10. 12. f）。文の性格上目的語を挿入できない状況では文構造に影響を与えない for + 名詞 が使われる。例えば It's best for you to keep well out of their way というとき、「あなたのためによい」と読むのが自然である。次例の for a man も同様である（▶ 3. 13. b）： But this paragon had one fault. He is a bit of a Don Juan, and you can imagine that *for a man like him*, it is not a very difficult part to play in a quiet country district.（C. Doyle）「この有能な男に欠点が一つあった。かなりの女たらしだったのだ。彼のような男にとって静かな田舎で色男を演じるのは造作のないことだと思う」to wait for someone to do の語法は「相乗り型」と称すべきもので便宜的な起源であろう。米語英語ともに一定数の用例が得られる： She did not *wait for* him to answer her, but prattled on.（E. Glyn）「彼の返事を待たずに話し続けた」

3.12.b 似て非なる場合

'But — how, sir?'「でもどうやって？」— 'That is for you to decide.'「あなたが決めるのだ」

この場合 That is for you「それはあなたのためだ」は「あなたが決める云々」に繋がらない。そこで That is to decide（= that is to be decided）に論理上の主語 for you を挿入したという解釈が成り立つわけである：Why, *for a woman to be seen with you* is enough to fix her reputation forever.（T. Dreiser）「女があんたと一緒のところを見られでもするとそいつの一生はおしまいさ」（▶ 3.13.c 備考）

3.13 使われる前置詞の種類とその解釈

3.13.a 「意味上の主語」と前置詞

　不定詞句の前に現れる前置詞は for に限らず in, of または to もあるが、例えば in him to go が for you to come のように一体となって文中を移動することはないので、この場合は意味上の主語とはいわない。A pleasure, delight, disappointment to me / to do のように切って読むべきである。

In truth it is preposterous *in me to give* you hints; but it will give me real pleasure to write to you.（C. Darwin, *Letters*）「私がヒントを出すというのは筋が通りません」‖ He was aware that it would be wise *in him to drop* for the future all allusions to his doings in the cathedral city.（A. Trollope）「町での行状について今後は口をつぐむものが（自分にとって）得策だと認識していた」— cf. It was not *in him to understand* the nature of the Frenchman.（G. Parker）「フランス人の性格を理解する力は彼にはなかった」‖ It was a compliment *to me to use* this room.（E. C. Gaskell）「この部屋を使わせてもらえるのは光栄です」‖ It has been a great delight *to me to read* Mr. Thackeray's work.「この作家の作品を読むことは私にとって大いなる楽しみです」‖ If it comes a little strange *to me to have parted with it*, I am not sorry.（C. Dickens）「手放したとき少しは妙な気もしましたが後悔はしていません」‖ It will be advantageous *to you to learn* that some questions are more complex and perilous than others.「複雑で

危険な質問もあると知っておくのがあなたに有利だと思います」‖ I am afraid it will be a disappointment *to you* to know that I am not clever.「私は利口な人間ではないといえば、あなたはさぞがっかりされるでしょうね」‖ You wouldn't believe what a comfort it is *to me to feel* that my work here is really adding to the profits! (C. Gilman)「ここでの私の仕事が少しでも利益に繋がっている、と感じることは私には本当にうれしいことなんです」‖ It was very *generous of you to lend* us your car. — cf. This is *generous of you* (▶ 5.3).

3.13.b　流動的な前置詞句の解釈

　Perhaps it was the natural thing *for him* to do. (M. Twain)「彼がそう行動したのは彼にとって自然だったのかもしれない」
a) It is a natural thing *for him*.　　　「彼には自然なことだ」
b) The practice is a natural thing *to do*.「そうするのは自然なことだ」

両者を混合すると上記の文がえられるとも考えられる(混成)。行為は行為者を前提にするから論理上は常に背景にあるけれども、言語的にこれを表現できるかどうかはその時々の条件に左右される。

It is a natural thing *to be done* ＞ a natural thing *to be done by him*.「彼がそれをするのはもっともだ」—cf. I did not see which was *the best thing to be done by me*. (E. Venable)「いったい自分はどちらを選べばよいのか見えてこなかった」

また前置詞句の直前にある名詞と形容詞との意味上の連携も考慮しなければならない。形容詞の中には it was fortunate / lucky for you *that we were nearby* のように名詞節に特化しているものもある。但し it is (un-)lucky にはごくまれに不定詞句も見出される： It is lucky for the child *to cry* at baptism. (F. D. Bergen)「洗礼の時に泣き声を上げるのはその子どもにとってよいことだ」‖ It was never lucky for the sun *to begin* too blazing.「朝から日差しが強すぎるのは幸先のよいことではない」—この場合は意味上の主語と解しうるが使用頻度から推して英語学習者はここでの不定詞句の使用は避けた方がよいと思われる。

3.13.c　特殊な語法

　次の語法はあくまでも一時しのぎの語法であり、用例も多くはない。

I wanted so much *for there to be* a simple solution. (M. E. Laxer)「簡便な解決法があってほしいものだ」‖ It would be better *for there to be more* do and less say about you. (C. Darwin)「おしゃべりよりも行動があってしかるべきでしょう」‖ But there was not enough in him *for there to be* any chance of his turning his dreams into realities. (S. Butler)「夢を現実に転じる機会をもてるほどの人間ではなかった」‖ We were too busy making preparations to the very last *for there to be* much time for sadness. (G. M. Fenn)「準備に追われて悲しむ余裕もあまりなかった」

【備考】 ラテン語では目的語＋不定詞句が名詞句として主語になる。
Non est bonum esse hominum solum. 'It is not good *for* the man to live alone.' (Genesis 2.18)（不定詞句が主部）。この形式では「〜にとって」という解釈が可能であるが Facinus est vinciri civem Romanam を *For* a Roman citizen to be conquered — it is simply a crime! と訳せば for の役割が変わる — cf. *For him to take that risk, it* must have been something of great importance.（A. Christie）。興味深いことに *Matt.* 17.4 では A.V.（1611）: 'Lord, it is good *for us to be here.*' 1992 年訳には 'Lord, how good it is *that we are here*' とある。近代以降の英語では for us to be here と that we are here は同義であるから、どちらを選ぶかはバランスの問題であろう。ラテン文は Bonum est *nos*［目的格］hic esse である。内容が未然的であれば that we *should* be here となるがその場合でも不定詞句（for 〜 to be / do）に変化はない。

第四章　動名詞

4.0　動名詞の由来

　本来の動作名詞であるはずの不定詞の使用範囲が既に古期英語においても限定的であった。この不便を補うべく英語には動名詞が発達した。動名詞は現代英語の to- 不定詞の to を取り去った動詞の部分と同じ機能をもつ動作名詞であり現代英語の動名詞はかつての不定詞の動作名詞の機能を引き継いでいる。限定的ではあるが動名詞と不定詞が相互に交換可能な場合がある。最近の傾向であるが I look forward *to seeing* you に加えて *. . . to see you* ともいう。この場合は意味が同じになる。また X is out of the question「X は問題外である」の形式を含む以下の諸例について見ると、不定詞と動名詞の意味内容に違いがないように見える (▶ 9. 21. b)。

To run among the bushes, however, was out of the question. (J. F. Cooper)「灌木の中を走り回ることは論外だった」‖ *Returning* to Beaupark is out of the question. (W. Collins)「Bへ戻ることは無理だった」‖ *It* was wholly out of the question *to try to write*. (C. Dickens)「手紙を書くことは全く考えられないことだった」‖ *It* was out of the question *making* any further attempts to get round the point without assistance. (A. R. Wallace)「自力でその地点を越える努力はしても無駄だった」‖ *My going* was out of the question — or *sending* a message either. (A. Brontë)「私が出かけるとか、あるいは便りを送ることなど問題外だった」(▶ 4. 3. b)

　動名詞は「～すること」の意で「不可算用法」であるが、物質名詞のように量的な把握ができるので a lot of, little などの語句を伴うこともある。また動詞として目的語、「補語」を要求するとともに、その名詞的性格から前置詞の目的語ともなる。小辞 a- のところで説明するように現在分詞と動名詞の判別が困難な場合がある。最近では -ing 形 ('ing' forms) を共通の名称として用いる文法書も見られる (例: *Collins COBUILD English Grammar*)。

4.1 文中における動名詞の機能

4.1.a 叙事文(Historical Statement)において

　既に既成事実になっていること、あるいは今も継続中であるなどの条件下では動名詞が用いられるようである。不定詞はむしろ未然に傾く。例えばよく引用される Seeing is believing は一種の感嘆表現であり「なるほど百聞は一見にしかずだなあ」と訳せる。

Living is dreaming. (L. Wallace)「こうして生きているのはまるで夢心地だ」*Traveling* is always difficult where there is no path. (D. Liv.)「(このように)道のないところを旅するのはいつも困難なものだ」∥ I am afraid I am not clever myself, but *living all these years in St Mary Mead*, does give one an sight into human nature. (A. Christie)「私はあまり利口な人間ではないんですけれど、こういう所に長くいると人間の性質について分かってくることがありますのよ」∥ *Thinking* of it has never kept me awake nights. (W. Ch.)「そのことを思うことで夜も眠られぬということはこれまでなかった」∥ "I have told her nothing but the truth," says Nevil. "*Telling* the truth to women is an impertinence," says Lord Avonley. (G. Meredith)「彼女には事実だけを話しましたとネヴィルが言うと、(そのように)女性に事実を語るのは不合理な行為だとアヴォンレイ卿が言った」∥ Of course, *running a place like this* means a lot of worries, and she is quite inexperienced. (A. Christie)「こういう所の経営は気骨が折れるものでしょう。しかも彼女は経験がないのよ」∥ *Living* is expensive in the train suburbs, when almost all that is eaten comes from the city. (B. Hall)「町から遠い郊外に住んでいると実に生活費がかさむ。食料のほとんどが町から輸送されるからである」

基本的な意味上の違いはあっても、仮定法では結果として両者の区別は判別しにくいが、承前的文脈では不定詞が適しているようである (次項 Doyle および Brontë の例)。

It was not long before it struck him that *dining would delay* him. (C. Garnett)「食事をとる暇はないと気づいた」∥ In this hot weather *walking would be* quite out of the question. (E. C. Gaskell)「こう暑くては散歩など問題外でしょう」

4.1.b 不定詞が適切な場合
次のようなものである。

Then I heard the step of Mrs. Douglas, and I could not let her enter the room. *It would have been too horrible.* (C. Doyle)「夫人の足音を聞いたのですが引き止めて部屋には入れませんでした。そうすることはあまりにむごい行為と思いましたから」

この it を準動詞で置き換えるときは *to do so* (= to let her in) would have been too horrible とすべきであろう。

To confess every thing would never save you, but would most assuredly ruin me.「何もかも言ってしまえばあなたの救いにはなるどころか私には破滅となるだろう」∥ *"To know anything would be*, for her, to know enough. (H. James)「彼女の知識欲はいたってささやかなものだった」∥ *To do so* would be to exhibit a most uncritical mind. (L. W. King)「仮そめにもそのような行動をとれば無批判のそしりを招くだろう」∥ Nothing will persuade me *to believe in* such a thing. *To do so would be to descend* to the level of these poor peasants.「そのような怪物の存在を私は何があっても信じない。無知な農民ではあるまいし」(C. Doyle) ∥ It was wrong to talk of it then, Gilbert; it would not now — unless *to do so would be to violate* the truth. (A. Brontë)「当時その話はご法度でしたが今は違います。もっとも事実を曲げることになるのでしたら話は別ですが」

4.2 動作名詞

動作の意味を維持しながら名詞化する。この場合は必ず the を伴う。論理上の主語および目的語は of で示す。小説、論文など書き言葉に動名詞と並んでよく見られる語法である。日本語では「連用形」と同型の体言に似たところがある。

「店開き」the opening of the emporium ∥「言葉の謂い・言わんとするところ」the meaning of the phrase ∥「川の流れ」the flowing of the river ∥「夜明け」the breaking of day ∥「心臓の重い鼓動」the heavy beating of his heart ∥「その物語」the telling of the tale ∥「目、星の輝き」the twinkling of the eye / the stars, etc.

However, *the seeing of* a person's wraith* was not always an omen of death.（J. Napier）「人の幽霊を見ることは必ずしも死の兆候ではなかった」*wraith [reiθ]「死者の影、亡霊」‖ It is one of the best centres *for the study of* early Egyptian antiquities. ‖ To such a man *the coming of* Marie Boyer was a significant event.（H. B. Irivng）「そのような男にとって彼女の出現は意義深い出来事だった」‖ Tom bent all his energies to *the memorizing of* five verses.（M. Twain）「トムは詩を五行覚えるのに力を振り絞った」‖ The first notable improvement upon Bell's invention was *the making* of the transmitter, in 1877, by Emile Berliner.（H. B. Casson）「送電装置を EB が発明したことであった」‖ I feel an absolute conviction that, if this advantage were allowed us, it would be *the making of* us for life.（E. C. Gaskell）「この特典が許されたら私たちのためになるでしょう」‖ He was present *at the opening of* the college.「大学の創立式典に臨席した」‖ *The coming of* the transistor could not have been foreseen.「トランジスターの発明は予想できるものではなかった」

　動詞の原型と同形の動作名詞は古くから存在しているが、大概は現代英語では語義の展開が進んで動名詞との差別化を成し遂げた。例えばspringはspring of leaf「葉が芽を吹くこと」が原義と思われるがOEDは時間的な意味、即ち「葉が芽をふく季節、春」しか示していない。fall of leafから出た米語の fall「秋」も「落葉の秋（とき）」である。at the break of day = at dawn「明け方に、払暁に」も同類である。

4.3　動名詞の諸相

4.3.a　動名詞の「意味上の主語」

　これには原則として所有格を用いる。不定詞のように前置詞句（for you to do）を使うことはない。また所有格は文の他の部分に影響を与えない。動名詞に特有の制限もある。例えば I expected *his arrival* in the evening というが *I expected *his arriving* in the evening といえないのは *to expect doing という語法がないためである — cf. he did not *await the arrival* of the vessel in harbor ‖ He awaited my coming in silence. ‖ I was allowed to pass the gate *on my mentioning* the detective's name.（C. Doyle）「私が探偵の名を言うと門を通る許可が下りた」‖ She prevented *my escape*.「私の逃亡を妨げた（逃亡できなかった）」‖ I have been in London, which has prevented *my writing* sooner.（C. Darwin）‖「ずっとロンドンにいたため手紙を出すことができずにいた

第四章　動名詞

のです」‖ Many reasons have prevented *my naming* this anecdote.「理由があれこれあってこの逸話を口にできなかったのです」

構文も多様である。動詞の性質にもよるが次のようなバリエーションがある。

a) The rain prevented *me from going out*. ‖ Pressure of other work is likely to prevent Dr. Flower's part *in* this（*in*-phrase 中の論理主語！）*being ready* for some time to come.（K. Jackson）「同博士が多忙なため資料の出版まで時間がかかりそうである」— to *hinder* a person *in* doing something との混成か？ to hinder は「妨げる」意味。
動名詞および定動詞の受動態：The man was *prevented from being appointed* chairman.（J. Benton）「反対意見があって議長に指名されなかった」

b) The rain prevented *my going out*. — cf. ... owing to *its being the height* of the wet season ‖ ... but because of *its being similar* to Roger.（C. Dickens）‖ ... on account of *her being* away from home.（W. H. Healy）‖ I don't object to *your having* this, Chief Inspector.（TV）
受動態：The barb was filed off in order to prevent *its being caught*.（J. F. Cooper）「引っかからないようにやすりをかけてあった」‖ His posture prevented *much being seen* of him.（G. Chest.）「（ボートの中で）姿勢を低くしていたのであまり人に姿を見られなかった」
動名詞か動作名詞か：I was prevented doing ... とはいうが？My doing ... was prevented は例がない。動作名詞なら問題はない：*Full experiment* was prevented through funds running low. ‖ *The complete ruin of Italy* was prevented by the death of Alaric in 410. ‖ *Close approach to Piron Island* was prevented by a second barrier reef.

c) The rain prevented *me going out*. ‖ There hardly seems to be a career in it, unless you could be permanently on the pavement to *prevent old ladies getting* into the wrong bus.（G. Chest.）「お年寄りの夫人たちが間違ったバスに乗らないように歩道で絶えず目を光らせることでもしなければ定職にはなりそうもない」‖ There was really nothing to prevent *it becoming* the metropolis of Kansas.（H. C. Wetmore）「カンサス州の州都になるのを妨げる事情は存在しなかった」‖ But some unseen influence prevented *Oswald doing* this.「何か目に見えぬ事情から O はそうしなかった」（E. Nesbit この作家に用例が多い）
受動態：Was it not better, then, to prevent *words being said* which might cause

sorrow and regret in the future? (A. E. Barr)「そういうことなら後になって悲しみや後悔の原因になるような言葉は言わないのがよかったのではないか」∥ This prevented *any lives being lost*. (A. R. Wallace)「このお陰で人が死なずに済んだ」

定動詞の受動態： I was *prevented doing* any thing by wet weather and slight attacks of fever. (A. R. Wallace)「雨天が続く上に発熱が襲ってくるので何もできないままでいた」— I was prevented *a*-doing (?)... この解釈が正しければ上記 a) と同一の構文 [*prevent* + object + prep. + gerund] となる。次例および【備考】参照。

おそらく b) と c) は話し手の意識においても区別されていると思われるが、どちらも動名詞であるらしい。

'Lord bless you, sir,' said Mark, 'what is the use of *us a-going* round and round.「私たちが堂々巡りをしても意味がありません、とマークが言った」∥ Ah, well, that won't stop *me a-thinking*.「だからといって思考が停止するわけではない」(J. Farnol) — cf. Mr Brass stopped *his singing*, but not *his smiling*. (C. Dickens)「B 氏は歌は中断したものの微笑は続いた」

【備考】

1.　With everything battened down, *me a-steering* and *Tilly chopping* ice, we held on half the night. (J. London)「すべてを当て木で固定してから、俺が舵を取りティリは氷を砕く役まわりで夜半まで船を進めた」— They had me *a-steering* ならば「俺に舵取りを任せた」∥ They stopped me *a-steering* (cf. J. Farnol) ならば「舵取りをやめさせた」となる。現代英語の語法はそれぞれ They had me steering ∥ They stopped my steering である。

2.　完了の動名詞は現代英語に特有な現象である： He thought *Cecilia's having asked me* prevented his sister's coming. (M. Edgeworth)「C が私に尋ねたのが原因で彼女がやってこないのだろうと思った」∥ I was beginning to congratulate myself on *having reached* the summit without accident. (H. de Wundt)「やれやれやっとついた無事にとホッとしたのもつかの間...」∥ A short time after, I left for my home without *having seen or heard* anything more of him.「程なく私は彼に会うこともまた噂を聞くこともなく家路についた」

4.3.b 不定詞との混淆

口語の it is no use crying は不定詞構文 (it is no use to cry...) との混淆と思われる。

It's lucky being a man. (TV)「男に生まれて運がよかったわね」— cf. It's a crime *not to have been born* a gentleman. ‖ *It* is out of the question *our meeting* to be photographed together. (A. R. Wallace)「一緒に写真を撮るために会うことはとうてい無理です」

4.4 動(作)名詞の便利な機能

4.4.a 動作名詞の性格

動名詞を含む「動作名詞」は概念上動作の主体、動作、目的語などを含んでいるので事実上 CLAUSE (通常「節」と訳す) に等しい。動作名詞は現在では *the speaking of* English の形を取るが Shakespeare (1564–1616) は I will attempt *the doing it* とも書いている。

Blackwall, J., on *the speaking of* the magpie; on the desertion of their young by swallows. (C. Darwin)「カササギの言語、ツバメの雛鳥の遺棄に関する B の論著」‖ He wished much to converse with me in French, in the speaking of which language, it seems, he prided himself much. (G. Borrow)「彼は私とフランス語で話したがった。この言葉を話すことが自慢という風であった」

「何のために」の意味の前置詞は昔は to であったが現在では for を使う。

What can we do *to conserve* nature?「自然を保護するために何ができるか」‖ What can we do *for the conservation of* nature? ‖ There remains a lot for us to do for forest *conservation* while there is still time. ‖ *Prevention* is better than *cure*. (既出)「事後処理より未然防止が大切」

4.4.b 古い動作名詞

既に述べたように原形 (＝不定詞) と同形の動作名詞 (主に単音節でアングロ・サクソン系) は現代英語では目立たない存在であるが、複合語や前置詞句にさりげなく保存されているものがある。

To put to *flight*. (＜ to flee)「敗走させる」‖ *flight* recorder「飛行記録装置」‖ to play *hide*-and-*seek*「かくれんぼする」‖ to know somebody by *sight*「面識

がある」‖ to be in *use*「使われている」‖ to make *use* of「使用する」‖ car *wash*「洗車」‖ worse for *wear*「着古した」; Her husband has a *drink* problem.「アルコール依存症である」。因みに、J. London の小説 *The Call of the Wild* は「野性が呼んでいること」を意味する。

4.5 成句

用例が非常に多いので数例を例示する。

4.5.a in + Noun + of
a) 意志動詞「～のつもりで、～するために」
in quest of food「食べ物を求めて、得るために」‖ *in defence of* the liberty of the press「出版の自由を守るために」‖ *in consideration of*「～を考慮して」＞「～に関して」‖ *in* [the] *pursuit of* fame「名声を求めて」‖ *in pursuit of* pay increases「賃上げを求めて」

b) 無意志動詞
in admiration of his exploits「彼の偉業に感銘を受けて」‖ The front door stood hospitably open *in expectation of* company. (S. Jewet)「客の到着を待って正面のドアが広く開けられていた」; *in anticipation of* the greatest event in a woman's life「女の一生で最重要な出来事を期待しながら」‖ He was instantly absorbed in reading, *in hope of* [= *in hopes of*] being ready when the business commenced.「準備が間に合うようにと書類を読み始めた」

4.5.b 可能または不可能
there is no ～ing / there is no Noun ～ing の形式で。

There is no accounting for tastes.「好き嫌いを説明する手だてはない」‖ Say what they will, *there is no judging* body or beast but by the eye. (C. Reade)「彼らが何と言おうと、人や動物の性格を目つき以外から判断することはできない」‖ *There is no undoing*.「元へは戻せない」‖ *There is no use in my trying* to make myself any clearer, and you'll have to keep your appointment. (W. Ch.)「これ以上の弁明は無意味です。約束は守ってください」

4.5.c 禁止
意志動詞に限って there is / will be no ～ ing の形式で。

There *is no discussing* the interview.（TV）「面接内容を人に話すことは止めてください」‖ Children, *there will be no shouting* in the house.（TV）「家の中での大声は禁止です」

掲示に見られる No Smoking「禁煙」、No Trespassing「私有地につき立ち入り禁止」なども同じ言い方で「構造的省略」とみてよい（▶ 0.6）。You will not ... も同じく禁止の意味で使うことがある。'You don't want to'（▶ 14.21）と同類の言い方である： Of course *you will not mention* it to anyone, not even to Horace.（J. Gals.）「この話は誰にもしてはいけない」

第五章　文　その(一)

5.0　表現内容から見た二種類の文

文をその内容によって2種の文種 (types of statement) に分けることができる。

5.1　「叙事文」と「判断文」

5.1.a　(1) 叙事文 (Historical Statement)

過去、現在、未来の個々の出来事(過去、現在では「歴史的出来事」)を内容とする。疑問詞 when? (at what point of time?) は現在進行中の事態については使えない。

When was the last time you *saw* her?「最後に彼女に会ったのはいつですか」‖ What *are you talking about*?「何の話ですか(話がさっぱり分からん)」‖ 'I am afraid, Watson, that *we shall have to go*,' said Holmes as we sat down together to our breakfast one morning. 'Go! Where to?' (C. Doyle) ある朝、一緒に朝食を取ったときホームズが言った「やはり行かねばなるまいな、ワトソン君」「行くってどこへだね」

5.1.b　(2) 判断文 (General Statement)

「判断文」とは過去の出来事から得られるデータをもとに人間が判断を下すときその判断内容を伝える表現形式である。判断の材料になる個々の出来事は歴史上の事実であるが、そこから引き出された結論は歴史性がまったくない。所謂 timeless である。卑近な例を挙げると「レモンは酸っぱい」という判断は多くのレモンを実際に食べてみた結果としていわれるのであり、その限りでは歴史的な時間とのかかわりはもはやない。

第五章 文 その(一)

```
DATA                CONCLUSION
Lemon¹ — sour
Lemon² — sour
                    ⇒ [all] lemons are sour.
Lemon³ — sour
Lemon⁴ — sour
```

しかし欧米の文法書は「判断文」の抽象的な性格に気づいていないようである。「時間性がない」といいながら一方では判断文の内容を時間の線上に記すなどちぐはぐな扱いをしている。また人の習慣も判断文で表現するが、現在を含む時間の線上に配置するのは事実誤認である。

The authorities *are excellent at amassing facts*, though they do *not always use them* to advantage.（C. Doyle）「(これまでの実績からいうと) 当局は事実を集めることには長けているが、それらを必ずしも役立てていない (との結論になる)」

"And *you murdered her!*"　　　「で、あんたはあの女を殺害したのだ」叙事文
"But *how did I murder her*?　　「私が殺害しただって。どうやって?」叙事文
Is that *how men do murders*?　　「殺人とはそんな風にするものですか」判断文
Do men go to commit a murder　「私がしたように殺害に取り掛かるというも
as I went then?"　　　　　　　のですかね」　　　　　　　判断文＋叙事文
　　　　　　　　　　（Dostoyevsky, *Crime and Punishment*, tr. C. Garnett）

判断文のもっとも分かりやすい例は所謂「諺」である。俚諺調の言い回しでは「とかく云々」あるいは「～の例がない(例なし)」ということもある。「兎角この世は住みにくい」などともいうが「世間のことは例外もあるが」という含みがある。この種の発言には単純現在形を使うのが原則であるが、過去の出来事を判断材料としていることから、まれではあるが過去形が「顔を出す」ことがある。古典ギリシャ語には「格言アオリスト(gnomic aorist)」と称する過去形の用法がよく知られている。

　　　Who never *climbed*, never *fell*.　「虎穴に入らずんば虎子を得ず」
　　　Care *killed* the cat.　「心配は体に毒」(Shakespeare「空騒ぎ」)
　　　Men *were* deceivers ever.　「男はいつも偽善者よ」(同上)

別に A cat has nine lives「猫に9つの命あり」という諺がある。心配はその猫

をも殺した例があるというのである。なお判断文中の when は whenever の意味となる。

5.1.c　判断文の意味
　風俗習慣、礼儀作法、しきたりなどの説明。

By the way, we never eat anybody's health, always drink it. (J.K.J.)「*to drink somebody's health* はだれそれの健康を祝して乾杯することであるが *to eat sb's health* という言い方はしない」— これは作者の言葉の遊びである。

5.1.d　叙事文と判断文の組み合わせ
　順序からいえば事実の収集を行ってのち結論に至るのであるが修辞上の見地から判断文を先に置くことが多い。総論を先に出す方が聞き手あるいは読み手が理解しやすくなる。

One thing after another *goes missing* in our class [判断文]; [以下叙事文] first it *was* Fleischer's galoshes, then my new gloves, three times money *was missing*, and today Fraulein Steiner's new vanity bag. (S. Freud)「ものが次々となくなって行くのだ。最初は...がなくなり、次に...」

【備考】「判断文＋叙事文」に対応する「一般論＋個別論」という形式は他にもある: He was dressed *in a somber yet rich style*, (一般な描写) *in black frockcoat, a shining hat, neat brown gaits.* (具体的な描写) (C. Doyle) ‖ The old prince always *dressed in old-fashioned style, wearing* an antique coat and powdered hair.「老公はいつも時代物の外套に髪粉という古風ないでたちであった」‖ The gentleman-farmer *was dressed in cheerful style, in a new coat and white waistcoat.* (T. Hardy)「かの郷士は明るい服装で新しい外套に白いベスト姿であった」‖ What are you doing wearing that? (TV)「(服装を咎めて) そんなかっこうしてどうしたの」‖ Why, Denys, *what are you doing, ordering supper for two?* (C. Reade)「夕食を二人分も注文してどういうつもりなの」

5.2　叙事文と判断文の接点
　人にはそれぞれ特有な話し方あるいは歩き方がある。それらは一度聞くなり見るなりすれば直ちにその人の習慣であることが知られるものである。上に述べたような多数の事実から結論を引き出すという状況とは様子が違っている。そのようなとき叙事文から間を置かずに判断文に切り替わることがある。例え

ば流暢に英語を話している外国人にたいして You speak good English あるいは Your English is very good「英語がお上手ですね」と褒めるときの表現がそれである。このようなとき *You are speaking good English とはいわない。要するに「今の状況から直ちにこれこれの結論になる」という意味である。

You *talk as if* a fellow could believe those fables. (G. K. Ch.)「君はまるでそのような話を信じる人があるといわんばかりの話し方をするね」‖ Listen! Isn't he *speaking* fluently?「(いつもの無口にも似ず)今に限って雄弁ですね」‖ Listen! Doesn't he speak fluently?「彼は達弁じゃないか」(A. G. Hatcher) ‖ And that is where you *make* another mistake,' she replied. (D. H. Lawr.)「ほらそこがまた間違いなのよ」‖ That is where they *mistake*. (T. Carlyle) ‖ That is where you *are mistaken*. ‖ "Why do you follow me?" he demanded. "Foller you?" repeated the man. "*You have been following me all the way*." "Have I?" said the man. "You know you have." (J. Farnol)「なぜ俺の後をつけるんだ」「あとをつけるって?」「ずっと俺をつけてきたじゃないか」「そうかな」「なんだ、知ってるくせに」

'*Had* Lord Cronshaw any enemies?' (叙事文)
'None that anyone knows of. He *seemed* a popular fellow. (叙事文)
'Who *benefits* by his death?' (A. Christie) (判断文)
「故人には敵がありましたか」「敵がいたとは聞いていないが。評判はよかったようだ」「彼が死ねば得をする人は?」

"Let the whole incident be a sealed book, and do not allow it to affect your life." "*You are very kind*, Mr. Holmes, but I cannot do that. (C. Doyle)「このことは口外しなければよい。さもなければご自身が困るようなことになる」「ホームズさん、あなたは思いやりのある人だ。だが私にそれはできない」‖ "You *are kind* to come out and tell me so. (A. B. Edwards)「わざわざ教えてくれてあなたは親切な方だ」(結論 ← 事実)

新約聖書(the New International Version)に次の一節がある。

Mark 1.27 The people were all amazed that they asked each other, "What is this? A new teaching — and with authority! He even *gives* orders to evil spirits and they *obey* him."「人々は驚いてお互いにこう言った：これは何だ。新しい教えか。しかも権威を持っている。この人は悪霊に命令する。しかも奴らはそ

れに従うのだ」

人々が目の前で起こったことに驚いているだけなら過去形で事足りる: He *gave* orders to evil spirits and they *obeyed* him. 人々の驚きは悪魔をも従わせる権威をもった人が現れ、この人は同じことを再度行うであろう、という現実に向けられているのである。これまた一事をもって(叙事文)万端を知る(判断文)ことにほかならない。

5.3　叙事文としての It is kind of you.

It's (awfully etc.) kind of you は既に実行された個々の行為 (to do ...) に関して感謝する意味である。You are kind は判断文のタイプと考えてよい。日本語の「ご親切にどうも」と「ご親切な方ですね」を比較してみるとよい (▶ 3. 13)。

Kind of you *to wait*! (G. Meredith)「お待ちいただいて恐縮です」‖ How kind of you *to let me come.* (TV)「お招きに預かって光栄です」‖ It's very kind of you *to say that.* (H. James)「そういって頂くと有難い」‖ Mr. Jarndyce, it is very kind of you to come *to see me.* (C. Dickens)「わざわざお越しいただいて恐縮です」　‖ It was very unkind of you *to refuse to kiss me* last night. (W.S.M.)「昨夜はキスくらいしてくれてもよかったのに」‖ It is very kind of you *to send me* the Japanese books, which are extremely curious and amusing. (C. Darwin)「日本の本を送って頂き有難う。非常に珍しく面白いものです」

未来について it will be kind of you to do so は特殊な表現で「してもらいたいものだな」という皮肉である: It *will be kind of you to keep* your husband perpetually in this sceptical state. (M. Edgeworth)「ご主人には今後も懐疑心を維持するようにし向けてほしいものですな」

第六章　英語動詞のカテゴリー

6.0　能動態と受動態

　英語で受動態といわれる形式は be 動詞と動詞的な性格を維持する過去分詞から構成されているが、本書の扱いでは態は形態よりも論理上の区別と見るので、「受動態」という用語は無論使用するけれども、基本的には過去分詞の用法の一形態と見る。

6.1　時制　現在形と過去形

　現代英語の時制形には現在形、過去形はあるが未来形はない。もちろん未来の表現法は種々存在しているが、カテゴリーとしての「未来形」はないということである。現在のサブカテゴリーとして現在進行形と現在完了形、両者を組み合わせた現在完了進行形、および過去には過去進行形と過去完了形がある。完了形は既にカテゴリーとして確立していると見てよいが、本書では歴史的視点をいれて過去分詞用法の展開と見る。

6.1.a　時制の連想

I was singing a song. ⇒ I am singing a song ⇒ I'll be singing a song.

言語使用者の脳裏に発生する時間の連想は上のような文法形式によらない。既に終わった行為を振り返るか、あるいはこれからの行為を予想するかのどちらかで、「現在」という時間は意識されないことが多いのである。

I sang a song / I have sung a song. ― I am singing a song ― I'll sing a song.
　　　　　●　　　　　　　　←　発話の時点　→　　　　　　　●

6.1.b　「時制とは何か」

　これは難しい質問であるが、一般論としていえることは言語使用者の意識に生起するところの「物体が時間・空間を移動しているという」感覚が「時制」の出発点になっているということである。これを平たくいえば時計が時 (tem-

pus*)を刻むチクタクという音とそれと並行して進行する動作の意識である。
*tempus (Latin) = time

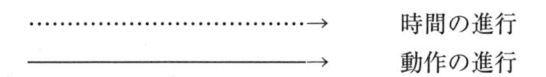

　　　　　……………………………→　　　時間の進行
　　　　　────────────→　　　動作の進行

動作の進行(あるいは完了)のみが我々の意識にあって時間の進行を動作がらみでは問題にしない事実をもって日本語に時制がないといわれるのである。
例えば「私は読む」というとき、動作と時間(時計の時間)とを抱き合わせにしない日本語では「今読んでいる」ことを意味しない。面白いことに英語は現在進行形の発達によって現在形に限って表現形式から時計の時間を切り離すことができるようになった。その結果 I read a lot of English は定動詞でありながら発話の時点(MS)から解放されたのである。列車で旅行している場合を想像してみよう。これまでに通過したあるいは停車した駅が過去の時間の点であり、時間と共に進行していくいま、即ち「森や林や田や畑が後へ後へと飛んでゆく」のが 進行中の「現在」である。

6.1.c　本書における時間の捉え方

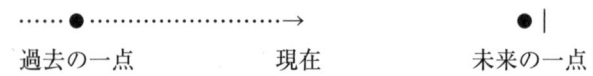

　……●………………………→　　　　　●|
　　過去の一点　　　　現在　　　　　未来の一点

厳密にいえば現在の時間を言語で表現することはできない。例えば「今ちょうど2時だ」というとき、言葉に出たときはすでに時は先へ進んでしまっているからである。欧米の文法家が「現在」を停止した点のようにイメージしているのは認識の誤りである。

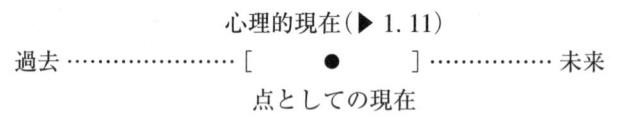

伝統文法の時制観
　　　　　　　　　　心理的現在(▶ 1.11)
　　過去 …………………[　　●　　]…………… 未来
　　　　　　　　　　点としての現在

Quirk 他著 *A Comprehensive Grammar* (1972)においても現在中に瞬間を固定できるとの謬見に依って「瞬間現在」(instantaneous present)なる珍奇な名称が使われている。

6.2　過去形の独自性

　現在という時間に関する限り時間の幅を考慮する余地はないが、過去形ではこれが必要となる：I was born in 1970.「1970 年に」とあるが、誕生すること（「呱々の声を上げる」）は瞬間的な出来事であって一年も続くわけではない。

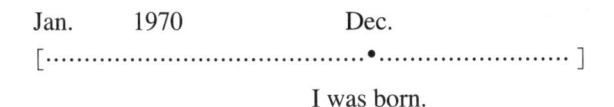

```
Jan.      1970            Dec.
[·························•························ ]
                I was born.
```

　また「皇帝は 30 年間君臨した」ともいう。30 年間云々の場合も何年から何年までの 30 年間のどの時点をとってもいわれる内容（「在位している」）が真（true）であればよい。

```
[················He reigned 30 years···················]
      この間のどの点をとっても「真」である。
```

要するに現在と異なり過去では示された期間中のどこかに歴史的な時点が含まれる限り時間の表現に制限がないのである。「私は 20 世紀に生まれた」といっても事実とは矛盾しない。接続詞 when（これは then「そのとき」の変形である）が過去と未来に関しては使えても現在進行形中の事態とは相容れないのも、上図に示すごとく絶えず前進している現在は時間の点を特定できないのがその理由である。

6.3　注意すべき過去形の用法

　困惑を経験しそうな状況で調子を和らげるために過去形を使うことがある。この過去形は仮定法ではなく直説法である。

I *wonder* if Mr Jerry Smith lives on this floor. ‖ I *am wondering* if ... ‖ I *was wondering* if ...
— X: What *are you looking for*?「何をお探しですか」
— Y: I *was looking* for Jerry Smith's flat.「JS さんのお住まいを探していたのですが」

6.4　単純現在形の用法（その1）——判断文
6.4.a　自然の法則に対する認識

The heart, working ceaselessly, *pumps* the blood that *feeds* the brain and *makes* possible its work.（A. Brisbane）「心臓は休まず働き、血液を送り出して脳に栄養を送り、機能させる」‖ Water finds its level.「水は低きにつく」‖ The earth is shaped like a ball.「地球は丸い」‖ The sun *rises* in the east.「太陽は東の空に昇る」

「太陽は東に昇る」は天文学上この陳述は成り立たないはずであるが法則性（regularity）が認められれば判断文として機能する。この例に人間の経験上の判断という判断文の性格がよく見える。「昔の人は地球は盆のように平たいと思っていた」— People used to believe that the earth was flat — People used to say, 'the earth is flat.' 科学の進歩で認識が変わったのである。単純現在形が「自然の法則を表す」という従来の説明は文法用語としては不適切である。

6.4.b　人の習慣、好み、業務の手はず、など

　習慣として通すには実績が必要である。初めて夏ハワイへ旅行したという人が「私は毎年ハワイで夏を過ごす」とはいえない。習慣や好み、手はずなどは時とともに変わるから判断文はときにはバージョンアップする必要がある。因みにそれ以前の判断内容は過去形で表す（I *went* to high school in Yokohama.「横浜の高校で学んだ」）

I *do not read* on Saturday evenings.「私は土曜の夜は本は読みません」‖ *Do you take* sugar in your coffee? ‖ What *does he do* for a living? | What *is* his line?「彼の仕事は？」‖ What size *does she take* in shoes?「彼女の靴のサイズは？」‖ Karen *is* a good kid. She *works* hard.「カレンはいい子だ。よく勉強するし」‖ What time *do you serve* breakfast?「朝食は何時ですか」‖ My friends *work* in Dublin. They *buy* and *sell* cars. ‖ I *cultivate* poetry as well as music, sir, in my leisure hours.（W. Collins）「暇を見て詩作だの音楽だのをやってます」

6.4.c　地理上の名称

　河川がどこそこを流れている、山がそびえているなど。川の位置はにわかに

変わるものではないが、流れのように可変性の現象には進行形もある。日本語でいえば「五月雨を集めて早し最上川」(The May rains have left River Mogami flowing as rapidly as ever) などがその状況。

The Yukon *empties* into Bering Sea. (J. London)「ベーリング海に注ぐ」‖ Hindoostan *flows* through the Ganges and *empties* into the Mediterranean Sea. (M. Twain) ‖ There can be no doubt; a subterranean river *is flowing* around us.「地下河川がまわりを囲むように流れているに違いない」‖ Niagara *is flowing still*.「ナイアガラ川のいまの流れは穏やかだ」‖ The great mountain barrier seems to *divide* the continent into different climates, even in the same degrees of latitude. (W. Irving)「境界線になっている」‖ I wonder how the mountains are looking today. (J. Gals.)「今日の山々の様子はどうかな」

時制の一致の法則が適用され現在と対立しない過去形もある。

Five or six miles from the lair, the stream *divided*, (i.e. *and still divides*) its forks going off among the mountains at a right angle. (J. London)

6.5 単純現在形の用法（その2）

引用における単純現在形
　引用とは特定の情報源に基づいた発話でその内容が常に真であることを表明する現在形である。例えば「キリストは言われた」は歴史的事実であるから過去形でよいが、引用文としては聖書に記されていていつでも参照できるという状況では現在形を用いてもよい。これを「引用の現在」と称する。英語名は the present of quotation であろうか。

6.5.a 歴史上の事実
　ラテン語の factum 'a happening' は「ことが持ち上がる」という意味の自動詞 fio の過去分詞である。

According to the Gospels Jesus on one occasion *said* that he was eternal life.「イエスはあるとき私は永遠の命であると言われた」
引用文: Jesus *says* (in one place in the Gospels) that he is eternal life.

聖書にそう書いてある場合はもちろん、新聞や雑誌など文字のソースあるいは言い伝えや迷信なども典拠として使える: The newspapers say... ‖ It's going to be a cold winter, or so the newspaper *says*. (M. Swan) ‖ *Tradition has* it that Homer was blind. 「ホーマーは目が不自由だったと伝えられる(みながそう信じている)」

6.5.b 大見出しの現在形

　新聞・雑誌の大見出し(headlines)にこの「引用の現在」が利用される。日本語では「漢語止め」が使われる：「...界の大物ついに逮捕」

見出し： Bombing at Hotel in Pakistan *Kills* at Least 53. 「パキスタンのホテルで爆発。53人以上の死亡確認」： 記事内は過去形： A huge truck bombing at Islamabad's Marriott Hotel *was* one of the worst acts of terrorism in Pakistan's history (NYT)「イスラマバードのマリオットホテルでトラック爆発。同国史上最悪のテロ活動」‖ China *Seeks* to Calm Fears Amid Dairy Scandal. (NYT)「中国政府汚染乳製品の不安沈静化に腐心」‖ The Boom Bubble *Bursts*. But Japan's Recession May Be No Great Threat in Asia. (Time)「バブルの崩壊。日本経済の後退はアジアに影響なしか」

6.5.c 作品への言及

　小説家、彫刻家、作曲家あるいは建築家などの作品に言及するとき。

He *describes* the absolute truth by negatives exclusively. (W. James)「彼の学説では絶対的真実は否定で表現されている」‖ See what he *writes* further on; read it for yourself. (R.L.S.)「その先に彼が書いていることを自分で読んでごらん」

6.5.d 歴史上の事実

　歴史上の事実も「引用の現在」である。

The Constitution amply *attests* the greatness of its authors, but it *was* a compromise. (W. Ch.)「憲法は草案者の偉大さを証明しているが、妥協の産物であった」

6.5.e 出身

Where do you come (*or* hail) from?「お国どちらですか」‖ Jesus *is descended* from David. (A. Besant)「イエスはダビデ王の子孫である」

6.6 コマ送りの現在形

6.6.a 連続性の表示

　一件の孤立した出来事なら過去形となるものでも一連の出来事をいわば数珠繋ぎ(「じゅずつなぎ」)にして示すと現在進行形のような機能を得る。同一の動作の連続が進行形使用の条件であるとすれば、こちらは異なる動作を次々と送り出すことで継続状態を得るのである。両者とも出来事としては一つである。

進行形　　　　｜△△△△△△△△ → 現在
コマ送り　　　｜▽□○□○△□▽ → 現在
　　　　　　　　一続きの出来事 →

　四コマ漫画がこの理屈で組み立てられている。漢詩の作法に「起承転結」というのもこれである。また映画もまたコマ送りの原理である。連続するコマから一つのみを切り抜いてしまうと現在の出来事に単純形が使われているような誤解を与える。A bus pulls over.「バスが道端のバス停に寄ってくる」は次のような枠の中でのみ意味を持つ。

A bus pulls over. It stops. The door opens. An old woman *gets* off followed by a young girl. The door *closes*, and the bus *is gone*. ‖ She suddenly *stands*, 'You have enough', I'm sure. As is her custom, she *leaves* without saying goodbye. 「突然立ち上り、もういいでしょと言ってさよならも言わずに立ち去った」‖ And now we *leave* the camp, and *descend* towards the west, and *are on the Ashdown.* (T. Hughes)「キャンプを後にして西へ向かって下るとアシュダウン平野に至る」‖ Now *we cross* London Bridge . . . Now *we enter* London, and our day *is over.* (G. Meredith)

参考例：'It does happen that way. I mean, *you see* a fat woman sitting in a bus . . . and *you can see* she's either saying something to someone . . . And *you look at* her and *you study* her shoes . . . and *guess* her age . . . And then *you get out of the bus.* (A. Christie, *Hallowe'en Party*)「人の姿が目に入る . . . その人を見る . . . 靴をよく観察して年齢を推測する . . .」

　G. Leech が instantaneous use (*Meaning and the Eng. Verb* §9) と称するものはコマ送りのひとコマにのみ着目しているのであり、絶対条件である連続性を無視している。フイルムのひとコマを切り取ってもそれは「映画」(movie)で

はない。

6.6.b 歴史的現在
所謂「歴史的現在(historic present)」はコマ送りの変形である。

Peggotty *comes up* to make herself useful, and *falls* to work immediately.（C. Dickens）「ペゴティがやってきて直ちに仕事にとりかかる」‖ She *flies* in a passion, and *breaks* his pipe; he *steps* out, and *gets* another.（C. Dickens）「彼女はカッとなって彼のパイプを折ると、彼は出て行って別のを持ってくる」

6.6.c スポーツの中継
日本語は過去形「若よった、よった、栃のこした、若よった、寄り切り若乃花の勝ち」。英語は現在形： Brenner *picks up* the ball and *passes* it to Lorimer and L. *dashes* with it towards the goal.（G. Leech）

6.6.d 手品の実演など
日本語も非過去となる。

「コップの中にハンカチをいれます、水を注ぎます、しばらく暖めます...」（I put a handkerchief in the glass here, fill it with water. Now let us wait a few seconds till it gets quite warm...）上記コマ送りの図参照。

6.6.e 順送りの現在形

Now we *come* to the second chapter.「ここからは第二章です」‖ Next we *come* to Rembrandt.「次はレンブラントの展示コーナーです」

6.7 実行型動詞(Performative)
「大会を宣言します」など発話と同時に事実が確立することを内容とする動詞を「実行型動詞」という。

I hereby pronounce you man and wife.「これをもって婚姻を宣言する」‖ *I admit* I was wrong.「間違いを認めます」‖ *I promise* to pay you back tomorrow.「明日確かに返済します」‖ *I name* this ship Fujisan-maru.「本船を富士山丸と命名する」‖ *I declare* the opening of the conference.「会議の開会を宣言する」‖ *I thank* you.「ありがとう」‖ *I swear* I'll never tell anyone.（COB.

Eng.Dic.)「決して口外しません」∥ I resign.「辞職します」∥ I admit defeat.「負けた」∥ I agree with all that you have said.（J. London）「全面的に同意します」I am sorry.「すみません」「お詫びします」∥ I forbid you to smoke.「喫煙を禁じる」∥ I give up.「降参だ」∥ I forgive you.「許してやるよ」∥ Your sins are forgiven you.（Biblical）「あなたの罪は許された」∥ All right, you win.「おれの負けだ、君の勝ちだ」負けを認めるときの言葉。因みに実行動詞では I forgive you と You are forgiven「許す」と「許されている」の様態の違いはなく同じ意味である。

6.8 未来を語る

6.8.a 未来ということ

　future はラテン語の esse (to be) の未来分詞 futurum「発生しようとしていること」に由来するもので訳語としては「未来」が定着している。第一に英語には語形成上の未来形がない。むろん語形がなくても概念はある。既に紹介した時間の流れの中で、絶えず進んでいく時間の先端にまだ触れていない部分が未来と呼ばれる。「未来」や「将来」などの用語は現在である矢印の先端部分と、これからの出来事の時間の幅、時間的な距離を含蓄するが、英語においてもただ「まだそうなっていない」とだけいいたい場面がある。例えば when the rain has stopped というときの「止む時」は不定である。

FUTURE　【予定】 will / shall、現在形＋未来表示、進行形＋未来表示、未来進行形
　　　　　【非予定】意志が介在：助動詞 will
　　　　　【成り行き】　　　現在形

未来表現は多岐にわたり、「単純未来」と「意志未来」の二分法では不十分である。

6.8.b 単純な予定

　（イ）段取りを含む予定：狭義の「予定」とは将来の行動を既に決定し必要な手続きを終えている状態である。実行の時間や期日を併せて示すことが多く、shall（主に一人称）/ will（主に三人称）が使われる。話し手の報告あるいは示唆という体裁であるから二人称は主語にはならない。そのため二人称を含むときは We will... という — e.g. *I'll give* you a good cigar, and that pamphlet, and *we'll talk* matters over."（W. Ch.）「いい葉巻を進呈しましょう。パンフレット

もね。それでゆっくり話しましょう」(▶ 6. 9. a 備考)

I *shall now quote* from a valuable letter which I have received from Mary. (E. Gaskell) ‖ He'*ll be* here next week. ‖ I *shall kill* that man to-night, or he *will* kill me. (C. Reade) ‖ We *shall see in the next chapter* . . . ‖ . . . as we *shall see in a future chapter* . . . 「詳細は後の章に譲るが . . .」(C. Darwin) ‖ It is best *we will* take him home *to-night*. (W. Ch.) ‖ *We will now turn* to the order of reptiles ['we', i.e. the author and the reader]. (C. Darwin) ‖ Now *we will take* five minutes' rest. (C. Dickens) ‖ Talks *will* resume next week.「交渉来週にも再開」— cf. *We will* [you and I *or* we] resume our talks next week —e.g. 'Let's resume . . . '

【その 1】　単純現在形 + 時の副詞
We begin *next week*. (W. Ch.) ‖ We dine out *at this weekend*. これから実行予定の一回限りの行為(計画表に記してあるなど) ‖ He *is due to* [is expected to] retire.「退職の予定」‖ *Next week we have* chemistry and philosophy.「来週〜の講義がある」(J. Aston) ‖ *Next week I go* to Italy.「来週イタリアへ参ります」(G. Meredith) ‖ He and his daughter *come here next week*, and the colonel *will expect to meet* you here. (▶ 1. 1. e)

【その 2】　進行形 + 時の副詞
We are dining out *at this weekend*. ことが手配済みであることを含む。「週末に」がないと「いま外食中」となる。*Oxford Practice Grammar* (1992) p. 46 に 'We use the present continuous for an arrangement' とあるのがこれである — cf. She remembered that *she had an engagement to dine out this evening*, but the thought was insufferable.「夕食をともにする約束があることを思い出したが、考えると耐え難いことだった」‖ Judy has gone back to town, and *is sailing next week* for Jamaica. (J. Webster) ‖ We haven't begun German yet, and — and we'*re going back* to our French *next week*. ‖ I *am going to dine out this evening*, and have to dress here out of my portmanteau. (T. Hardy)「夕食は外でするわ。ここで着替えなくては」

【備考】　We are getting married. 新婦が既に花嫁姿である状況 ‖ We *are landing*.「着陸寸前」と同じ状況 ‖ We *are going to be married*.「既に事態は動き出している」という含みがある。「今夜電話するよ」は予定を組むという性格の出来事ではないから I'm telephoning you this evening は奇妙に聞こえる。しかし

I'm talking with Mr President over the phone this afternoon「大統領と電話で話をするんだ」はイベント性があるから不自然ではない。

【その3】　未来進行形
When will we be crossing the International Date Line?「何時に日付変更線を超える予定であるか」G. Leechによると人にこれからの予定を聞くときにもっとも礼にかなった言い方は When *will you be playing* Mozart again? であるという。その趣旨は「いつどこへ出向けばあなたがモーツアルトを演奏している場に臨めるか」ということである。

"We were just going over some notes ... for a speech I'll be giving in a few weeks." "And where will you be speaking, Matthew, Sea World?" (J. Hutsko)

6.8.c　非予定
（ロ）非予定とは行動について今思いついたり将来の行動を漠然と考えている場合で、意志は介在するもののその意志がまだ明確に予定になっていない状況をいう。また自然現象など事柄の性質上人間の思慮の外にある現象についての判断もある。主体が意志を発動できる場合は行為を実行する時間の点が鍵となる。基準点は話をしている「現在の時点(MS)」である。

6.9　行為の実行

6.9.a　発話と同時あるいは直後の実行
　自己の行為については I think I shall / will ということが多い。

電話が鳴ったとき:「あ、私が出ます」*I'll answer* it. ‖ I'll be off. (TV)「じゃ私行くわね」‖ Now, I'*ll tell* you what I'll do. ‖ "What are you going to do next?" "*I shall* use the old idiot's telephone, anyhow," replied the lawyer. (G. Ches.)「あの爺さんの電話を借りるのさ」‖ "I'*ll be ready* in an instant," he said, and made brief but polite adieus to the three others. (W. Ch.)「いま行きます」‖ *I think I shall* ride the bull.「あの牛を乗りこなしてみよう」‖ That's what *I think I shall* do.

【備考】二人称と肯定の意志動詞は要求文になる： "You *will do* me a kindness, Mr. Gaylord," she said, "by telling me what you believe to be true." ‖ "Order, please! You *will* please keep order."「諸君静粛に、静粛に願います」(▶ 6.8)

疑問形は Will you...? で please を加えてもよい: If there is a physican in the house, will he please come forward? (W. Ch.)「医者の方がおいででしたら名乗り出て下さいませんか」—具体的に何かを依頼するときは Would you please...? となる。

And *would you please to shut* the street door first? I can't very well do it myself. (C. Dickens) ‖ *Would you please remain* in the room? (C. Doyle) 類例: Do you mind *my smoking*, (*if I smoke*)? ‖ Do you mind *waiting* a minute? ‖ *Would you mind moving* — thank you, Mr. Hastings. (A. Christie)「ちょっとおそばを失礼、ああすみませんヘイスチングさん」

6.9.b 発話の時点と実行の時点の乖離

「今夜10時過ぎに君に電話するよ」I'*ll telephone* you after 10 this evening. 文脈の勢いで約束の意味になることもある。その逆は「脅し」である（用例参照）。「この夏は1週間ほどハワイで過ごそうと思う」I'*ll spend* a week or so in Hawaii this summer. いまの思いつきで、実現はするかどうかいまのところ不明。

I'*ll get* a divorce, and we'*ll marry*, and things will come right with a bang.「ぼくは離婚するから結婚しよう。そうなったらばっちりさ」‖ "I'*ll send you a check* for five dollars, and a picture," said Mr. Crewe. ‖ Now sip a good glass slowly, and get into bed, or I'*ll take* your temperature!" (J. Gals.)「さあ、ゆっくり飲んでから寝るんだ。さもないと体温を計ってやるぞ」‖ "You're a Welsh liar, and I'*ll kill you* for this!" *The threat* was heard by the council and the citizens. (J. J. Davis)「このウエールズ野郎、嘘つきやがって。殺してやる。この脅迫を皆が聞いていた」‖ "All right," said Mr. Crewe, "I'*ll call* around again in about two weeks." (W. Ch.)「よろしい、一週間ほど経ったらまた来ましょう」—約束は守られないこともある。

「何かを実行する決意である、段取りをするつもりである」は I shall / We shall... と表現できる。「必ず優勝してみせる」、「三日後には用を済ませて帰ってきます」など。疑問形式は Shall you? / Will you? のどちらもある。

I think I shall get up early and have a spin by myself. (G. K. Ch.)「早起きして車で一走りしようと思う」‖ *I shall see you through school and college.* (S. Butler)「学校へ行かせてあげよう」‖ If they need me, *I shall* go to them. *I have quite settled all that in my mind.*「求められれば出かけていきます、心は決まっています」‖ "Good bye," said he to Frances; "*I shall be off* for this glorious England *to-morrow*." (C. Brontë)「明日このすばらしい英国へ旅立ちます」‖ "If I do not come back again, *shall you* come and fetch me?" "Most certainly *I shall*," was my reply.「私が戻らなかったら迎えに来て下さるの」「間違いなくそうします」‖ "When *will you be back*?" "*I am not coming back.*" "*Are you going* to your friends?" (O. Shreiner) ‖ And when *shall you come back* to America? (H. James) — cf. Will you be coming back? (D. Yates)

6.10　意志を発動できない場合
6.10.a　自然の成り行き
　三人についての発言は「模様眺め」になる。これは話し手自身に関することでもありうる。また時間が過ぎるとそうなる (来週の今日で 20 歳になる) のも成り行きである。キリスト教徒にとって自然の成り行きは神の思し召しと同じことであるから昔は God willing をよく添えたものである (ラテン語: Deo volente)。英国系の英語ではこうした文脈に shall を使うことがある。三人称は少なくなったが I shall / you shall はまだ見かける語法である。you shall には話し手の意向が示唆されることもある。

Ten to one *I shall never* have the chance again. (E. Gaskell) ‖ But I *think I'll* get the hang of it very soon. (E. Ferber)「ほどなくコツを覚えられると思う」‖ I *think I'll* have something interesting to tell you. (D. G. Phillips)「何か面白い話をしてあげられると思う (期待して待っていて)」‖ Oh, you prodigal old son! Now *you shall* be starved. (C. Dickens)「お前のような放蕩者はもう面倒は見てやらん」‖ I think *he'll* end up by going home to Worcester and taking a job in his father's factory. (J. Webster)「結局あの人はウースターへ戻って父親の工場で働くのだろう」‖ I think *he'd* like it. (C. Gilman)「多分あの人の好みにあうと思う」‖ Some day, *please God, you shall* have an easier one! And I'm having a hard time too — I don't deny it. (C. Gilman)「この先あなたは楽ができればいいと思うの。私もいまは辛いのよ。辛くないとはいえないわ」‖ Listen to Poirot and *you shall* learn. (TV)「私のところで修行しなさい」‖ So long as you want me, *you shall* never lose me. (J. Gals.) ‖ I swear *you shall* have them to-morrow. (C. Reade)「明日間違いなくお渡しする」‖ *God willing, you will* recover. ‖ *God willing, I shall* be in New York tomorrow.

神の意志は未然の状況に限られ、既成の事実についてはキリスト教の神は登場しない。ある出来事が偶然だったというとき as luck (or ill-luck) would have it あるいは fortunately, unfortunately などを挿入することがある。Fortuna は古代ローマの運命の女神である。前者はやや古風な口語調であろうか: *As luck would have it*, Mrs. Lynde was talking to Marilla at the lane fence. (L.M.M.)

6.10.b　無意志動詞と話者の予想

人称の制限はなく話し手自身のことについてもいえる。疑問形は Shall / Will you . . . ? で please は使えない。なお「I think I shall＋無意志動詞」の形式に注意。

I haven't seen my host yet but *I suppose I shall meet* him at dinner. (G. Ches.) ‖ You may say anything you like to me, and *I shall not take* offence. (W. Ch.) ‖ Do you think *I shall pull* through, sir?「このまま持ちこたえるでしょうか」‖ Yes, *I think I shall* soon *get well and strong*. (E. P. Roe) ‖ The amiable face with which he said it, *I think I shall never forget*. (C. Dickens) ‖ *I shall love* you always, whatever you do. (C. Gilman) ‖ *I shall miss* her very much. (C. Gilman) ‖ *Shall you miss* me? ‖ "Oh, Frank," she exclaimed, "I'*ll miss* you so! You're all I have."「あなたが恋しくなるわ。あなたしかいないんですもの」‖ You *will see* that to-morrow *we shall have* a splendid day. (H. James)「見ていてごらん。明日はすばらしい日になるよ」‖ You *will not regret* it.「後悔はしないでしょう」‖ *There will be* a storm tonight.「今夜は嵐になるな」‖ *I'm sure Tom will pass* the exam.「試験にパスするだろう」‖ "Kneel," one whispered, "kneel, sir, or you *will be seen*."「しゃがんで、と誰かがささやいた。しゃがんで。姿を見られてしまうよ」‖ Good! I think I'*ll like* him.「あの人は好きになれそうだ」‖ I know sixteen thousand francs is a big sum. *Perhaps you will be sorry* to give us so much money.「そんな大金を出すのはどうかとお思いになるでしょうが...」

6.11　日本の学習者が注意すべき項目

1) 商店で買い物したとき: It *will* be 20 pounds.「20 ポンドになります」
2) 下宿部屋を見に行ったとき: This *will* be your room.「これがあなたのお部屋です」比較: This *is* his room は「彼が住んでいる部屋です」

3) 現在のことについての推量は状態の描写に限定される： He *will be* back home now.「もう帰宅しているだろう」なお He'*ll be* back any moment は未然の表現である。
4) (i) *if*-clause の主文に意志動詞の場合は条件が満たされた場合に実行するという約束であり、無意志動詞の場合は条件が満たされた場合に起きるであろうこと： I'*ll stay* if you will.「お望みなら留まります」‖ If you consent to go, I'*ll* pay your passage to New York. (R.L.S.)「同意してくれるなら NY への旅費は私が払おう」(▶ 6. 9. b)
(ii) 否定命令文の後で「～するな。そんなことをすれば大変な結果になる」という意味になる： *Don't tell* your husband; it *might be* the destruction of our friendship. (W. Collins)「そんなことをすれば私たちの関係はおしまいになる」‖ *Don't tell* Mom. She'*ll kill* me. (TV)「ママには言わないで。(子供ができたなんて聞かれたら) 私ママに殺されるわ」If you tell Mom ... とは表現の勢いが違う。

6. 12　to be going to について

6. 12. a　to be going to の基本義

　この形式は本来「今〜へ行く途中である」という意味の進行形であり、この基本義は残っている。I'm going (i.e. walking) to the station の到達点である *to the station* を *to* take a train (i.e. *to* taking a train) で置き換えると「駅へ行く途中」から抽象的な意味「列車に乗る行為への途中」へ移行する。ほどなく目的地へ着くという状況である。Harrap 英語辞典に次のような説明がある： You *are about to do* something when you *are just going to do* it, or *will be doing* it soon: My son *is about to leave* school. (Harrap's) 以下の例には「内々準備を進めている」という含みがある： "How *are you going to* prove it?" he demanded.「どう証明しようとしているのですか」(W. Ch.) ‖ "What *are you going to* give him, mother?" "Another bath-robe; his old one is so worn." (C. Gilman) ‖ "Who's *going to* give it?" "My ma'*s going to* let me have one."(M. Twain)

6. 12. b　客観描写の to be going to

　また to be going to は話者の客観的な状況報告ともなり (「まさに〜せんとする状況だ」)、一人称を含む全人称に適用される。

I *am going to faint.*「なんだかぼうっとしてきた」 ‖ I'*m going to be* well tomorrow.「(このまま回復すれば)明日はよくなるわ」(C. Gilman) ‖ I *am going to be* turned out of the house! I shall have to live in the street! ‖ To-day *is going to be* your day of triumph.「今日はあなたにとって勝利の日になるのです(なろうとしている)」‖ "He *is going to fall!*" cried Morrel.「あ、倒れそうだ」‖ "Some day soon something nice *is going to happen.*"(J. Webster) ‖ "*I can see this is going to be* a big thing."(D. Yates) ‖ They *ain't going to* hurt us. (M. Twain)「襲ってくる様子はないよ」

6.12.c to be going to と副詞句

to be going to に時間の副詞(句)が付加されるとまだ行為は始まっていないことになる。また「頭の中では既に始まっているが実行はまだ先」と考えてもよい場合もある。

I'm going to Washington *at five.* ‖ I'm going to the theatre *to-night.*「今夜、芝居を見に行きます」‖ I am going to New York on business *very soon.* (K. Chopin)「もうすぐ商用で NY へ出かけます」—(行為)I am going to decide your case *to-day.* (A. Bierce)「あなたの一件は本日決定します」‖ "I'*m going to be* a clown in a circus *when I grow up.*" "Oh, are you! That will be nice." (M. Twain, *Tom Sawyer*) ‖ What *are you going to do*, Doc, *when you get out of this place?* (J. Reynolds)「先生はここを出られたら何をなさるおつもりですか」‖ This meeting is going to vote strike *in the next two minutes*, sure as fate. (J. Davis) (▶ 6.12.b)

6.13 現在進行形と過去進行形

繰り返し述べたように現在進行中の動作は基準点そのものが先へ先へと移動している。これに反して「過去進行形」では基準となる過去の一点が必要条件である。例えば「地震を感じたとき私はくつろいでテレビを見ていた」から前半を取り去って「私はくつろいでテレビを見ていた」と言い換えても、「そのとき」という感覚が必ず残る。こうした事態の組み合わせは経験上の事実であって、言語とは別の次元にあることである。

6.14 現在完了形の形成(第十五章参照)

現在完了形の起源は古期英語末の 11 世紀ころに求められる。印欧語の「完

了形」は動詞活用の一部であった。例えば古典ギリシャ語でkakōs pephuke（< phuo）「悪く生まれた」とは生まれつき性格が悪いことである。
現代英語の完了形はこれとは無関係に動詞 have と過去分詞を用いて新たに作り出された時制であり、これを「複合時制形」あるいは「迂説形（うせつけい 'periphrasis'）」ということがある。当初は特定の動詞の過去分詞が動詞 have と結合していたが、時間の推移と共にすべての動詞にこの迂説形が広がった。迂説形式の完了形は古期英語の末から中期英語の初期には範疇として確立していた。本来は過去分詞を持たなかった to be に過去分詞 been が作られた時期をもって英語に完了形が成立したと見る。OED の引用で最古の例は1096年である。今日でも 過去分詞 been は to have been 以外では用いないことは、この語形が完了形の要求を満たすべく新たに作られたものであることを示唆している。

6.15 完了形の形成

6.15.a 想像される経緯

現代英語の完了形に特有な「今しがた動作が完了したばかり」という意味合いは古期英語には例がないようである。この時代の「完了形」は時間的な要因よりも動作の様態（完了相）に重点があったと思われる。現代英語でも現在完了形が従属文中では現在 (the moment of speaking) から切り離されて発話の時点との関わりは消失する。
しかし主動詞との相対的な前後の時間関係は残る。例えば I have finished my homework は現時点でという含みがあるが I'll join you when *I have finished my homework* では finishing → joining you という前後関係が示されるのみであり、それが現実となる時間は特に指定されない。過去についても同様である： I joined them when I *had finished* my homework. 現在 (the moment of speaking) との関係は主動詞 to join が受け持ち、従属節の完了形はこの主動詞と呼応する。この事実は古期英語で「to have + 過去分詞」が主に過去時制で従属文中に現れる傾向と符節が合う。従属節中の複合時制形が現在形で主節に現れるようになったとき今日の現在完了形が完成したといえる。主節が消失することで従属節がいわば主節に格上げされると、複合形は現在の時、即ち「発話の時点」と連携することになる。これが「現在完了形」である。

6.15.b 完了形の特徴

過去形で従属節中（主節の動作より先に収束した動作を表示）

When he had done, he began... 任意の時の推移 → NOW

現在形で従属節中(時間は不定のままこれからのこと、即ち「未然」の文脈で)

If he is not back *by the time we have finished* dinner I will send one of the men out to look for him. ‖ Will you come to me *when you have finished* your business? (G. Parker)

現在形で主節中(既に現実になっていること即ち「已然」の文脈)

He *has done*... 相対的に短い時の推移 → NOW (現在完了形)

Now I *have finished* my lecture. ‖ "*Can* they *have finished* ploughing?" he wondered. ‖ I *have finished* my lunch. I want you to see where I live. (G. Harlowe)「昼食を済ませました。拙宅をお見せしましょう」

判断文(経過する時間の観念が消失して前後の関係のみ示される)
When you have finished the discussion, repeat it immediately — and with no more loitering than before.「議論が済んだらすぐ反復しなさい...」

6.16 古期英語の語法とその現代英語との対応

6.16.a 完了形と未然の表現

未来完了形が未発達であった古期英語では when you *have done* your homework を印欧語古来の習慣に従って when *your homework is done* と表現した(現代英語 ... *has been done*)。to have による迂説形は古来の受動形式の完了形に対応する能動表現として新たに発達した。能動態と受動態の対応は基本的には論理上の関係であって、論理に対して当初から言語形式が平行して存在していたとは限らない。

以前の形式(古期英語まで)	中間の形式(古期〜中期英語)	現在の形式
It was done — I did it	It is done — *I have done it.*	*It has been done — I have done it.*
形式上の対応なし	新たな対応が発生	新たな対応が成立

既に述べたように現代英語においても when he has done, till I have done など従属節内では発話の時点(the moment of speaking)に対応していない。時間の経過とは無関係に動作の完了あるいは未完了のみを問題にするのである。

He is accepted; but not until he *has sworn a deep oath* i.e. *he has not sworn it*

第六章　英語動詞のカテゴリー

yet.（M. Twain）「仲間に入れてやるが但し誓いが終わってからだ」‖ "Tell me when you *have done*," said he, "and I will reappear and have my supper, for I am hungry."（C. Reade）「終わったらそう言ってくれ . . . 」‖ "Mr. Temple," said she, "I am merely going to tell you some things which I am sure you do not know, and when I *have finished* I shall not appeal to you."（W. Ch.）「話が終わってもお願いなどしません」

　発話の時点（MS）との関係に注目して過去を把握する現在完了形は近代英語に特有であって、それ以前の英語では過去形でことを済ませていた。因みにフランス語では複合時制形の機能を過去にまで拡張したために英語の過去形に当たる所謂「単純過去形（passé simple）」は口語では使われなくなった。フランス人向けの英語の学習書において完了形（「複合過去 passé composé」）の用法に違いがあることが強調されるのもこうした経緯があるからである。

I've written *a long* letter to him.「書き終えたのがここにある」‖ I've just finished ［writing］a long letter to him.「書き終えたばかりだ」‖ I wrote a long letter to him *this morning*. まだ午前中なら I have written . . .

6. 16. b　過去形と完了形相互の関係

　事実、過去形と現在完了形には今日においても競合関係が認められる：The plane *arrived* a few minutes ago: The plane *has just arrived*. どちらの形式を用いても事実関係は同じである。例えば「東京へいらしたことはありますか」に対する英文は Have you been to Tokyo? が定番であるが Were you ever in Tokyo? ‖ Do you know Tokyo? ‖ How do you like Tokyo? ('Tokyo? Oh, I've never been there.')などいろいろな表現がある。完了形は不可欠ではない。

"*Were you ever at Lausanne*? Don't you hate Lausanne?"（M. Edgeworth）‖ "Oh, I'm so happy! Oh, Miss Harriet, *were you ever in love*?"（K. Norris）‖ *Were you ever seized* at night with a violent cramp?（C. Reade）「夜中に激しい痙攣に襲われたことがありますか」‖ '*Did you ever hear* a bittern booming?' 'No I *never did*.'（C. Doyle）「サンカノゴイという鳥がブーブーと鳴く声をお聞きになったことがありますか」「いえ、ありません」‖ May I ask, Miss Marple, what you *discovered* so far?（TV）「マープルさん、これまであなたが知り得たことをお尋ねしてもよろしいかな」— cf. 部分的完了（▶ 15. 2. f）

6.16.c 関係節中の過去形

最上級の形容詞で修飾された名詞に続く that に導入される関係節においては、古来の表現形式である「ever + 過去形」が頻繁に使われる。

It's the weirdest, strangest thing that I *ever heard* in my life.（C. Doyle）「さような摩訶不思議なことは聞いたことがない」‖ It's the best notion *that ever came* into my mind.（W. Ch.）「こんないい考えは初めてだ」‖ "Surely, I am not *the first woman that ever did* so!" cried the Baroness.（H. James）「もちろん、そのように言った人は私以前にもいらしたはずよ」と男爵婦人がすかさず言った。

むろん完了形もこの位置に出ることがある。

As things have turned out, you have been *the best friend that I have ever had*.（C. Doyle）‖ It is the *first* time that *I have ever seen* one done in less than half an hour.（T. Hardy）‖ He is the *finest* speaker of Saxon English *that I have ever heard*.（A. Besant）

第七章　文 その(二)

7.0　文と節

　定動詞を中心として構成される言語単位を clause という。伝統文法では「節」と訳される。「節」が独立していて他に依存関係を持たないとき単文(sentence)という。二つ以上の節が連なり主従の関係があるとき、伝統文法でこれを「複文」とよぶ。

7.1　「節」の定義

　「節」は構造上の名称、「文」は機能上の名称であるが、「モノ」は同じである。O. Jespersen は Oh! も意味が完結しているから「文」である、と定義した。戯言(言葉の戯れ)にすぎない。

7.2　文と節(続き)

　単文の構成。もっとも単純な文は一つの主部と一つの述部からなる。伝統文法でいう「主節」も「従属節」も構造上より見れば同じく「節」である。序章で説明したように節は主部と述部からなり、述部はその内部に「補足語」を含む(詳細は第八章参照)。

　　　［主語］　［動詞±補足語］
　　　　主部　　　　［述部］

定動詞は機能上は述部の一部であるが、位置が固定されていないことから、述部との関係を保ちながら文中を移動する。平叙文の語順は動詞が述部の最前部に置かれるのが一般的であるが、印欧語にもこの原則に従わない言語がある。また英語に特有な場合として to do による定動詞の強調ということがある：She *did* recover. ‖ Recover she *did*. (TV)「確かに回復した」‖ And fetch him he *did*. (W. Ch.) ‖ He even *gave* it a name, he *did*. (C. Doyle)「確かに名付けた」

7.3　語順の変更
7.3.a　Ⅰ 疑問文

英語は伝統的な疑問文の語順［動詞＋主語］を守っている。ただし一般動詞は代理に do を立てる。助動詞を使うのは、いうまでもなく伝統的な「動詞＋主語」の語順を確保するためである。助動詞 do は Shakespeare（1564–1616）や 1611 年の欽定訳聖書で頻繁に使われているが現代英語のような語法はまだ確立していない。

> 動詞＋主語＋述部
> Do ＋主語＋述部
> Do you know him?

口語では疑問文の一部を省くことがある。

Living in this town? = *Are you* living in this town? ∥ Been to the Far East? = *Have you* been to the Far East? ∥ Help you? = Can I help you? (TV) ∥ Hello, Poirot, sleep well? (TV) = Did you sleep well? ∥ See you later. = I'll see you later.「じゃあとで」∥ Ring a bell? = *Does it* ring a bell?「これに思い当たることはありますか?」

最後の例では三人称単数現在の -s がないことから疑問文であることが分かる。いうまでもなく疑問代名詞が主語の位置にあるとき do は必要ない。疑問詞について日本の英語学習者が注意すべき表現法がある（訳を参照）。

Inspector1: And the reward you received was high. — *The woman*: Reward? *What reward*?「報酬? 報酬って何のことですの?」∥ *Inspector2*: And how many times...?「で君は何回〜?」— *The man*: Times *what*?「何回って何のことだ」∥ We had a visit from the police.「警察が調べに来たよ」— What police?「警察って何のこと」∥ 'Let me go to the party.' — 'Party? What party?' (TV)「パーティ? それ何のこと?」

相手が発言を中断したときのその先を催促するとき次のようにいう:

M: I just ...「いやただ ...」— W: Just *what*?「ただどうしたのよ」
M: Well ...「まあ ...」— W: Well *what*?「まあ何よ」
M: Let's pretend ...「ただ振りをしてみよう」— W: Pretend *what*?「ふりって

何のふりよ」

形容詞 adj. + how: M: It's dangerous. — W: Dangerous *how*?「危険ってどう危険なの」

7.3.b　間接疑問文

疑問文が主文の一部になるときの形式を「間接疑問文」という。

I have no idea *who* it was.「誰だったのか見当も付きません」

疑問詞がないときは whether を挿入する。

It is difficult to tell *whether* it was the figure of a man or woman.

この whether は元来「どちらの」という意味の疑問詞であった (whether of us = 現代英語の which of us)。例えばシェイクスピアに次のような文がある：1601 Shakes. *All's Well* iv. v. 23 *Whether* doest thou profess thyself, a knave, or a fool? (OED)「お前さんはどちらなんだい、悪者かい、それとも間抜けかい」現代英語：[Whether] Are you a knave or a fool? Tell me whether you are a knave or a fool. 因みに which はもと such の疑問詞で「どのような(もの)」の意味であった。副詞として機能する節では whether が必要である： *Whether* you believe me *or* not, I did not come here to steal the necklace; I came here to return it. (F. L. Packard)「信じてもらえないかもしれないけれど」の意。現代英語の独立文(主文)では whether は使わなくなったが、口語の断片的な表現にないわけではない： And the towels — whether any of them was used...? (TV)「タオルだが、どれか使われた形跡があったかどうか...」
口語の特例： I wonder [if] *somebody hasn't seen* it before. (W. Ch.), i.e. Hasn't somebody seen it before? ‖ I wonder *you did not see* it in the paper（i.e. Did you not see it...?) ‖ I wonder *do you yet realize* how much I sacrificed to-day at Taunton! (R. Sabatini) ‖ I wonder *you can ask*.「よくそんな質問ができるわね」

7.3.c　‖ 否定文

一般動詞はやはり do を使い、do not (動詞 + not)の形式を用いる。否定文では平叙文の語順である「主語 + 動詞」の順序は変更されない。現代英語では伝統的な否定の語順「動詞 + not」を維持するために助動詞 do を用いるが、これ

は現代の印欧語系言語の中でも特異な現象である (本来の否定辞は ne であった: nadde 'had not'; nam 'am not')。

   主語＋動詞＋NOT
    I DO NOT ［know］.

do を用いない例は擬古文風の文体および若干の成句に散見される。

We *know not* how Chester fell. (A. Freeman)「チェスター戦死の経緯は不明である」

次の成句は現在も使われる：形式 I know not ＋疑問代名詞または副詞。

After that they go *I know not where*. (W. Ch.)「その後でどこへ行くのか知らない」 ‖ We approve and disapprove of actions *we know not why*. (A. Bain)「人の行為を認めたり批判したりするのはなぜか理由は不明である」

【備考】 日本語では否定は動詞のみの属性であるため、形容詞とくに口語形容詞の否定形はいかにもぎこちない：「きれいでない」。John promised to come but *no John* turned up.「来ると約束したのに姿を見せなかった」などの否定表現は我々には奇異に見える。この現象は英語では否定の要素を活用する品詞 (名詞［no man］、代名詞［nobody］、動詞起源の副詞［willy-*nilly*］(＜ will I-*nill* I の変形)、副詞［never］、形容詞［unkind］) に任意に置くことができるという規則があるためである。形容詞を除き否定の効力は定動詞に収束できる。Nobody came は「ない人が来た」ではなく「人は来なかった」という趣意である — cf.「ない袖は振れぬ」(道理は曲げられない)。not を使えば文中の特定の語を否定できる (It was not *John* but Tom that came.)。

7.3.d 質問と答え

 質問と答え Yes と No. 英語と日本語の違いは次のようである。日本語では真偽の判断基準を相手の質問内容に求める。質問の内容と事実があっていれば「はい」、違っていれば「いいえ」である。質問に否定が含まれていても、そのとおりであれば「はい」で答える。英語で答えるときは質問の形式に左右されずに事実関係のみ (カッコ内) により Yes あるいは No を決定する。

質問	事実関係	返答
Are you Japanese?	(I am Japanese)	Yes, *I am*.

第七章　文　その(二)　　　　　　　　　　　　　101

Are you Chinese?	(I am not Chinese)	No, *I am not.*
Are you not Chinese?	(I am not Chinese)	No, *I am not.*
You are not Chinese, are you?	(I am not Chinese)	No, *I am not.*

日本語の「はい」、「いいえ」は相手の質問の内容に左右されるが、英語の Yes, No は事実関係に対応し、かつ次に続く答えの内容を先取りするのであるから *Yes → I am not はありえないわけである。口語では Yes / No 以外の答え方も聞かれる。

Are you tired? — In fact I am / Not really. ‖ Was it cold? ~~No,~~ ~~it was~~ not really ~~cold~~. ‖ It's pretty bad, isn't it? — *Not really.* ‖ Is that where you would like to live eventually?「結局そこへ落ち着きたいの？」— *Not really.* (J. Hutsko)「そういうわけでもない」‖ *In fact* he couldn't, sir.

返事をするときに Not exactly というのは否定的な響きを和らげる婉曲法であり、意味は No と同じである。通常の使い方："Was this in your professional capacity?" "Not exactly — and yet partly so."　婉曲法："Samuels' shop?" "*Not exactly,* sir." "You're a detective?" (G. Meredith)「サムエルの店かね」「いえ、そうではないのですが、警察の方ですか」

7.3.e Ⅲ 感嘆文

What a fool I was! What a fool! I might have known it, and I promised him. (W. Ch.) ‖ *How very* clever you are, Mr. Braden! (W. Ch.)「なんとおりこうな」‖ '*How very* queer!' said Una. (R. Kipling)「なんとまた奇妙な」‖ How very still tonight! (T. Hardy)「なんと静かな夜でしょう」‖ How very + [形容詞・副詞] を省略的に使うのは口語的表現である。

How very convenient!「なんと便利な」‖ How very odd / strange / weird!「なんと妙な」‖ How very promiscuous!「なんとふしだらな」‖ How very interesting / provoking!「なんと挑戦的な」‖ How very stupid!「なんと愚かな」

第八章　文型解説　その(一)——序説

8.0　五種の構文の取り扱い

　伝統文法でいうところの「五種の構文」は本書では採用しない。この「五つ文型」は現代英語の解釈の一つではあるが、文法現象の観察と考察が粗略にすぎ、決して合理的な分類とは言い難い。本書では2種の構文を基本としたうえで、それぞれに特例をもうけているので都合4種類となるが、「特例」は極めて限定的なものである。

伝統文法	本書の分類法
主語＋動詞	I　主語＋動詞 ± 状態補足語
主語＋動詞＋補語	Ib　主語＋動詞（コピュラ）＋補語（名詞）＊
主語＋動詞＋目的語	II　主語＋動詞＋目的語＋（状態補足語）
主語＋動詞＋間接目的語＋直接目的語	IIb　主語＋動詞＋与格＋目的語＋（状態補足語）
主語＋動詞＋目的語＋目的補語	上記 II に略対応［*9.2.b 参照］

Ib、IIb は I および II が論理の要求に対応する形で固定化したものでそれぞれ「繋辞（コピュラ）」と「授与」の表現形式となる。この二者を除けば英語の基本構文は How are you?「主語＋動詞＋（補足語）」と What are you doing here?「主語＋動詞＋目的語＋（補足語）」のわずか二種類となる。なお括弧内の語句は省略できる。

8.1　「状態」と「様態」

　定動詞は全て場所、時間、様態、方法などの補足語を取ることは既に知られているけれどもこれまで見逃されていたのではないかと思われる補足語についてここで触れておかなければならない。その補足語とは「状態」を記述する文

要素である。状態とはもののありかた、第一義としては空間における物体の周囲との位置関係である。人間でいえば背筋を伸ばしているか、身をかがめているか、立っているか、座っているかなど種々な体位をさしている。こうした状態は何かの動作がきっかけで発生したり変更されたりするけれども、いったん発生すると「様態」のように動作に依存しない(次項参照)。

8.2 状態とは何か

例えばバランスを取りながらゆっくり綱渡りをしている人があるとしよう。その人が進むのを止めると「ゆっくり」の部分は同時に消失する。しかし綱の上に留まる限りバランスは残る。

> The tight-roper is walking the rope slowly, *carefully keeping her balance.*
> The tight-roper is standing on the rope, *carefully keeping her balance.*

バランスは綱渡りが始まると同時に発生したのであるが、動作とは連動しないばかりか修飾する対象は動作でなく動作をする人である: He walked slowly *in silence*. (C. Doyle) → He stopped *in silence*, i.e. *without saying a word*.

8.3 継続と結果

また、「列車が長いトンネルを通過する」というとき「通」に視点を置くと Out train is passing through a long tunnel となり、「過」に着目すると It has passed through a long tunnel / it is *through a long tunnel* / We are *through a long tunnel* となる。後者は「結果状態の補足語」であり、前者は「進行状態の補足語」である。「状態」の提示のあるなしで文の構造が大きく変わる。

(ⅰ) John is riding *on his bike*.「自転車に乗っている」
(ⅱ) John is riding on his bike *in a funny hat*.「変な帽子を被って自転車に乗っている」
(ⅲ) He left *in a hurry*, i.e. he was *in a hurry* when he left. ‖ I wake up, *feeling great*. (TV), i.e. I *feel great* when I wake up.「目覚めたときの気分はいたってよい」
(ⅳ) John is *in a funny hat*.「おかしな帽子を被っている」

場所のみを示したのが(ⅰ)であり、場所と状態を明示したのが(ⅱ)で、状態のみを示したのが(ⅲ)と(ⅳ)である。同様に I am happy at home は「家にいて」の意であるが、I am happy は「どこにいてもその状態だ」ということになる。

(iv) の to be in a hat は「被っている状態」の意味であるから to change into a pullover は「もぐりこむ」わけではなく「着ている状態になる」ことである(「脱ぐ」は to change out of)。以上説明した「状態」の補足語は文中の主語と目的語にのみ関係していて、動詞を修飾することはない。一方では「状態」は名詞、形容詞、副詞、および形容詞あるいは副詞として機能する前置詞句によって表現される(▶ 10.12.c)。

8.4 「様態」の諸相

　動詞に従う補足語は次のような項目がある。副詞(句)でも文の必須要素となりうる。例えば I'm here あるいは I live in Tokyo において副詞成分は必須である。状態補足語以外の副詞成分は様態の補足語として動詞と関連する(上述)。

動作の場所を表示するもの:「ここで」、「東京へ」、「家で」など
Where are you going *to*? (口語で) ‖ Where are you *from*?「お国はどちらで?」 ‖ *At* home, at Baker Street, at the airport — Sherlock Holmes lived *at* Baker Street.

時間を表示するもの:「今 now」、「先ほど a short time ago」、「昨日 yesterday」、「五年前 five years ago」、「明日 tomorrow」など。when は at what point of time が原義であるが When were you born? は誕生の時点を含む年を聞いているのである。

動作が行われるときの様子または状態の様子を形容するもの:「ゆっくり slowly」、「てきぱきと quickly」、「はっきりと clearly」など種々の状況: How do you do? How are you? [how? に — well が対応] 【手段】 To send by post, e-mail; order by phone; a good discussion by phone; to go by car, bus, subway, train, plane, boat, etc.; 口頭で = by word of mouth;「手作りの」made by hand = hand-made　なお、「急いで in a hurry」、「しっかりと fast」などは動作の様子(様態)ではなく動作時の主体の「状態」の形容である (He left *in a hurry*: he was *in a hurry* when he left)。

動作が行われる頻度に言及するもの(判断文のみ):「まれに seldom」、「しばしば often」、「大概 generally, usually」。判断文については第五章を参照されたい。

行為の意義についての話し手の評価を示すもの:「あれはうかつだった」、「馬鹿なことをしたものだ」、「～は親切な行為だ」など: I stupidly broke the news to them — it was stupid of me to break the news to them.「うかつにも彼らに話してしまった」

行為者が動作をするときの行為者の有様の描写:「〜の様子で (喜んで gladly、ききとして beaming with joy、いやいやながら reluctantly)」Pitt answered readily.

発話の前後の論理的なつながりを明確にするもの: *Why* didn't you come and wake me? (M. Twain)「なんで起こしてくれなかったんだ」∥ *How is it that* he speaks Italian?「いわれがあるのですか?」∥ You'll ask me *why*? It's *on papa's account*. (E. L. Gaskell)「パパのためよ」古風な表現であるが *How came it* that you know so much about it? とも書く。「当然 naturally」、「もちろん of course」、「正直のところ honestly」、「本当に truly」; *Naturally* I rejected the proposal.

行為者の表示。行為者の提示はあくまでもオプションである。受動文には必ず行為者の表示が必要であると説く欧米の文法家は思考形式と言語形式を混同しているのである: The poor mouse was caught *after all ／ in the kitchen ／ last night ／ by our cat*. 受動態の詳細は第十二、十三章で説明する。

【備考】 動作のあるなしを問題にするときは補足語を必要としない。例えば I found it *in the drawer* のように見つけた場所を表示するが次のような場合がある: He was lost but now he has been *found*. (*Luke*, 15.32)「いったん行方不明になった息子が戻ってきたのだ」∥ And did you *find his house*? ∥ Radium was not invented; it was *discovered*.「発明したのではなく発見したのだ」

第九章　文型解説　その(二)——本論

9.0　英語の文型についての解説

本書が承認する文型の基本は二種でそれに特例が加わる。

9.1　「主語＋動詞＋補足語」の構文

9.1.a　補足語の性格

a) Ghosts exist.
b) Wonders will never cease. 「世には不思議なことがあるものだ」
   Man proposes, God disposes. 「人間が提案し正否は神が決める」
c) Who believes in ghosts? / They failed *in their first attempt.* 「最初の試みに失敗した」
d) He had not succeeded *as a commander.* 「指揮官としては不首尾に終わった」

a) この型の文でもっとも単純なものはGhosts exist.「幽霊は存在する」であろう。主語と動詞さえあればよい。諺など所謂凝縮した(pithy)文体である。補足語(主修飾語句)が付かないのは、幽霊がいつでもどこにでも出没するから、その場所はいうまでもない付帯事情として省かれている：Ghosts are *everywhere*; ghosts are *ubiquitous.* 一般的な内容を示す「判断文(▶ 5.1.b)」に補足語が少ないのは当然といえよう。補足語の有無は文型の要求ではなく、伝達すべき意味の必要による。目的語の有無によって文型を2類に分ける。

b)は「存在」以外の自動詞の例である。「自然に止む」という意味の to cease は本来の自動詞と見てよいが、to propose, to dispose は意味上は他動詞の要件を満たしているものの、目的語を特定しないことから省かれたとも解釈できる(▶ 10.1.b)。

c) 所謂「完全自動詞」も意味上は種々の補足語を必要とする。例えば to believe は「信ずる」意味で使うときはやはり前置詞句が必要である。前置詞がな

いと to believe a person = to believe what he or she says の意味になるので信仰を云々するときは to believe *in* God というのである。文法論といえどもレキシコン（語彙）を度外視してはありえないものである。

d) は主語を補足する同格語が付いているもの。主語と同格の状態補足語として文章語では名詞が置かれることがある (▶ 9.1.c)。

9.1.b 「不完全自動詞」について

学校文法の虚構性。学校文法でいう「不完全動詞」とは動詞 to be および類似の機能を持つとされる動詞についていわれるものである。そもそも動詞 to be の基本的な意味は「どこそこにいる」であって、具体的な場所にあることから抽象的な「存在」までを含む。前者と後者の違いは概念の抽象度の違いであって、動詞の意味は変わらない。I am glad は I am glad ~~here and now~~ の意であって、glad を取り去ると here が必須要素となって復活してくるから I am here ~~and now~~ として文は成立する。生きている限り人の心は何らかの状態 (glad, happy, sad, etc.) にある。これをいちいち表現してもしなくてもよいのであるが、文を構成するための必須要件は満たさねばならない (*I am now) のは to be に限らない (e.g. The shoemaker's wife *goes barefoot*「紺屋の白袴」) 目的語が必須である他動詞もまた不完全動詞ではないか。なぜ to be に限って「不完全だ」というのであろうか。

9.1.c as の出没について

He ... commander の組み合わせは be, become および同義語のみ許される。ほかの場合は as が必要になる。

i) 点と線の組み合わせ：「死んだときこれこれの状態だった」。
She died *a martyr* for her religion.「信仰に殉じた」‖ "That was her only love affair, and she died *a virgin*.「ロマンスはそれだけで異性を知らぬまま世を去った」‖ I would die *a very happy person* if I could stay in music my whole life ... (Collins COB.)「生涯音楽の仕事ができれば」という意味 ‖ He passed through existence *a disappointed man*. (W. Collins)「失意の人生を送った」‖ He returned to England *a morose and disappointed man*. (C. Doyle)「帰国時失望していた」‖ Attempting too much, he brought down upon his head the wrath of both priest and noble and died *a disappointed man*. (E. P. Cubberley)「欲張りすぎて僧侶貴族の怒りをかい失意のうちに世を去った」cf. to die

a martyr = to die as a martyr; 役職: to die as abbot of St. Remigius ‖ I [was born] A BOHEMIAN, and A BOHEMIAN I [shall die] — I am *a born Bohemian*.「ボヘミアンとして生まれボヘミアンとして死ぬ」

ii) (as + Noun)
状態補足語として名詞を付加するときは通常 as a + Noun の形式になる。「ボヘミアンとして生きた」なら I have lived *as a Bohemian* ‖ I have lived *the life of a Bohemian* という。状態を続けるには as が要る。状態補足語は主語と同格にたつ。‖ *As a boy*, he kept owls and monkeys. (S. Orr)「子供の時分に梟やサルを飼っていた」‖ She had appealed to him first *as a woman*. (W. Ch.)「女であることを全面に出した」‖ "I wish to protest, *as a member* of the Club, and *as a woman*. (C. Gilman)「会員として女として抗議します」‖ And I am especially glad to do this *as a neighbour*, Mr. Crewe. (W. Ch.)「隣人として喜んでいたします」‖ Mr. Crewe, *as a type* absolutely new to him, interested him.「クルー氏はまったく新しいタイプとして彼の関心を引いた」

冠詞の有無について
　to go / stand *surety* for「～の保証人になる」、to be / stand *witness* for「～の証人として証言台に立つ」など成句では冠詞が省かれることが多い。まれに前置詞 to「として」も見かける (to のこの意味は現在では廃義である) — I call Heaven *to witness* that I speak the truth. (ランダムハウス英和辞典)「私の言葉に偽りのないことを神に誓います」cf. He demands that she shall be *given to him to wife*. (R.H.H.) ‖ He took *to wife* the daughter of a neighbouring gentleman. (C. Dickens) — 目的語と同格: to call a person *as a witness* for — cf. to call a person a witness, i.e. 'to state that that person is a witness'(意味の違いに注意)。

9.2 「主語＋動詞＋補足語」の詳細
9.2.a 構文の基本的性格
(イ) 統語法上の条件
　動詞 to be は直後に来る要素(語または句)のみを 必須補語(斜体部分)として認識するが、他は(下線部分)オプションとなり省略しても文型に影響がない。但し時間や回数の表示 (now, then, always, constantly, etc.) は補語として認識されない。

I *am always busy* (*I'*m always*) — I'm *here, busy from morning till evening*. ‖
Mom *is in the kitchen* cooking our breakfast — Mom *is cooking* our breakfast
in the kitchen. ‖ The boss *was there* looking over the machinery. (J.
Davis) ‖ Anna *was there* alone. (J. Gals.) — I *was alone* in my own room for
the night. (C. Dickens) ‖ I *was there* to wait for Pinkerton. (R.L.S.) — cf. I
was to wait for P. ‖ He *was there* in person, dark-faced, fire-eyed, violent in his
action, . . . (Z. Grey)

My grandmother is *ill in bed with flu*. では ill も in bed「床についている」も
with flu も状態の表現である。因みに He was found dead in a bed「ベットの中
で死亡しているのが発見された」というが I am ill in *a* bed とはいわない(to be
ill in bed が成句であるため)。

How is it you're not *in bed* and asleep, Silvia?「床について寝ているんじゃな
かった」‖ She is a nurse *in a hospital*.「病院に勤務している」‖ Resi is *in a
hospital* because she is ill. ‖ He is ill *in a hosptial*.「病気で入院中」‖ He is *in
hospital*.「入院加療中」‖ He died *in a hospital*.「病院へ搬送されて、そこで死
亡した」‖ He died *in hospital*.「加療中に死亡した」

(ロ) 言語表現と話し手の経験の関わり

　状態と場所の記述がめぐるましく入れ替わるが、運用上どちらを選んでもさ
したる違いがないことが多い。また ?I am exhausted *in my room* では「位置の
表示」がオプションの位置に置かれているが、この文はすこしおかしく聞こえ
る。この部屋では exhausted だが隣の部屋だと exhausted ではないということ
は経験上あまりないことであるから。*I am in my room, exhausted in mind and
body* は問題ない。このように語形の選択が言語以外の経験上の事実によって
左右されることがある。また I am happy at home を判断文として普遍化すると
「どこでもいつでも happy だ」という含みになるので、いちいち I am happy
any time and *anywhere* といわないだけのことである。仮に happy を取り去る
と anywhere が復活してくる。上に記したとおり、時間の経過は性格が違うの
で時間のみ復活することはない('I am *here*' — ??'I am *now*')。

I am poor but healthy and happy at home.

| 居場所 | at home: | I am *at home*. | 情緒の状態 | happy: | I am *happy*. |
| 健康状態 | healthy: | I am *healthy*. | 財政状態 | poor: | I am *poor*. |

I came home happy において happy は動詞と直接の関係を持たないが、少なくとも「帰宅したとき、私は満足していた」のである。この組み合わせは基本的に I was happy when I came home と同じ事態を指していると見てよい: Chippy Hackee went home *in a hurry*. (B. Porter) ― Mrs. Toplady *must have been in a hurry* when she wrote this. (G. Gissing)

他方、叙事文(▶ 5. 1. a)としての I *am happy* (here)は現在進行形と同じであって、発話の時点(MS、これは絶えず移動する点である)において happy の状態だというのである。また I returned home [as] *a happy and contented man* と I *was happy and contented* when I returned home との意味内容の違いにも注意しておきたい。前者は永続的な結果を、後者はある特定の時点での状態をいうもので、その後の変化の可能性を排除しない。

9. 2. b 本書における「補語」の定義

上述のように状態補足語は名詞(主語と目的語)としか関連をもたない。「状態の補足語」が学校文法でいう「補語」と同じものでないことを認識しなければならない。「補語」という概念を本書では採用しないがコピュラが関与する場合に限り、便宜上学校文法の用語である「補語」を用いることがある (▶ 9. 16. b)。

9. 2. c 動詞 to be ＋形容詞

This rose is red は「このバラは赤い」を叙事文と見れば The rose *I am looking at* is red の意味であり、数日前までは赤くなかったかもしれない。判断文 This is *a red rose* は赤い花が咲く種類だという意味である。
主語が不定であると判断文となる: *These lemons are sour*; indeed *all lemons are sour*. また Janet is *such a sweet person* と Oh, she is *so sweet*! では前者は判断文で性格を分類するもの、後者は特定の個人に対する話し手の個別的な体験の表明である。なお形容詞の場合、状態が一時的か永続的かの違いは意味内容により判断されるので文法は関与しない (His face is *flushed with joy*「喜色満面に出づ」― he is *short-tempered*「気が短い」)。

Janet was so *sweet* (to me). 行動 ‖ Janet is so *sweet* / such a sweet person. 性格
The lake is *blue* [now or always]. ‖ At several spots the lake is as *deep* as 500 hundred metres. ‖ The lake *is green* in the morning but it *turns blue* in the afternoon.

That is *a blue lake*. ‖ The lake is *a blue one*, i.e. the colour does not change.

同様に No, he is not that old に対して ??No, he is not a that old man とはいわないだろう。また I am tired ならば回復するが I am a tired man は「人生にくたびれた」のであるからもう回復は無理であろう。

9.2.d　I am Japanese か a Japanese か(▶ 9.16)

　一言でいえば前者は国籍あるいは出身、後者が民族性を表す。この区別にこだわらなくてもさしたる害はないが一応そのように知っておくとよい。例えば著者の知人に夫妻で出身が違う人たちが幾組かある。夫はイングランド人で妻はアイルランド人、あるいはその逆という場合である。その人たちは I am Irish. My husband is English などということはあっても I am an Irishwoman. My husband is an Englishman とはまずいわないだろう。I'm British, I'm not English という言葉も聞いたことがある。

9.2.e　「太郎は背が高い」

　述部の形容詞による潜在比較文について。いわゆる第二構文において述部が形容詞であるとき、比較の意味を含蓄することはあまり知られていない。例えば Taro is tall という文は「太郎は普通より背が高い」という意味である。あるいは「背が高いほうだ」ともいえる。一方 He is 2 meters tall / The snow is 3 inches deep はデータの表示である。情緒を意味する形容詞が比較を含蓄するかどうかの判断は難しい。例えば I'm happy at home の happy に示される満足感は大きさ、高さ、深さなどのように数値化できない。しかし常に変化する情緒の強さの程度(intensity)あるいは満足度の違いを話者自身が「判定」することはできる(次項参照)。
比較というものはこれを実行するためには二つの項目(A項目とB項目)が必要である。「利根川(A項目)は隅田川(B項目)より長い」英語では River A is longer than River B と表現する。ところが比較のB項目が個体ではなく漠然と念頭にある標準的な数値であるときに、これを言葉で表現しなければ比較形は使えない。補助的に unusually, for a Japanese river, as Japanese rivers go などの語句を添え、比較の表現であることを暗示する。上の例は Taro is tall for a Japanese boy ともいえる。He looks young for his age が he looks younger than his age と内容的に同じになるのは、前者が潜在的に比較の意味を含むからであると考えられる。但しB項が the average であると比較形が使える。

Taro *is taller than the average.* ‖ She's very *young for her age.*（D. G. Phillips）‖ She looked absurdly *young for her twenty-six years.*（E. Glyn）「26歳とは思えない若さだった」‖ It was not so *bad, as inexpensive vacations go.*「安上がりの休暇にしてはよいほうだった」‖ The river outside is pretty *well, as rivers go.*（J. F. Cooper）「外側の川はかなりよい状態だ」‖ It is very *good as hospitals go.*（H. Ellis）「病院としてはよいほうだ」‖ Kashan was *unusually clean for an Eastern town.*（H. De Windt）「Kは東の都市にしては珍しく清潔だった」‖ The season had been unusually *wet even for Scotland.* この場合の for Scotland は「スコットランドの標準値に比べて」という含みである。

9.2.f 比較することの意味

　日本語は「Bより」の部分を「普通より、あるいは標準に比べて」などで置き換えるが、もとより日本語には比較形が存在しないので、あたかも「～より～ほど」を省いたように見えるのであるが文意は異なっている。

諺に The turf is green「隣の柿は赤い」というのも「人のものは自分のものよりよいと思いがちだ」の意味であり、やはり比較の文脈である。因みに「隣の柿は赤い」とは「うちの柿は世間並みに赤いが隣のは世間並み以上に赤い」という趣旨であり、二者を比較して「隣の柿はうちの柿より赤い」というのではない（英文 The turf is *green* も同じ）。比較という作業は二項目（A項とB項）を対象に行われるのであるが、比較する事項が数量化できるものでなければならない。例えば三角形と四角形は角の数の多寡を比較できるが円形と四角では比較する手がかりがない。しかし円形と四角形の図形としての面積の大小なら比較できる。

また比較という行為は二項目間の引き算である。A山が 2000 m、B山が 1500 m であるとき、A(2000) − B(1500) = 500 であるから「AはBより 500 m 高い（Hill A is 500 m higher than Hill B）」といわれるのである。またB−Aの差はマイナス 500 m となるから Hill B is *lower* than Hill A by 500 m となる。「反意語」が使えない形容詞も多数ある。例えば気温が 30 度の夏日と 35 度の夏日はどちらも「暑い日」であるから、一方が他より「涼しい」とはいえない。「暑い」と「涼しい」の基準が言語外にあるからである（この場合の基準は人間の体感温度）。同様に rich — poor, good — bad など。Apple A is sweeter than Apple B においては数量化は難しいが程度の差を判断するのに困難はない。比較文の否定はむしろ原形を用いて A is *not quite as good as* B のようにいう。

【備考】「これこれの状態に達した」意の過去分詞は一般の比較とは馴染みにくいもので、本来の形容詞とは一線を画する。例えば I am exhausted に比較の意味をこめて「普通より今は疲労している」とは読めない。他に「限界に達した」という意味の old, ripe, grown-up などがある。

9.3 前置詞句による状態の表示

A. 既に指摘したように「私は唖然とした、私は（頭が）混乱していた」など一過性の状態をいう場合［主語（人）＋ be ＋ *in a state of* ＋名詞］。

I was *in a state of amazement.*「あっけにとられていた」‖ Immediately after the explosion our driver was *in a state of complete confusion.* (TV) cf. I looked at him in amazement. ‖ He was *in a strange state of hurry and elation.*「あたふたとしてハイな状態だった」(J. Galsworthy) — cf. I was in no hurry at all. ‖ I could not live *in a state of anxious waiting for him to come home.* (J. Webster) — 意味内容が精神状態に限られる名詞は state を省いてもよい。
Someone who *is in a coma* remains deeply unconscious for a very long time, e.g. after an injury or because of illness. (Harrap's) ‖ She has been *in a coma* since a hit and run accident a week ago.「ひき逃げにあって以来昏睡状態にある」‖ Once more she was *in a frenzy* of haste.「大慌てだった」‖ in a stupor (cf. stupid), in a trance「ぼうっとして」

過渡的な心の状態「気分」は the mood という — when *the mood* seizes me「気が向けば」‖ when *a lazy mood* comes over me ‖ He was not yet *in a mood to be* playful.「とてもふざける気分ではなかった」また frame of mind ともいう：Being then *in a pleasant frame of mind*, I resolved to go to the play. (C. Dickens)「気分が乗っていたので芝居を見に行くことにした」

B. 動作の主体の状況［主体＋be＋in (full)＋名詞］

The yacht is *in full sail.*「全力帆走中」‖ I'm *in full health / vigour.* ‖ The cherries are in full bloom.「満開」‖ The furnace was *in full blast.*「燃焼中」(The dispute was ～とも) ‖ The traffic system was *in full operation.*「フル稼働中」— cf. in full force, in full leaf「木々が緑一色で」、in [a state of] full plumage「若鳥の羽が生えそろって」、etc.

C. 一時的な状態［主体＋be＋at one's＋名詞］

The holiday travel season is *at its peak* at the moment (newspaper) ‖ His madness was *at its climax*.（G. Meredith）‖ The herring fishing season was *at its peak*.（研究社和英大辞典）

9.4　to- 不定詞句が to be の状態補足語（「補語」）になる語法

The king, king *is to blame*!「王こそ、王こそ発頭人」（*Hamlet*——坪内逍遙訳）

　　この不定詞句には it は含まれないので前置詞句として「ある動作をする方向に」という意味であったと思われるが、主語の状態補足語と解釈されるに至ると to be done ともいうようになった（▶ 13. 11）。

No matter who was *to be blamed* or *punish*ed for it.（H. Van Dyke）「誰の責任であれ」‖ Vineyarders know where we *are to be found*, i.e. 'where they *are to find us*' or 'where we can *be found*.'「ぶどう園の連中はどこへ行けば我々が居るか知っている」‖ We *are to remember* what a sin idolatry is.「偶像崇拝が大罪であることを忘れてはならぬ」‖ Two statistical factors *are to be considered* here, i.e. '*should be considered* . . . ' cf. Two statistical factors are here for us to consider.

9.5　主語の to- 不定詞句と名詞が倒置される語法

The difficulty is *to pay* the few debts left standing.（L.M.M.）「借金の清算が困難だ」
The plan was *to keep* along the south shore.（Z. Grey）「計画は南の海岸に沿うて進むという趣旨（のもの）だった」

実はこの種の文では不定詞句が文法上の主語で名詞は補語なのである。但しその位置が転倒している。主語の内容が補語に比べてより具体的であるのは論理上の要求である。

To pay the debt is the difficulty. ‖ *To keep along the south shore* was the plan.

この関係は次のように提示すれば理解しやすくなる。

Who [subj.] is the singer [compl.] ? — The singer [compl.] is Mary [subj.].
　　　誰か　　　　　歌手は　　　　　　歌手・それは　　　メリーだ
What is the difficulty? — The difficulty is *to pay the debt*.

この不定詞句は名詞的［it + to do］ではあるが *it* is the difficulty *to pay the debt* と書くと it と the difficulty との概念の梯子（▶ 9. 16. b）の上での順位が変わり、it は to- 不定詞と繋がらなくなる。その結果として主語と補語が入れ替わって the + Noun が主語、it は補語になってしまう。

The difficulty is to pay the debt.　「（他のことはともかく）難しいのは借金の返済だ」
It（e.g. the problem）is *the difficulty to pay the debt*.　「問題は払うことの難しさだ」

9.6　現在分詞と前置詞＋動名詞

　状態補足語が動詞 be の補足語になる第二の場合として分詞および［小辞 a- と動作名詞］の体裁をとるものがある。時間的に限定的な「状態」には古期英語には前置詞 on が使われた。現代英語の接頭辞 a- がこれである。この接頭辞が動作名詞あるいは動名詞につけられると現在分詞のような意味になる。

9.7　動作名詞と進行形の起源

　現在進行形の成立過程に関しては諸説があるが、現代英語の「進行形」は現在分詞と接頭辞が脱落した動名詞との混成であることは間違いない。例えば We went swimming は We went a-swimming の意味であるが a- が消失したため swimming の品詞が判然としなくなっている。G. エリオット、C. ディケンズなど19世紀英国小説家にある語形であるが M. Twain ほか米国作家にも例がある。動作名詞の前に a- を置く語法は機能上、a- 動名詞と同じものであるが、afloat, astir, asleep, awash など現代英語ではもはやレキシコン（語彙）の問題として扱うべきであろう。

様態補足語：
I was always here, which was done *a-purpose*［= on purpose］. (C. Dickens)

状態補足語：
I'm *a-going to tell* you what I want you for.（C. Dickens)「あんたに何の用があるのか話して聞かせよう」‖ For there's *a-going to be* a flood before morning.（A. S. Baily)「夜明け前に洪水になる」‖ "What's *a-brewing*, Henrey?" asked Jacob.（T. Hardy)「一体何が持ち上がっているんだ」‖ Johnnie Green came *a-running*.（A. S. Baily)「走ってやってきた」‖ The neighbors came *a-*

flying and *a-running* and *a-crawling* from all directions. (A. S. Baily)「近所の人たちがあちこちから三々五々駆けつけてきた」‖ Something was *a-brewing*, sure. (M. Twain)「確かに何かが起きていた」‖ I *am a-looking* as hard as ever I can look. (C. Dickens)「目をこらして見ている」‖ She had been *a-listening* at the door. (C. Dickens)「戸口で聞き耳を立てていた」‖ I think she's in the house ... *a-singing* and *talking* to herself, and *forgetting* all about meal-times. (G. Eliot)「家にいて歌ったり独り言を言ったり食事を忘れたりしている」‖ 'Why, where does he *go a-begging*?' (C. Dickens)「いったいどこへ物乞いに行くのだ」‖ Land almost *went a-begging*. (OED)「土地にほとんど買い手(借り手)がつかなかった」‖ I'll not believe a good horse *goes begging* in the Co-verly country. (OED)「あの地方で良い馬に買い手がつかないとは信じがたい」

接頭辞 a- を持つ語が述部的にのみ使えることは以前からいわれていることであるが、本書の用語でいい直せば「状態補足語」専用の形容詞ということになる。性質形容詞と異なり、形容詞を名詞の前に置くと変化可能な状態を表現できないのである。「状態」については所謂「第五構文」のところで詳しく説明する。構文(Ib)は「鯨は哺乳類である」タイプの論理学の「コピュラ」にのみ対応する文構造であって、ここでは「概念の梯子」の論理が有効である(▶ 9. 16. c)。

特殊な語法
1. to cease doing について
特殊な例として to cease doing についてふれておく。これは聖書の英語に特有な語法でギリシャ語聖書の慣用語法がラテン語訳を経て英語に入ったものである。元の形は動詞 pauein 'cease' + 現在分詞で「～をやめる」という意味である。この分詞が英語では動名詞と理解されるようになった。従ってこの場合は a- が消失したのではない。OED (cease 6. b) は The verbal noun represents an earlier present participle「この動作名詞はかつての分詞である」と説明している。

2. to cease to do と to cease doing
現在では不定詞、動名詞どちらの用例もあるが、「自然にやむ、消滅する」あるいは「習慣が止む」意味では不定詞が標準のようである。to cease to be, to exist, to grow, to love など。

You don't really believe that I've *ceased to love you*, do you? I haven't, you know. (T. Dreiser)「まさか私がもう君を愛してないと思ってはいないね。そんなことある訳ないだろう」‖ You have *ceased to be my housekeeper*. (C. P. Gilman)「あなたはもう家政婦じゃないのよ」‖ Gurney never sought him for a position, and Stephanie *ceased to speak* of his poverty. (T. Dreiser)「彼は職を求めることはしなかった。彼女は彼が貧乏だという話はしなくなった」‖ Lizzie *ceased to shake her head*. (C. Dickens)「首を振るのを止めた」‖ It had *ceased snowing*, the stars appeared and the cold became intense. (C. Darwin)「雪はすでに止んでいた。星がきらめき寒さがつのった」

3. to cease from の用例も多い。stop との違いは cease が文語的であることと前者がむりに中断するのに対して、後者がプロセスが一段落する含みがあるように見える。口語と文語の文体上の対立であるときは辞書的意味は同じになる。They *ceased from motion*, and then all was silence. (E. Abbot)「それらが動きを止めた」‖ He *ceased from speech*. (M. Twain)「話をやめた」‖ The girl *ceased from crying*.「泣き止んだ」‖ Even Bastin and Bickley *ceased from arguing*. (R. H. Haggard)「Bas. と Bic. すら口論を止めた」なお to begin 同様、名詞を目的語とするときは「意志動詞」である (Players *begin and cease the game*... OED)。

9.8 to be 以外の動詞
9.8.a 場所と状態の補足語

I *remain at home* 場所　◇　I *remain silent* 状態

　to stay *alive* ともいうがこの意味での to stay は米口語で多用される。

The painting had *stayed forgotten* for five hundred years. (TV)
Stay tuned!「チャンネルを変えないで(コマーシャル挿入時の決まり文句)」

どちらも to be ＋場所・状態の変種で言い換えが可能である。再帰動詞から「第五構文」と同じ過程で生成した自動詞に「状態」が付加されたものである。

To keep *fit* (＜ To keep oneself *fit*)「健康である」: *I* keep [myself] *in shape*. ‖ To get oneself killed, e.g. 'You were getting killed'「もう少しで死ぬところだった」‖ I got *into the room*, I *got in* 場所 — *I* got *sick* 状態 ‖ To prove itself true ＞ to prove true

9.8.b to appear (to be) fit 「元気そうだ」

　　to seem はゲルマン系の形容詞派生動詞で現代語の意味は to appear とほぼ同じであるが、歴史的背景は全く違う。to seem は原義の「似つかわしい」から「らしい」へ意味が変わったが、必ず「状態」の補足語が必要である。また It seems that... では it と that は、所謂「先取りの it」ではない。理論的には it seems *so, that*... という構成になる。to appear および to seem は特異な語で「らしい」という意味を付加する以外の働きはない。

He appears to be happy — He *is apparently* happy. ‖ He appears to have been happy — He *was apparently happy*. | He *has apparently been* happy. ‖ He appears to have done so — He *apparently did* ［または *has done*］ so. ‖ She appeared to regain her health and was sent home.（A. Christie）— She *apparently regained* her health and...「健康を取り戻したように見えた」‖ Nothing seems to tire him — *It seems that* nothing tires him. ‖ Miss Dunross seems to have produced a very favorable impression on you.（W. Collins）— She *seemingly produced*...「あなたに好印象を与えたようですね」なお「らしい様子」が意図されたものであるときは to affect to do, to feign to do, to pretend to do などの動詞を使用して She just affects to love children, He feigns to be ill（*or* illness）と書く。cf. He heard nothing — he appeared to hear nothing — he affected, feigned, pretended to hear nothing.

　　as a＋Noun はコピュラが変化する状態を表現できないので、これを補う意味がある。

He did not appear to her *as a different man*, but she had grown sensible of being *a stronger woman*.「彼が別人とは思えなかった」（G. Meredith）‖ The man walked *like one half asleep*.「寝ぼけている様子で」‖ To Mrs. Ralston she was *as a different woman*.（E. M. Dell）「彼女は別人に見えた」

9.8.c 「なる(to become)」

　　状態補足語の語類に制限がある。to become＋名詞・形容詞（状態の記述）(to come to be something or *in some state* OED)「(身分、地位、境遇、関係などが変わって、発展して)〜になる」「意図するところとは別の結果になる」

I *became* great friends, you know, in the hospital.（W. Ch.）「仲良しになった」‖ She *became* an excellent accountant.（C. Gilman）「敏腕の会計士になっ

た」∥ The sun set, and it soon *became* [= grew] dark. (A. R. Wallace) ── 現代英語ではまれ ∥ She *became* a mother.「出産した」∥ He *became* a widower in 1849 = His wife died in 1849. ∥ The roar *became* a whining hum.「吼えるような声がか細いハミングへと変じた」∥ He soon felt that his ideas *became* again collected.「気持ちが落ち着いてくるのを感じた」∥ He *became* pale.「顔面蒼白になった」∥ Are you *going to become* one of us? (E. Wharton)「俺たちの仲間に加わるか」∥ Are you *going to become* a financier already? (T. Dreiser)「もう金融に手を出しているのか」

【備考】 現代英語の to become X を中期英語では to (be-)come to X と表現した：*To* a litel fowel he bicom (1302 年頃) = he became a small bird.「...の状態に至った」(OED) ── これが become の本来の用法であった。

9.8.d 受動性を含む比喩表現において

to become = to be made

Satan and his power *became the only subject of* conversation.「話題になった」∥ The tyrant of Africa *became the object of* universal contempt. (E. Gibbon)「嘲笑の的になった」∥ Last Saturday morning a teenage girl in Bray, Co Wicklow *became the latest victim* when she died in her sleep after taking just one ecstasy tablet. (newspaper)「また薬物摂取の犠牲になった」∥ Albert's uncle said he was *the prey of despair*.「絶望感に苛まれていると言った」∥ I have saved you from *becoming the prey of* such as he by forcing you to marry me." "That I may *become the prey of* such as you, instead," was her retort. (R. Sabatini)「～の餌食になる、～に食い物にされる」

結果が人の意志に左右されないということから to want とは両立しない。このため一部で日本語の「なる」と一致しない。「なりたい」は to want to be,「なってしまった」は to have become という。

The rooms *became vacant* last week, so we moved in.「先週部屋が空いたので引っ越して来たのです」∥ Marjory White, aged ten, wanted *to be* a 'widow'. (L.M.M.)「MW は十歳であったが寡婦になりたいというのだった」∥ What *are you going to be* when you grow up? (C. S. Baily)「将来何になりたいか」∥ I wanted *to be* a musician, but Fate decreed that I should *become a doctor*. (Harrap's)「ミュージシャンになるつもりだったが運命には逆らえずに医者に

なってしまった」‖ He wanted *to be* a scholar and a poet — and because he wanted *to be* a scholar and a poet beyond everything else, he *became one*, as people of a strong will are apt to do.（H. Van Loon）「学者詩人になりたかった。その意欲が強かった故にそのようになった。意志が強固な人間とはそうしたものである」‖ You were so passionate about *becoming* a lawyer.（TV）— passionate about being a lawyer は既に法律家になっている意味となる。

9.8.e 特別な場合

i) She'll make a good mother（etc.）は to make a good mother of herself の省略形。直訳：「彼女は自分を材料としてよい母を作るだろう」（of herself は通常省かれる）

ii) to fall＋形容詞： a)「落下する」から to fall asleep; to fall in love b)「倒れる、転ぶ」から to fall ill: For within two years Lord Blessington *fell ill* and died.（L. Orr）— cf.「病に倒れる」to succumb to a disease.

9.8.f to get＋形容詞

動詞 to get は口語で to be, to become の意味である。

They *were* married last Sunday ＝（口語）they *got* married last Sunday.
Nobody *was* killed in the accident ＝（口語）nobody *got* killed.
He *grew* impatient ＝ he *got* impatient.
But at last he *got sleepy*, and his comrade took him home.（L. Hearn）「ついには眠くなったので仲間が家へ連れて行った」

I became aware「気づいた」というが I got aware は手元に用例がない。所謂「動作受身」の「状態受身」の区別が無意味である理由は分詞の章の受動態の項目で説明する。

9.8.g 動詞 to grow

to grow＋形容詞 (to grow into＋Noun) も「自然にそうなる」意を含む。grow が green, grass と同系であるから、もとは植物の成長をいう言葉であったようだ： After a time *we grew sleepy* i.e. sleep came over us.「しばらくすると眠くなった」She said sleepily はあるが *she was sleepily はない。「眠い」が主語の状態である以上動詞には関係しないから sleepy しか選択肢がない（▶

8. 3)。Hilary Vane *grew red* around the eyes. (W. Ch.)「目の辺りが赤みを帯びた」— cf. She *grew in* beauty〔＝grew more and more beautiful〕day by day. (L. Wallace) — cf. to *be reduced in* size, weight, etc.

9.9 数量の増減

　成長、増大、拡張は to grow, develop, expand (etc.) into: She *grew into* a lovely woman. (A. Lang) ‖ The late summer *grew into* autumn. (K. D. Wiggin) ‖ Words *grew into* sentences, thought leaped after thought. (H. Adams)「単語が文章となり、次々と考えが浮かんできた」‖ As the child *grew into a man*, the love of animals which he had inherited became conspicuous in him. (S. Orr)「その子が成人に育っていく過程で生来の動物への愛着がますます顕著になって行った」‖ An adverb can be *expanded into* an equivalent phrase; as, The book was *carefully* read＝The book was read *with care*.
減少、縮小は to dwindle, shrink (etc.) into: His department store will *dwindle into* a store for selling rice. (A. Brisbane)「彼の百貨店は縮小されて専門店に変わるだろう」‖ The voice *dwindled into* a mere drone. (C. Doyle) ‖ Her bank account *dwindled*.「預金が目減りした」‖ Towns *shrank into* villages. (T. B. Macauley)
増大、減少に関知せず姿、性質などが変わる変化は to change, transform (etc.) into: She *has now changed into* a happy, self-confident woman. (Collins COB.)「以前と変わって今や満ち足りて自信にあふれる女になった」‖ The balance she *changed into* a ten dollar bill. (J. Addams)「両替した」‖ The buried forest and thickets were not all *changed into* coal. Some were *changed into* oil and gas. (B. M. Clark)「森や茂みがすべて炭化したわけではない。石油やガスに変化したものもある」

9.10 自然現象について

　動作を「する」というのに対し現象 (phenomena) は「起きる、発生する (happen, occur)」と表現される。発生源が自然現象であるときは行為者を特定することはできない。

9.10.a　It grows＋形容詞 (It *becomes / gets* 〜ともいう)

It *grew dark*, the wind whistled, the trees creaked and groaned. (G. Porter) ‖

As soon as it *got* dark I placed my lamp on a table against the wall.（A. R. Wallace）‖ When it *got dark* torches were lighted.「暗くなるとたいまつに火がともった」

9.10.b　to grow　「～が拡大・増大する」（cf. to gain, lose *in depth*, *weight*, etc.）

To grow in *abundance, beauty, courage, extent, favour, height, interest, length, love, number*(*s*), *magnitude, power, profusion, proportion, size, splendour, strength, volume, wealth, width*, (etc.).

As the Egyptian empire grew *in strength and wealth*, it strove to expand its power over its neighbors.（N. Comb）「国力が増大し、富が増えていくにつれて」‖ The crowd grew *in volume*.（M. Twain）‖ Towns grew *in population* and *productivity*.（S. Nearing）‖ The wind grew *in strength* moment by moment.（H. G. Wells）「風が益々強くなった」― cf. Soon Philip *grew in the habit of* going in to tea with her every day.（W.S.M.）「回数が増えた」

しばしば比較級と同義で to grow *in size* = to grow *larger and larger*

The sound of their cries of fear *grew fainter and fainter* in the direction of the garden.（W. Collins）「泣き声が庭のほうへ遠ざかって行った」‖ Sonia's face *grew paler and paler*, and she breathed painfully.「青ざめてきた」‖ Mr. Wentworth *grew visibly paler*.「見る見る顔が青ざめていった」

9.10.c　語義の抽象化

to grow faint では成長する意味と弱体化する意味とが両立できるようになっている。空間を上へ伸びる意からただ強弱を問わず程度が増す意味へと抽象化したのである。場所の指定があるとき（「どこそこに成長している」）は考えられない変化である。

to go＋形容詞（好ましくない状態になる）

His colour went pale.「真っ青になった」‖ The paper has gone brown.「紙が黄色く変色した」‖ The meat has gone bad.「腐敗した」

to turn＋形容詞

動詞 to turn は風車のように「回転する」から一回転以内で「向きを変える」

へ転じ、さらに結果の表示とともに「別の状態」になる意味を得たものと推定される。いかなる環境でも「存在する」意味を失わない to be と異なり、抽象化した turn は結果の表示がなければ「変わる」意味を持ち得ない。逆にいえば to turn red はもはや「赤い状態で回転する」意味にはならない。「顔色が変わる」は一般的な表現として He turned colour という。

Bud *turned pale*, then flushed* hotly. *flush「＝血の気がさす」‖ Some *turn red*, others *pale*, according to complexion and temperament.

to turn out to be 「結果として〜であることが判明する」

Happily this gloomy view has not *turned out to be* entirely correct.「結果的に正しくないことが判明した」‖ His great misfortune *turned out* the source of all his subsequent prosperity.（C. Dickens）「災いが転じて繁栄の元になった」‖ It was a guess that *turned out to be correct*.（A. Christie）「その推測は当たっていた」

9.11 特殊な構文

　　There is + 名詞（場所の副詞が必要）。
　　Here is + 名詞（here があるため場所の副詞は不要）。

there- 構文の起源については定説がないが「そこに ... がある」という文脈から直接派生したとは考えにくい。次のような承前的な用法が出発点ではないかと思われる。

Where your treasure is *there* will your heart be also: *ubi* enim est thesaurus tuus *ibi* est et cor tuum.（Matt. 6–21）OE ðær^1 ðin goldhord is ðær^2 is ðin heorte.「汝の宝あるところ汝の心もあるべし」つまりこの there2 以下が現代文の there- 構文ではないかと考えるのである。「そこに there 汝の心あるべし―どこに where?―汝の宝あるところに there」

9.11.a 場所の表示
　　この二つの構文は似ているが ii) では場所の副詞（locatives）が不要である。

i) There is *an old castle* on top of the hill. 不定冠詞：副詞が必要
ii) There's the *Castle* and *the Garden*. 定冠詞または固有名詞：副詞は任意
　　「ほら、城と庭園があるじゃないか（〜を忘れては困る）」

ii)は例えば「その町には何か見るもの(観光名所)があるか」という質問への答えである。there- 構文の主語は「不定」であるという間違った解釈が定着しているため、ii) の文はあまり知られていない。a certain old castle と the castle / the garden の共通点は「確定済み(definite)」であること、相違点は ii) が「確認済み(identified)」であるのにたいして i)は「未確認(unidentified)」であるということである。

> There is a Y [unidentified] + locative　（場所の表示は必要）
> There is the Y [identified] ± locative　（場所の表示は任意）

不定冠詞＋名詞が「定」であることは次の例に明らかである。

To begin with the old rigmarole of childhood. In a country there was *a shire*, and in *that shire* there was *a town*, and in *that town* there was *a house*, and in *that house* there was *a room*, and in *that room* there was *a bed*, and in *that bed* there lay a little girl, a certain Betty. (E. C. Gaskell, *Wives and Daughters*, Chap I)「まずは昔の童べ歌。ある国にある地方があって、その地方にある町あり、その町にある家があってその家にある部屋があり、その部屋にあるベッドがあり、そのベッドにある女の子が寝ていましたとさ」

9.11.b　There is / was＋固有名詞

The house party was not a very large one. *There was Richard Haydon* himself, and *his cousin*, Elliot Haydeon. *There was a Lady Mannering* . . . *There was a Captain Rogers* and *his wife* . . .（A. Christie, *The Tuesday Night Club*)「そのときのパーティは小規模なもので出席者は . . .」

【備考】　a certain Captain Rogers は面識があってもなくてもその人の正体は知らないという意味であって、不定冠詞があるからといって当人が「不定」であるのではない。「誰であってもよいロジャース大尉」では意味をなさない。「不定」とは特定の言語記号が特定の対象と 1 対 1 の関係がない状況をいうのである。

9.11.c　普通名詞と固有名詞が重なった中間的な例

He was *a Mr. Barnum*（バーナムという人）whom all the world knew, . . . but there was *another Mr. Barnum* whom we, his intimate friends knew, and regarded with a hearty affection. (J. Benton)「バーナム氏という人は世間でよく知られていましたが実はバーナム氏がもう一人いたのです。私たちが深く敬愛していた人です」

9.11.d　there- 構文と定冠詞の例（例外ではない）

固有名詞および普通名詞に定冠詞がある場合は場所の表示は任意となる（後述）。

There is also *the lady artist*'s testimony. (A. Christie)「それに女流画家の証言もある」∥ There's *that phrase*, now: 'With a proud, glad smile.' (R.L.S.)「ほらあの言い方がある、誇り高き歓喜の微笑てやつだ」∥ There was *the Duke's*, of course, but there was another animal that appealed to him greatly. (J. Gals.)「むろん侯爵は馬をお持ちだが、別にお気に召した動物がある」∥ 'There's *the Museum*,' said Cyril hopefully; 'there are lots of things from your country there.' (E. Nesbit)「ほら博物館があるじゃないか。お国のものが多数展示されているよ」∥ "There's *the word* I love!" and he scribbled in his pad. (R.L.S.)「彼は私の好きな言葉はこれだといって紙にさっと書いた」∥ Firstly, there was *the fact* of his being in the neighbourhood of the crime on the Sunday morning. (H. B. Irving)「第一に彼が日曜の朝犯罪現場付近にいたという事実がある」∥ That white portion is Lake Michigan, and there is *the Chicago River* dividing the city into three almost equal portions. (T. Dreiser)「白い部分がミシガン湖だ。シカゴ河が町をほぼ均等に三分している」

9.11.e　成句 There's the rub.「そこが難点だ」

この句の出典は Shakespeare, *Hamlet* III, i. 65.:

To sleep, perchance to dream.「おそらく夢を見ぬ眠りはあるまい」
Ay, *there's the rub*「そこが難点だ」

But gradually, Lennan, one came to see it could not be done without a partner — *there was the rub*!「しかしだね、君、やはり仲間がなくてはやれぬと分かってきたのだ」「そこが難題なんだよ」類例: There's the problem.

9.12　場所の表示が不要な場合

上に説明した there を用いる文で場所の表示が不要であるのは次のとおり。

9.12.a 判断文 (▶ 5.1.b)

There is no such thing as a witch. (M. Twain)「魔女なんてものはこの世にいないよ」

There is no sense in being jealous.「嫉妬などしてもなにもならない」

典型的な判断文である「存在する」は個体の観念を超越しているので存在する場所を示さなくてもよいが、there- 構文をこの意味で使うことがある。主語は類名詞で「～というものが世にある」という意味である。

But whether he felt it or not, *there is such a sensation.* (A. Christie)「そのときの彼の気持ちはともかく、そういう気持ちは確かに（人の心に）ある」‖ Assuming *there are no sensations*, it follows that *there is no idea of existence.*「感覚がなければ生存の自覚もないわけだ」‖ It is a question of fashion. *There have always been fashions.* (A. Christie)「世間の好みの問題です。流行はいつの時代にもあるものです」‖ There is a Providence above us! If *there is such a thing as an immortal soul*, I shall see Hippolyte and Auguste Ballet again. (H. I. Irving)「天に神あり。不滅の魂というものがあるのなら、HやAに会えるだろう」‖ I admit we move freely in two dimensions. But how about up and down? Gravitation limits us there.「確かに二つの次元では動きは自由だ。だが上下はどうだ？重力には逆らえん」‖ 'Not exactly,' said the Medical Man. '*There are balloons.*' (H. G. Wells, *Time Machine*)「そうともいえないさ。気球というものがあるじゃないか」

不特定の個体を否定するときは「類概念」を否定することが多い。

People talk sometimes of secret vices. There are no *such things*. (O. Wilde)

He met no one, *not a soul.* a soul とは男女の区別を超えた「人間」である。日本語でも「誰もいない」ことを「人っ子一人いない」という。普通名詞から類概念を得るには無冠詞複数形を使う： *There were no enemies* now.「もう敵はいない」

9.12.b 特例

文意が動作を示唆するもの (There was no leg broken = No bone was broken.)： *There are no inhabitants of* this island of despair. (C. Doyle)「絶望の孤島に住人はない」‖ This village *had about a thousand inhabitants*, according to the explorers. (E. E. Hale) 「住民の数は千人ほどだった」

【備考】 場所を主語にして動詞 to have を使うと場所の副詞はいらない： Our village has a beautiful park.

This animal may *have inhabited Java* before it was separated from the mainland. (A. R. Wallace) 「この動物はジャワ島が本土から分離する前にここに生息していたかもしれない」∥ *There were no survivors*, (i.e. no one survived) and no wreckage was discovered by the ships. (B. Stoker) 「生存者はいなかった。捜索船も残骸を発見できなかった」∥ "You return married!" Pierre Letoile exclaimed: "Correct! that is exactly my case, only *there were some peculiar incidents*."「ちょっとした椿事があった」— cf. *There were* some business-dealings *going on*, and some profits realising. (C. Dickens)

9.12.c　展開文(The Expanded Sentence)において

ルカ伝15章節を欽定訳聖書は A certain man had two sons と書いているが、現代語訳では There was a man who had two sons となっている。元の文では人がいるということと、二人の息子がある、という二つの事実が一つの文にまとめられている。この簡潔な表現法は現代英語ではあまり見られない。代わりに関係節を用いた文型が一般化するに至った。意味を変えないで表現を拡張する、という意味で本書ではこれを「展開文」と呼ぶ。詳細は第十七章を参照されたい。

9.12.d　出来事名詞

主語が出来事(event)名詞であると、補足語はあってもなくてもよい。(to be = to happen)。進行形の状況ではこの文型は単独で使えないことに注意されたい。

There was a crash. Mrs. Dinsmead had dropped her tea cup. (A. Christie) 「ガチャンという音がした。D夫人が茶碗を落としたのだ」∥ But soon *there was an accident*. (M. Twain) 「ほどなく事故が起きた」∥ There *was a murder* committed in the house. (W. Collins) ∥ *There was an accident* and I received this blow to my head — only a trifling affair, after all. (E. P. Oppenheim) 「事故があってこのとおり瘤ができた。なにたいしたことじゃないのさ」∥ *There was a quarrel* between you. (C. Doyle) 「喧嘩したのだね」∥ *There was a quarrel* in the University of Paris. 「パリ大学内で論争があった」

9.12.e 現在進行中の事態(There is EVENT going on.)

進行中の特定の事態は分詞の助けを借りる。進行形と同じ環境である。

"*A discussion going on?*" he asked. "Am I in the way?" — "*There's no discussion* — we are all agreed." (W. Collins)「議論中ですかな。お邪魔かな」「議論はありません。意見は一致してます」∥ *There's* a train *coming* now.「あ、来た」∥ *There was a recruiting meeting going on* in Trafalgar Square, the speakers standing on the monument.「新兵募集の集会が行われていた」∥ *There's a doctor outside waiting* to see you. (W. Collins)「医者が外であなたが出てくるのを待っていますよ」∥ *There is never anything going on* — no parties, no going away for vacation. (C. Gilman)「行事めいたことはなにもないのよ、パーティも、遠足もなにもよ」∥ *There is some* building *going on* there," said Holmes; "that is where we are going." (C. Doyle)「あの辺では普請をやっている。我々の行く先もそこだ」

次の口語表現に注意：*There*'s a / the person + 進行中の動作または状態。

Oh *there's Ma* speaking to the man at the piano! Oh there's Ma going up to somebody! Oh I know she's going to bring him to me! (C. Dickens)「ママがピアノの所で人と話しているよ。あ、誰かの方へ歩いていく。あの人を僕の所へ連れてきてくれるよ、きっと」

9.12.f 混淆(Contamination)

There's a / the person + 定動詞: *There's old Jem's cottage wants* a bit of thatch. (E. Gaskell)「ジェム爺さんの小屋は屋根がちと傷んでいるな」— cf. I guess *there's somebody else who's* proud of her, too. (C. Gilman)「あの人のことを自慢に思っている人がもう一人いるでしょう」(通常の構文)
There's more women likes to be loved than there is of those that loves. (O. Jewet)「愛するより愛してほしい女性の数が多い」(数が一致していない)

There's の意味機能はきわめて軽い：*There's a deadness steals* over me at times. (C. Dickens)「無感覚に襲われることがある」∥ *There's a man* I want to see. (W. Ch.)「私が会いたい人がいる」[There is a man and I want to see him.] ∥ Physically *there was nothing the matter* with him.「健康上の問題はなかった」∥ There is *nothing the matter with him*; he's in love with a girl.

9.13 「ここに〜がある」

Here is ... 「ここに〜がある；これが〜です」:

Here is the list.「これがリストです」‖ Here is my business card.「これが私の名刺です」
Here is a stranger *seeks* to know what we are doing.（C. Reade）「この人は〜」‖ And *here is* where an explanation is called for.（H. W. Long）「ここが説明のほしいところ」

指示副詞 here は代名詞の this に対応している。例えば This is X のように人を紹介するときの言葉として「話し手に既知、聞き手に未知」という状況があるときに使う。ある講演会で講師が *This* is going to be a poor speech but I have to deliver it any way というのを聞いた。This speech はこれから「私が皆さんにお話しすること」の意味であろう。

9.14 there- 構文における数の一致

there- 構文は主語が動詞の後に来るため数の一致に関して問題が発生することがある。しかし here- 構文では一致の法則はおおむね守られる。複数動詞に複数の名詞が続くのが原則である。

   In the classroom *there are* twenty girls.

主語が複数であることはむろん問題ないが、主語が同一の定動詞に対して複数の主語は許されない。そのように見えるのは述部の反復を避けて表現されていないためである: In the classroom *there is a boy* and [there are] twenty girls —— [there are ...] は筆者のいう「構造上の常時省略」で通常は隠れて見えない。しかし話し手の考えが話の途中で変わる場合もある。

There's eyes, and *there's hands*, as well as tongues.（E. Gaskell）「（人には）目もあれば手もある、むろん舌もある」
There is a dining-room for the prisoners and [there is] another for the officers.（J. Reynolds）「収監者むけの食堂があり、看守用の食堂も別にある」

この不都合を避けるためには「概念の梯子（▶9.16.c）」を一段上って類名詞を使う。

A boy and twenty girls = twenty-one pupils
In the classroom there are twenty-one pupils — one boy and twenty girls.
There are two dining facilities — one for the inmates, another for the officers.

複数動詞の直後に単数名詞はめったに見られない。次の例では a window and orphans = the bereft family で遺族が一体とみなされている： Then there are *a widow and orphans* left in absolute want. (M. Azuela)「未亡人と孤児たちが貧苦の生活を強いられているのである」‖ a lot of, a number of, a hundred of などは同じものについていわれるので述部は一つでよい： *There are a lot of things* I should be doing to stop this scandal. (T. Dreiser)「この醜聞を食い止めるため私がなすべきことはたくさんある」‖ "*There are a great many things* you don't understand." "I understand my stupidity." (H. James)「あなたには理解できないことがうんとあるのだ」「それはよく承知しております」‖ *There are a few children* employed in these factories.「若干数の子供が雇用されている」

9.15 There's ... の語法

9.15.a There's の数の不一致（口語）

There's some things I wouldn't talk to him about. (W. Ch.)「彼には言いたくないことがある」‖ *There's your 'drawing-room'* and *all your things*. (C. Gilman)「これがあなたの居間であなたの持ち物もあるわ」‖ I bet *there's been pirates* on this island before, boys. (M. Twain)「この島にはむかしきっと海賊がいたんだよ」‖ *There's always odd jobs* with the farmers through the summer. (J. London)「夏期は農場になにか臨時の仕事がある」‖ "Majority rules," they said, "and *there's three of us* against you." (J. J. Davis)「多数決だ。君一人に対してこっちは三人だ」‖ "*There's two kinds of heretics*," said Molly, filling her great tea-cup for the fourth time. (F. R. Stockton)「異端者に二種類あるのよ、と大きな茶碗に四杯目を注ぎながらモリーが言った」

現代英語では *There is two people in the room は正規の表現ではないが There's two people there は口語で実際に使われる。

9.15.b 複数の選択

There is / are 構文を使って人や物のあるなしを話題にするとき無冠詞複数名詞が通則である。Eric Partridge はその著書 *Usage and Abusage* のなかで Is there any + 単数の構文について 'simply not English'「これは英語ではない」と書いている。口語で Any children? あるいは 'Any kids?'「お子さんは？」と複数でいうのもこの用法である。

Are there any rooms to lodge me in, I wonder?「泊まる部屋がありますか」∥ *Are there any books* in your dialect? (G. Borrow)「御地の方言の本はありますか」∥ *Are there any crackers* for instance? And how about coffee? (C. Gilman)「クラッカーなどがあるかしら。コーヒーは？」∥ *Are there some farmers* there who do not go to the fishing? (W. Guthrie)「農業従事者で漁業をやらない人はいますか」∥ At that time they had *no flight recorders*. (TV)「その当時は飛行記録装置というものは存在しなかった」

次の例でも話しかける側は単数形(個別論)であり、答える側が複数形(一般論)を使っていることに注意されたい。

"Will you have *a box of toy soldiers*?" asked his mother.「おもちゃの兵隊はどう？」— "No, I'm tired of *soldiers*," Gerald said crossly.「ぼく兵隊はあきたよ」— "Will you have *a new ball*?" asked the toy man.「新しいボールはどうですか」— "I don't want *any more balls*," Gerald replied quite crossly.「ボールはもういらない」— "Oh, see *this game*!" said his mother.「ほらこのゲームをごらん」— "*Games* are stupid," Gerald answered most crossly.「ゲームなんてつまらないよ」(C. S. Bailey)

there's に対する過去形は省略せずに there was と書く。この場合目に見えて数の不一致が発生することがある：There *was* my wife and daughter to consider, and my whole career.（E. Partridge）あるいは there's と同じような感覚であろうか。

9.15.c 複数形がないのは不条理か？

日本語は数が表現できないので不便だともいわれるが、できないのではなく必要がなければ表現しなくてもよいのである。逆に西洋語は必要のないときにも数をきめなければならないので非常に不便である。例えば「婦人用自転車」といいたいとき単数 a woman's bicycle はよいが、複数 a woman's bicycles だとある特定の婦人の所有する複数の自転車という意味であって「婦人用自転車」にはならない。実際には women's bicycles という。同様に a children's game とも書く。

a lady's toilet「婦人用化粧室」— ladies' toilets（the ladies' と略称）‖ a lady's man とも a ladies' man ともいう。「女性に対して慇懃な男性」という意味である。ladieswear「婦人服（売り場）」（不可算扱い）‖ a gentleman's club — gentlemen's clubs「紳士クラブ」‖ the ladies, the gents「お手洗い」‖ 1842 Dickens Amer. Notes I. iv. 145 There are no first and second class carriages but there is *a gentlemen's car and a ladies' car*.（OED）

これらの複数形は数の区別をうやむやにするための窮余の策である以外に何の意味もない。複合語が成熟している場合にこうした問題は起こらない（cf. fingertip「指先」）。

しかしここでいう日本語の特性もこれに甘んじていると足をすくわれることがある。故 M. L. King 牧師の言葉 I have *a* dream は「私にはある夢（ある願いごと）がある」「これが現実になればと願うことが一つある」という意味である（このように具体例を指すときの複数は I have *some* dreams）。「私には夢がある」ならば原文はむしろ I have *dreams* でなければならない（類概念「～というもの」の表示）。日本人学習者は西洋語で絶えず問題になる単数と複数の対立についての観念が希薄なのである。

9.16 文型 Ib「名詞による状態」（旧第三構文）

9.16.a 主語と述語の状況

これは旧第三構文である。

　　　　The whale is a mammal.

この型は論理上の判断形式「繋辞」と一致するため英語を始め印欧語では to be が状態専用の動詞となったものである。動詞があってもなくても「X は Y である」という判断内容に影響がないので、ロシア語などのように通常は動詞を省いてしまう言語もある。

文型が論理学でいうところのコピュラと一致するとき、「～の姿、資格でいる、ある」が「～の姿、資格、類である」に変わる。学校文法でいう第三構文である。「甲は乙である」という内容の論理が背後に存在するため「状態」の要素が見えなくなるともいえる。この「である」は論理の構造であり、特定の動詞の意味ではないので be 以外の動詞を使うこともできる。「彼がこの会社の代表者である」（He represents our Corporation.）

また be 動詞を省いても論理がなくなるわけではない。背景に論理があるため文型は安定しているが、同時に変化しうる状態を表現できないなど融通性に欠けるところもある。例えばゲール語には「である」という意味の動詞が二つあって「彼はゲール人である＝He is an Irishman」であるが「彼は教師である」は別の「である」動詞を使って He is in his teacher(-hood) という。退職あるいは転職すればもはや教師でなくなるからである。ゲール語ほど厳密ではないが、人の身分、職業について英語でも時間の制限を設ける場合がある。即ち小辞 as を挿入する。

She used to stay in the country *as a child*.「幼時に」‖ She was *working as a nurse* at the big hospital in Middlingham.(A.Christie)「看護婦として勤務していた」‖ One of his first achievements, while *working as a quarryman*, was a spinning-wheel.(S. Smiles)「石切の職人として働いていた」‖ I was *serving as a military tribune* in Syria.「軍事法廷の委員として勤務していた」— 無生物： A folded tent was *serving as a roof*.「一時しのぎにテントを畳んで屋根の代わりにしていた」

当該の状態が一時的であることから「一時しのぎ、代替品」(do as; serve as) あるいは「名ばかりで実体のない」(pass off as) などの意味合いが生まれる。

9.16.b　繋辞「～である」の論理内容
　繋辞においては述部が名詞であり、かつ主部と述部に「概念の梯子」の原則が適用される。即ち主語は概念の範囲が述部より狭い。本書で「状態補足語」と称するものを便宜上コピュラに限って旧称の「補語」を使用することにしたい。

"I am a very happy woman," she told herself resolutely.（C. Gilman）「私は幸せな女と彼女ははっきりそう思った」‖ Women are a very happy race nowadays.（E. Bellamy）「この時代には女性は満ち足りた存在である」‖ The marriage was a very happy one.（D. Garnett）「彼らの結婚は満ち足りたものだった」

上の例において人称代名詞 'I' は固有名詞に、無冠詞複数 'women' は類概念にそれぞれ相当する（▶ 9.15.b）。*The* Noun is *a* Noun の形式に関しては次項参照。

9.16.c　主語と「補語」の確かめ方

　論理上の主部と述部の間に明確な区別があるため「鯨は哺乳類(というもの)である」というとき語順を転倒して「哺乳類(というものは)鯨である」とはいえない。これを詳しく説明するためには「概念の梯子」について話しておく必要がある。「概念の梯子」は別に hyponymy ともいい、諸概念の階層構造を説明するものである。例えば飼い犬の「タロ」は「犬」、「犬」は「犬族」、「犬族」は「哺乳類」、「哺乳類」は「動物」のように概念が段階的に抽象化していく有様をいう。動植物分類の配列に似ているが、言語の場合は同じ個体をどの段階の名で読んでもよいという前提がある。

　タロは犬という哺乳類の動物だ：タロ＝この哺乳類である個体＝この一匹の動物

名称が個体性を失うとこの仕組みは機能しなくなる。例えば animals を総称して life「生命」と呼ぶ場合はタロという個体に life という抽象的な名称がもはや対応しなくなる。
また「ヒト」を animal と呼ぶことはあまりないであろう。運用に当たっては論理のみならず語法上の制限も働くのである。

一般的	タロ	→	その生き物(すべての動植物)
	タロ	→	その動物
↑	タロ	→	その哺乳類
↓	タロ	→	その犬族(オオカミ・コヨーテなどを含む)
	タロ	→	その犬
具体的	タロ		

この「概念の梯子」の最も下にあるのは固有名詞である。「タロは犬だ。タロは犬族だ。タロは哺乳類だ。タロは生き物だ云々」ここから「タロ」を「その動物」と言い換えることができるようになる。主語と補語とからなる文では「主語は必ず補語の下の概念でなければならない」。「鯨というものは哺乳類だ」とはいうが「哺乳類というものは鯨だ」といえないのは「概念の梯子」の原則が働いているからである。

【口語】　発話の場面が具体的である話し言葉では概念の階段を一段上がって語を選ぶ傾向がある。目の前にある個体を通して類に共通する特徴を話題にする趣向である。例えば目の前にいる猫を指していうときでも this animal という。

「この猫というやつ（こいつ）は」という含みがあると思われる。This cat は直接当該の個体を指す (e.g. This [particular] cat — we call him Tommy — he is an old hunter for mice.)。同様に「このコンピューター（というもの）」→ this machine;「この車」→ this vehicle ‖「ここにあるこの電気剃刀（という器具）」→ this device, etc.;（めずらしい蛙を手にしながら）There are some interesting characteristics about *this animal*. (TV) 出版物についていわれる this copy（個体）と this book（内容 — this title）との違いに注意されたい。

【文語】 文語では異なる段階が言葉で明示される。
There is *a child* here, *a happy quiet little creature* holding gently to its two months of life. (M. F. Barber) ‖ Alone among *living creatures, man* has the thirst for knowledge. (J. H. Fabre)「生き物の中で人間だけが知識を渇望する」‖ Neither *sheep* nor *goats* nor *any other animal* did I see. (E. E. Hale)「羊もヤギも他の動物も姿を見かけなかった」

9.16.d 避板法というもの

　この事実から the + 普通名詞は固有名詞の反復を抑えるための常套手段となる。修辞学でいう「避板法」(variation for elegance) である。

Joyce-Armstrong was *a poet* and *a dreamer*, as well as *a mechanic* and *an inventor*. (C. Doyle)「この人は詩人であり夢想家であり機械工であり発明家であった」
Arthur Conan Doyle was *a historian, whaler, athlete, war correspondent* and *spiritualist*. (C. Estleman)

文脈の連続性が保たれている限り以後文中に出る the historian, the whaler, the athlete, the war correspondent は特定の人物 A. C. Doyle を指すのである。また *an angel of* a baby called Martha「天使のようにあどけない赤ちゃん」、*that devil of* a man（卑語）「あの野郎、あの畜生」も X is a Noun の変形である。

9.16.e 同一性の確認と分類
コピュラの二つの機能
　「名詞^1 is 名詞^2」という組成の文は「概念の梯子」を基礎にしているが、コピュラには主部と述部の同一性を確認する機能 (identification) と、分類即ち主語の概念をより大きな類概念に納める機能 (classification) の二つの機能があ

る。

前者は「盗人を捕らえてみれば我が子なりけり (The thief — it was my own flesh and blood!)」という場合である。「犯人」と「我が子」とが同一であることが確認されるわけである (補語にも定冠詞が必要)。後者は「鯨は哺乳類である」がその例である。名詞[2]は通常「不定冠詞」か無冠詞である。類をいうときは定冠詞を使う。

She *was the kind of girl who* was so simply crazy to marry somebody. (B. Tarkington)「とにかく嫁に行くことばかり考えている(そういう質の)娘だった」(▶ 16.1.c)。

通常は述語の冠詞のありかた次第で文の構造が入れ替わる。既に論じた Mary is a singer と Mary is the singer の違いがこれである (▶ 9.16.h)。

9.16.f 様態の副詞 (Adverbs of Manner) の特性

また a good singer「歌がうまい人」のような不定冠詞＋形容詞の述語名詞を the good singer に置き換えると、意味内容が変更される。

He is a good driver.「彼は運転上手だ」→ the good driver「その親切な運転手」‖ Tim is a poor swimmer.「泳ぎが苦手だ」→ the poor swimmer「貧しい(気の毒な)水泳選手」

これは動作の様態に特有の表現法であるらしい (▶ 8.4)。例えば The *Solitary Cyclist*「連れなしで自転車に乗る婦人」(C. Doyle の小説の題名) ではこうした不一致は発生しない。He is a *good* driver に対応する He drives *well* の well は様態の副詞であるが、She cycles *solitary* (i.e. alone) の solitary は状態の形容詞 (▶ 8.1) である。

9.16.g 特例

Tom talks rapidly = he is a rapid talker を踏まえて Who's the rapid talker? ということがあるが「その早口といわれるのは誰か (Who is the 'rapid talker')」の意味である。同様に Who's the 'good driver'「その運転上手とは誰のことか」。即ち引用句内ではすべて「〜というもの」と解釈されるので文法上あるいは語義上の解析は行われない。

9.16.h 主語と補語の転置についての追加説明

　　　　Who is the pianist?

上例では英文法でいう補語にあたる「伴奏者」は既に知られているが、主体(主語)が誰か確定できていない。こういう場合、話題を引き継ぐために「話題化」という現象が発生して補語が文頭に出る。これもまた「承前(再説)」の例である。上の例はピアニストがいることを前提にして、「ピアニストは誰ですか」と質問する場合である。続く文に倒置が発生すると日本語では再び助詞の「は」が登場する。

　　　　「ピアニストですか、ピアニストは私です」

ピアニストであるから人を指しているが、この場合人称代名詞を使えない。

　　　　(The pianist?) — *It* is me. （ピアニストですか）「それは私です」

通常の語順では it は使えない。

I am the pianist (*I am it). 「私はピアノが担当で歌は別の人です」

9.17　主語の諸相

9.17.a 「明日」の品詞
　文の主語は(代)名詞のみという考えを唱える伝統文法は名詞でも代名詞でもないものを主語の位置に立つことを根拠として「名詞的」と称して処理してきた。品詞と機能の不一致が発生しても一切説明がなされていない。伝統文法によれば文の主語に立てるのは「名詞、代名詞あるいはそれに相当する語句」であるという。実はいわれる通りなのであるが、この「相当句」というところにトリックが潜んでいる。

After all, tomorrow is another day.

名画「風と共に去りぬ」の最終場面で Vivien Leigh が扮するところのスカーレット・オハラの言葉である。「明日は」という意味の tomorrow は主語の位置にあるけれども所属する語類は副詞である(従って冠詞をとらない)。

How about *tonight*?「今晩(という日時)はどうですか」‖ I am sorry about *yesterday*.「昨日のことは申し訳ない」‖ *Slow and steady* wins the race. （諺）

【備考】 主語の「ゆっくり着実に」はいわばモットーであって人を指しているのではない（ゆっくりという方針）。cf. Worth makes the man (as Pope says) and want of it the fellow. (W. Collins)「人間は worth（価値）によって 人間となりうる。それがないのは野郎である」— worth が「人を作る」意ではない。

9.17.b 題名の扱い

Over the rainbow is my favourite song. 「虹の彼方には好きな歌だ」この主語は副詞句の形をしているが実は歌のタイトルである。イタリックにしたり引用符でくくったりする。発音は同じであるが抑揚（イントネーション）に違いがあるであろう。

9.17.c 引用符と同義

Wolves is fine things in a storybook. (B. Stoker) 「オオカミってやつはお話の中だけなら結構なものさ」（但しこの is は俗語形かもしれない）。

9.17.d 特異な構文

To the hospital is *where* I'll be going. (J. Hutsko)「他でもない病院へ行くつもりだ」‖ *In the middle there, that's* where the fountain was. (A. Christie) ‖ *Below that* is *where* they keep their spare sails, and some stores of that sort. (G. Macdonald)

どれが主語でどれが補語かで見当をつけ難いが、次のような例もある。

He heard his interlocutor ask him if he mightn't take him *over about five*. *Over* was over the river, and *over the river was where Madame de Vionnet lived*, and *five* was that very afternoon. (H. James)「ムコウへゴジに頼めまいかと言うのを聞いた。ムコウへとは川の向こうということ、川向こうに V 婦人が住んでいたのだ。ゴジとはその午後の五時のことであった」

9.18 補語のみの文

目の前にあるものを指さして「食べ物だ」というとき、日本語では主語をいわないし、英語でも Food! という［It is food の意］。このとき目の前にある物が主語として了解されている。幼児が犬を指さして「ワンワン」というとき、「ワンワン」は補語である。しかしこのような状況と言語の組み合わせは不安

定であって、事態が変わると意味をなさなくなる。

9.19　主部の省略

　口語では主部の臨時の省略 (casual omission) はまれではない。話の途中で沈黙する省略とは趣が異なることも注意しておこう。

　　　　'He said he was sick — something he ate.' (TV)

もとの文は It was something he ate「原因は食べ物だそうだ」あるいは It was something he ate that made him sick とも読める (▶ 16.5)。このように言語外の状況が一時的ではあるが文の一部として働くことは意外に知られていない。

9.20　述語の諸相

　　　　He is a disgrace to us. 「あいつは我々の面汚しだ」

*the person = the disgrace という等式は成り立たない。disgrace は「人」ですらない。この場合の person はその人の言動あるいは存在そのものを意味すると考えられる。cf. *You* surprise me = *what you say or do* surprises me.

　　公式　X is Y to Z.
i)　　X および Z は単数でも複数でもよい。
ii)　　Y は必ず a + Noun の形をとり、主語になることはない。

They are *a credit* to their country. (J. Webster)「国の誇りだ」‖ Officer! You're *a disgrace to* the county. (Z. Grey)「面汚し、恥さらしだ」‖ Our sex*! You are *an honour to* our sex*! (C. Dickens)「男 (女) の鑑だ」*現在なら our gender というところ。‖ We wish not to be such *a nuisance to* grown-ups. (J. Nesbit)「大人の迷惑になりたくない」‖ 'Now are you sure we're not *a bother to* you?' said Mrs. Morel. (D. H. Lawr.)「ご迷惑じゃないでしょうね」— cf. His attitude is *a threat to* the whole project. (Harrap's)

9.21　主部と述部の諸相

　不定詞句^1 is 不定詞句^2 のように主部、述部ともに不定詞句よりなる文がある。

9.21.a　コピュラ文

　いうところのものは、不定詞句^1 (主語) によって言語的に表現されているこ

との実体が不定詞句[2]（補語）によって明らかにされるという構造である。動作名詞や抽象名詞のあるものは、概念としての上下関係が「犬」→「動物」、「椅子」→「家具」のように明確ではないので、定義次第で順序が変わる。例えばよく知られた J. Keats の Beauty is truth, truth beauty も、美の定義と見れば、美が主語で真理が補語となるが一般には逆の定義も可能である。このような定義文では「概念の梯子」をかなり自由に構成できる。同様に To live is to love も To love is to live も定義次第で、それぞれ最初にあるものが主語であると主張することができる。

To live is to love, to love is to live — seeking for wonder. (J. Galsworthy)「生きるということの意味は愛するということだ。愛するというのは奇跡をもとめて生きることだ」∥ *To live* is *to love*; there is no life but love. (G. Macdonald)「生きるということの中身は愛することである。愛なくして生きているとはいえない」∥ But I don't mind what happens here, for I am in London, and to be in London is to live, and *to live* is *to be* in London. (H. Christian)「（ロンドンが好きな人間にとって）ロンドン暮らしをするということこそ人生である。ロンドンで暮らさない人生などありはしない」∥ *To strive* is *to succeed*.「報われない努力はない」∥ *To live* is *to toil* hard, and to suffer sore. (J. London)「生きるということを具体的にいえばあくせく働くこと、ひどく苦しむことだ」∥ *To live* is *to suffer*; the world contains incomparably more pain than pleasure; it is the worst possible world.「生きるとは苦しむことではないか。世間には楽しみより苦しみが多いのだ。全くひどい世の中だ」∥ Here below *to live* is *to change*, and *to be perfect* is *to have changed* often.「この世で生きるとは変わることにほかならぬ。完璧な人生とはただ変わりに変わることだ」∥ *To believe* in a GOD is *to believe* in One Existence. (Baden-Powel)「一つの神を信仰するということは具体的にいえば唯一神を信ずることだ」

9.21.b 動名詞

　動名詞は具体例についていう。整形手術に成功して鏡を見ながら Oh, my God! を連発する女性に担当者が Seeing is believing「いかがです。百聞は一見にしかずでしょう」とコメントする場面があった。

第十章　動詞と目的語

10.0　文型 II（旧第三構文）
　目的語を要求する他動詞の構文は伝統文法およびこれを継承する学校文法で第三構文と称する文型である。

10.1　主語と動詞と目的語の関係
　本書では主語と動詞の関係（人称構文と非人称構文など）と動詞と目的語の関係（受動態の構成など）を別個に考察する。

10.1.a　主語＋動詞＋目的語
　文構造の上から見れば、述部（▶ 0.0）の構成内容、即ち動詞に続く目的語あるいは他の要素があるかないかは主語にとっては直接の関わり合いはない。理念として見ると、受動態への変換とは述部の構成要素である目的語を動詞の過去分詞に含まれる受動の意味を利用して主語に変換する操作である。その結果として変換元の能動文の主語は行き場を失い、文の必須要素としては消失する。しかし行為の主体は言語表現とは無関係であるので消えることはない。現代英語では必要に応じてこの事実関係に残る「行為者」を by ＋ Noun の形式で復元的に表現するのである。この by は「経由して」の意味と思われる（▶ 13.6）。他にかつては of および from（古期英語）も用いられた。受動表現の詳細は第十二および十三章を参照されたい。述部内の動詞の機能についていえば、目的語に対する状態の補足語の形態が主文の動詞から影響を受けるということがある（▶ 10.12.f）。

10.1.b　目的語の省略（その 1）
　目的語が習慣的に省略されることがある（▶ 0.6）。このときは文型 I のように見える。

I know.「（いわれなくても）分かってます」‖ I don't know.「さあ、どうで

しょうか」(I believe it は代名詞を省かない) cf. I believe so. ‖ Let me know when anything develops. (W. Ch.)「何かあったら知らせて」I understand.「事情は分かります」‖ I don't understand. イ)「おっしゃる意味が理解できません」(文字どおりの意味) ロ)「(独言で) こんなはずはない、こんなバカな (ことがあるものか)」。立志伝中の人物として知られる野口英世が黄熱病に倒れたときの最後の言葉が I don't understand! であったと伝えられる。テレビのある教養番組で「私には分からない」と訳したことがある。誤訳である。‖ Speed kills. 「スピードは命取り」(アイルランドで見かけた標語) ‖ Have you paid and displayed?「料金を支払い、駐車券を見えるところに提示してください」(駐車場の掲示) それぞれ 'to pay the charge', 'to display the ticket' の意味。‖ Promise me! — I promise. 「約束するよ」performative — 実行型動詞 (言質を与える表現) ‖ I give up. 「降参だ」performative — 実行型動詞 ‖ She is expecting. 「もうすぐ子供ができる」cf. Mary is in a family way. 「女房が出産間近なんだ」

performative「実行型動詞」とは言説の動詞で発言することによって効力が発生するものをいう。例えば「ありがとう」と言えば感謝したことになる。「開会を宣言する」 と言えば大会が始まったことになるなどがその例である (▶ 6.7)。

10.1.c 目的語の省略(その2)
　通常目的語を伴う動詞であっても、動作をするしないを問題にするときは目的語が習慣的に省かれる場合がある。

He is over eighty. He doesn't *drive*（i.e. a car) any longer. ‖ Do not *overtake* (or *pass*).「追い越し禁止(道路標識)」‖ Thou shalt not *steal* . . . *kill*.「汝盗むなかれ、殺すなかれ(旧約聖書)」

一方 Don't talk, don't speak! は怪我人などに対して「口をきくな」という意味になるが Don't say anything! は弁護士が被疑者に忠告するときの言葉で anything は省けない。これは口をきく、きかないではなく、何かの内容を述べるという to say の意味内容による (▶ 10.15 備考 1)。

10.2 動作の目的

10.2.a 動詞と目的語の関係

「動作の目的」の有無と「動詞の目的語」の有無は同じではない。技術の用語に simple machines というものがある。てこ、車輪と車軸、滑車、ねじ、楔、斜面の6種で複雑な機械もこれらの原理を組み合わせたものとされる。言語においても「単純動作」のようなものがあるのではないかと筆者は常々考えている。例えば物体を回転させるとはこまやジャイロのように静止位置で回転するものと車輪のように回転即進行を意味するもの、円を描く運動の三種類がある。最後の運動は人が「振り返る、体の向きを変える」など人間の動きにも適用される。車輪の回転は to roll「ころがる」というが他は to turn である。
意味内容から人や物とが動詞にかかわるとき日本語と英語では処理法が異なることが多い。例えば「人から物を奪う」は 英語では to rob a person of a thing であるし、「人にものを供給する」は to provide a person with a thing、「赤子のオムツ(diaper)を取り替える」は to change the baby, to change the bed は「シーツを替える」ことである。また「列車を乗り換える」は to change *trains* (at Crewe)という。to tell a person a story は違和感はないが Tell me his name は「名前を教えて」であり You did not tell me「初耳です」は完結した文であるが日本人には何か物足りない感じがする。

10.2.b 結果目的語

「穴を掘る」というとき動作が終わるまで動作の目的である穴は存在しない。にもかかわらず動詞に目的語を配置するときは、これを「結果目的語(object of result)」と呼ぶ。「つくる」という意味の動作についていえることである。因みに一九の「東海道中膝栗毛」に「飯を炊いたら粥になっちまう」としゃれる箇所がある。

10.3 「似て非なる目的語」としての不定詞(▶ 3.3)

to 不定詞の場合を見ると、目的語のように見えても実はそうでないものは受動態とは縁がない(▶ 10.4)。例えば By that time we expect *to be settled* in the new house.（C. V. Davis）‖ Mr. Hardie begged *to see* the extent of the injury.（C. Reade）のイタリックの部分は目的語、即ち名詞的成分ではない。従って *It was expected (▶ 10.6) / it was begged to see . . . とは書かないのである。学校文法がこの違いを認識していないのは遺憾である。主文の動詞が動作名詞の目

的語を許容する場合は代名詞 it を介在させて、これを目的語として受動態への転換ができる。これを逆にいうと受動への変換ができれば本物の目的語であるといえる (to do = it + to do)*。

【備考】　*この等式については「to- 不定詞句は代名詞 it が支えとなる場合にのみ文中で名詞として機能する」という規則 (▶ 3.3) を改めて参照されたい。なおノルド語 (デ) では det at sige (lit.) 'it to say' と書ける。

- a) We found *it* impossible *to proceed* — *It* was found impossible *to proceed*.
- b) *It was desired to collect* the ancient classics again. 「古文書を再び収集せんとした」

例文 b) は能動文ならば They desired [it] to collect the ancient classics again となるであろう。実際はこのような例は極めて少なくて多くは名詞節をとる。

It was proposed that the crusaders *should assemble* at Venice.（E. Gibbon 1737–94)「十字軍はヴェニスに収束すべしとの提案がなされた」（現代語にも用例が多い) ‖ *It was expected* that he would soon make his appearance. (H. B. Irving)「程なく姿を見せるものと人は期待していた」（現代英語に頻出) ‖ *It was desired that they should* collect the ancient classics.「古文書の収集が望まれた」‖ When *it was desired that* he *might* be heard in his own defence, they said he had already confessed his crime. (H. Walpole 1717–97)「公の場で事情を説明したいと申し出たとき、もう罪は告白したではないかとの返事がかえって来た」‖ *It is* sincerely *to be desired* that all need of coercion in future may cease.（1897)「強要する必要が将来はなくなってほしいものだ」— cf. *I desired* that Janet might continue to think well of me. (G. Meredith) 'It is desired that...' は米作家 W. Churchill（1871–1947）にも用例がある。 ‖ Stockdale was disappointed, which perhaps *it was intended that he should* be. (T. Hardy)「ストックデイルは失望した。だがそれがもくろみであったのかもしれない」

10.4　擬似目的語 (Pseudo-Object)

ここでは目的語のように見えるけれども実は似て非なる文要素について述べる。

He promised	to come.
彼は約束した	来ること (を)

能動文では何に問題もないように見えるが、実はこの文には受動態がないのである。想定される受動態 *It was promised to come が存在しない以上、to come は to promise の目的語ではないことになる。従って唯一の解釈は *He promised *as to coming* 「彼は来るとの約束をした」のようになる。伝統文法で他動詞の目的語と説明される不定詞句は、状況に応じて出没する代名詞 it を介してのみ名詞相当句として機能する 'I found *it* impossible *to undo it* (▶ 10.6).'

10.5　動詞 to promise の文構成法
10.5.a　人の与格と物の目的語

ⅰ) A present was promised me (regular). 「私にプレゼントが約束された」
ⅱ) I was promised a present (idiomatic). 「同上」

ⅱ)の主語 I はもともと *me [古い与格 the old dative] であり ‹*to me was promised a present› という趣旨であり内容は i)と同じものである。両方の目的語が代名詞であるとこの語法は成立しない (*I was promised it*)。cf. You promised it to me long ago.

10.5.b　人の与格と it〜that の目的語

名詞 promise は *that*- 節に直結して the promise *that*... といえるから *it* was promised me *that*... へ変換できる(次項参照)。

10.5.c　見える規則と見えない規則

動詞 to promise には to promise *the promise* that のように同族目的語のような構文が想定される。同族目的語 (cognate objects) とは to live a happy *life*, to *die* a tragic *death* など動詞と目的語が同系の語から成り立っている構文法をいう。次に名詞 the promise が代名詞と交代して to promise **it* that*... となるものと想像される。最終的には it was promised that... が実際に使われる語法である。おなじ筆法で to think も to think **the thought* that*... → to think **it that*... → *it* was thought that... 動作名詞としての thought は to have / take thought などに例がある。

代名詞 it はその起源を the + Noun にまでたどることができる。また別の状況として代名詞と交代しうる名詞が辞書に見当たらないということもある。その場合は it のままとするのである。例えば It is fine today の it は *The weather* is fine とも表現できるが It is raining の代名詞 it は孤立している。それもそのはず

to rain は古期英語では主語がない非人称動詞であったから、代名詞に対応する名詞が辞書にないのは当たり前なのである。このように言語には見える（聞こえる）部分（外部形式）と、目に見えず音に聞こえないが言語の運用を規定するいわば影の文法（内部形式）が存在する。この見えない筋道をたどることができなければ文法としては失格である。状況に応じて見え隠れする it（所謂先取りの it）はその中間的存在といえる。

I was promised [it] *that* I would see fully the way my acquaintances enjoyed themselves in the open. <> they promised me [it] that . . . 「～という約束をとりつけた」

与格を伴わない場合
We promised [it] that . . . ― It has been promised that you shall be freed.
It was promised that she *should* be well taken care of.（H. Jacobs）「約束がなされた」
It was promised that masons *should be sent*; but nothing was done, and the holes remained open.（M. Stuart）「石工を送るという約束であったが誰も来なかった。結局穴は開いたまま放置された」

10.5.d　動詞 to promise の受動態

Also he *was promised* a fair trial.（H. R. Haggard）「彼には公正な裁判が約束された」‖ The fairest future *was promised to* Balbilla.「B には明るい未来が約束された」‖ *It was promised to us that* we should have it back.（D. McDougall）

10.6　動詞 to expect

　同様に I expected *them* to come に対して *they* were expected to come といえる。また I expected to see you = I *regarded it likely*（POD）to see you の意味である。
この構文について OED に 'when the action or condition anticipated is that of the subject, with inf. alone.'「期待される動作が主語にかかわるとき不定詞のみ」とある。論理上は目的語の省略（I expected [myself] to . . .）が考えられるが OED に用例はない。
また to expect に関しては *to see you* was expected の例はない。つまり元の文

は

I	expect		them	to come.
I	expected			to see you.
主語	動詞	目的語		副詞成分

と解釈されているということになる。同様に次の例においても it は不定詞句とかかわりはない。上記 POD の説明 to expect = to regard likely は意味は同じであっても構文は異なることに注意しなければならない。it が機能語であるか代名詞であるか、この区別を無視しては英語構文の分析はままならないであろう。

We expected it [the event] to happen <> it [the event] was expected to happen.

伝統文法が動詞の目的語と説明する不定詞句 to love *to do*, to ask *to do*, to begin *to do*, to stop *to do* などは名詞句ではなく副詞句と見なければならない。動詞 to beg / to pray / to wish も不定詞句が受動態の主語になることはない。

He *begged* and prayed and at last the man sold it to him. ‖ I *begged of him to wait* a little. ‖ He begged *for something to eat*. ‖ He *begged [for] me to come out* directly. ‖ I *begged to nurse* her. 「看病させてほしいと頼んだ」‖ She *begged to be allowed* to speak with him alone. ‖ I knelt down and *prayed to God to make me good*. ‖ She *begged and prayed to be let* off. ‖ She *wished to see* him. ‖ She *wisehd to improve* her English. (W. Ch.)
節： He *begged that* we would dine with him when we returned from Les Iles. (W. Ch.) — この節は 'so that' の意味であるため受動態の主語にならない (▶ 10. 5. c)。動詞 to wish はまれに受動態を作る： *It* was wished *that* a strenuous ... movement of the popular masses should take place. (E. Barr)

10.7 動作を始める、あるいは終える

to begin doing, to stop doing

10.7.a 動名詞と現在分詞

現代英語では動名詞と見なされている 〜ing 形がごく最近までは前置詞句であって、意味の上からもそのように理解すべき場合がある。即ち to begin と to stop である。to begin / to stop は名詞を通常の目的語として能動態、受動態を

形成することができるので、現代英語の語感では to do work と to begin to work はもはや区別されていないかもしれないが、自然現象など人の意志を含まない 〜ing 形には受動態は用意されていない（後述）。引用文中の to cease doing については 9.7 参照。

In the middle of the picnic *it started to rain*, and everybody got soaked.「ピクニックの真っ最中に雨が降り出した」‖ Bud started and drove steadily on through the rain that never *ceased*. (B. M. Bower)「降りしきる雨の中を馬車を進めた」‖ By the time he reached his home among the hemlocks the sun was shining brightly — for *the rain had stopped* before daybreak. (A. S. Baily)「夜明け前に雨は止んでいた」‖ The rain *had ceased falling*, but the wind blew a gale, scurrying great gray clouds over a fierce sky. (A. Dunbar)「すでに雨は止んでいた」‖ The rain *had now set in* with persistence. (C. D. Warner)「本格的な雨になった」

10.7.b　to begin a-doing

　to begin to do に対して begin a-doing という古風な別形があり、どちらの要素も副詞成分である。同様に現代英語の It has begun / stopped raining は他動詞のように見えるが実は自動詞であって it has begun / stopped a-raining の a- が消失したものである。このようなとき「形態素がゼロである」という。形態上は見えないが機能はある、という意味である。「人が仕事を始めた、あるいはやめた」は問題ないが「それが雨を降らせ始めた、あるいは止めた」などということはあり得ない。従って *Raining has been begun, stopped もない。しかし前置詞 to は消えずに残ったのでいまも it has begun *to rain* というのである。「（降り）出す、止む」というとき「前置詞＋名詞要素」(to do, a-doing) は前置詞句であることを忘れてはならない（方言あるいは古風）。A. Brontë (1820–49) に比較的用例が多い。

I just looked into the vestry, and *began a-talking* to the Rector again. (A. Brontë)「聖具室を覗いて主任牧師と再び話を始めた」‖ When he comes into a house, they say he's sure to find summut wrong, and *begin a-calling* 'em as soon as he crosses th' doorstuns. (A. Brontë)「家へ入るとき何か不首尾を見つけて入ってくるなり自分らを次々と呼びつけるのです」‖ So then she *began a-calling** me for my nasty idle ways. (A. Brontë)「ぐうたらだといって私をなじり始めた」*call = to apply abusive names to「罵る」(OED) 一方言。‖ I began *a-reading* of it.（W.M.T.）「それを読み始めた」—of it に注目。純粋の動作名詞は目的語をとらない（cf. the speaking of English）。‖ It（＝your head) stopped *a-bleedin'* long time ago.（S. Crane）「出血はとうに止まった」

受動文になる要件が満たされている様に見えても受動態へ変換できないということは実は要件が満たされていないということである。

10.7.c　意志動作の開始と収束
　主体の意志が動作に及ぶ場合。「開始・収束する」意味の現代の語法。
小辞 a- がある限り受動態は不可能であるが、これが消失した現代標準英語では主体の意志が反映する限りにおいて原則的に受動文が可能となっている。完全な名詞化の指標である the dancing, the bleeding などの定冠詞に注意。I began reading the papers は即 ??Reading of the papers was begun by me とはならない。cf. *The reading of the papers* was finally begun by the fact-finding committee.「文書の閲読は最終的に調査委員会の手で開始された」

Printing was begun in 1837.（E. Thomas）「書物の印刷が始まったのは 1837 年である」‖ *The building was begun* a little less than five hundred years ago, and the third generation hence will not see it completed.（M. Twain）「建物の建設が始まったのが五百年弱前のことだが完成には数世代かかるだろう」‖ *The dancing was stopped* temporarily, and the dancers lined up against the walls.（E. M. Dell）「一時的にダンスが中断されて踊り子たちは壁を背に整列した」‖ For a few minutes *dancing was stopped*.（E. Gaskell）「数分かダンスが中断された」‖ They found them there, the doctor's dead hands still held the bandage tight, *the bleeding was stopped* and the other man's life was saved.（L.M.M.）「医者は既に死んでいたが、手に包帯がしっかりと握られて出血が止められていた。そのお陰でもう一人が助かった」

10.7.d　その他の場合
　歴史上 a- と無縁の動詞は形態上の疑義は生じないが、意志のあるなしによって受動態の生成に影響が出る点は前項に同じで、意志のない状況と受動態はなじまない（*The rain was started, continued.）。

The autumn ploughing *was started* up on the fields.「秋の農作業が始められた」‖ In Greece, broadcasting *was started* ... by the pioneer of BCT in 1928.「ギ

リシャでは 1928 年に先駆者 BCT によってラジオ放送が始められた」‖ Firing *was continued* after this, but with less fury. 「砲撃は続いたが砲声は少し遠のいた」‖ The whistling *was continued* for fully forty minutes. 「汽笛はゆうに 40 分間続いた」‖ The reading *was continued*. 「読会が続けられた」

10.8 品詞不明の 〜ing 形 'I went fishing, swimming.'

10.8.a 前綴りの消失

同様に go fishing, swimming は go a-fishing, a-swimming の前綴りが消失したものである。

She took her viol, and *went playing* through the town, and came to the castle. (A. Mee)「ヴィオールを手にとって弾きながら町を通過して城へやってきた」‖ I'll make inquiries, Victoria,' she said sharply. 'Don't worry. And above all don't *go starting* a lot of silly rumours.'「調べてあげるから心配ない。つまらない噂を振りまいてはいけないよ」

10.8.b 前綴り a- をとる動詞

文学作品中の to go (etc.) a-doing の用例では a-begging, a-fishing, a-hunting, a-walking, a-visiting などが比較的多い。

Sam, he *kept a-talking* and *a-begging*, and several men *a-telling* of him to shut up. (D. Marquis)「サムはお喋りと物乞いを続けて、ほかの連中はうるさい黙れといい続けた」 ‖ Did you ever *go a-begging* afore you came here? (C. Brontë)「ここに来るまえに物乞いしたことがおありなの」‖ "If you ever feel disposed *to go a-marryin'* anybody, just you shut yourself up in your own room. (J. Effinger)「所帯を持ちたいなどと思うときは部屋に閉じこもっているのがいいのさ」‖ I may be a fool — but I don't *go a-fallin'* in love wi' ladies as is above me. (J. Effinger)「ばかな俺だが、どうして身分違いの人にほれたりするものか」

10.8.c to be＋a-doing

小辞 a- が消失すれば現在分詞と区別できない。

War was *a-waging* in Kentucky. (W. Ch.)「ケンタッキーは戦争中だった」‖ Didn't you know he was *a-coming* to see us?「会いに来るとは知らなかった

の？」‖ I was *a-comin'* along past dat lumber-yard one Saturday afternoon.（T. Dreiser）「ある土曜の午後材木置き場を通りかかったときのことだ」‖ Well, what is *a-coming* now? No good news though, by the look of you.（C. Reade）「さあ今度は何かね。その顔じゃ吉報ではないな」‖ I hardly know what I was *a-going* to say.（F. H. Darwin）「自分は一体何を言おうとしたのか覚えていない」　‖ Well, I was *a-sitting* and praying that the roof might keep over our heads.（H. R. Haggard）「じっと座って屋根が吹き飛ばされなければよいがと祈っていたのだ」‖ A lady was *a-speakin'* to me yesterday about 'em.*（J. Gals.）*古形 hem 'them' の変形のようにも見えるが、英語本来の代名詞 hem に由来するともいう。them は北欧系の語形。

10.8.d 制限事項

　現代英語ではこの語法に制限事項がある。即ち単独で実行できる動作は問題ないが、相手が必要な行為では原則として *I'll go boxing, wrestling, picknicking, playing tennis とはいわない。相手との約束が成立していればこの限りではない（一緒に〜する）が、ボクシングのように「対戦する」イベントは不可である。

You may have seen a little lad and lass, not near come to full age, who *go playing together* with flowers and such toys.（A. Lang）「一緒に遊びに行く」‖ She had promised Nap Ballou to *go picknicking with him* Sunday.（E. Ferber）「日曜にピクニックへ行くと約束していた」

小辞 a- によらず to- 動作名詞によるもの（to go to do / to doing）は俗語あるいは方言と思われるが、on でも to でもどちらも前置詞であることは変わらない。

I shall *go to meet* my two friends.（H. B. Irving）「友人二人に会いに行こう」‖ I might *go to sleep* if I went to bed again.（E. Gaskell）「今度は床に就けば眠れるかも」‖ I cannot refrain from sending you a line before I *go to tell* you that I did you an injustice.（W. Ch.）「お話しする前に（to go は辞書的な内容が希薄である）」‖ "But I hear one of them has a manuscript of Petronius, on papyrus; I *go to buy* it.（C. Reade）「その一人がペトロニウスのパピルス写本を所有していると聞いたので買うつもりだ」‖ Meg *went to see* little Mary.（L. Alcott）［go *a-seeing* の例がないのは偶然か？］‖ Now stir out of this and we'll *go to digging*.（M. Twain）「穴掘りをしよう」‖ They're just the tricks to have when we *go to robbing*. (M. Twain) — 'to go *a-robbing*' は W. M. Thackeray (1811–63) に例がある。

10.9　動詞とその使役形(Causative)
10.9.a　印欧語の使役動詞
　かつて印欧語動詞の属性の一つとして使役形というものが存在した。例えば梵語で「立つ」という意味の使役形は「立たせる」即ち「馬などの歩みを止める」(to bring to a standstill)という意味である。現代語に使役形という形態上のカテゴリーはなくなったが使役という観念は種々の方法で表現される。動詞を使役形に転ずると他動詞になる。他人を動作に仕向けることである。

　　　　　　人が行く → その人を行かせる

動詞の主語が無意志であると定義上「使役」とはいえない。この場合は「惹起形」とでも称すべきか。これまでなかったものを発生させることである。

木が倒れる ⇒ 人が木を倒す　　地震が起きる ⇒ 鯰が地震を起こす。

現象としてみれば、自分で行くのも行かされるのも「人が行く」ことには変わりない。同様に木が重力で倒れるのも人が倒すのも、木が倒れるのは同じである。地震が起きるときは鯰が地震の発生源だといっても実害はないのである。日本語で「目が回る」は自動詞であるが、「目を回す」はどうか。むろん意図して目を回すのではないから、どちらも不随意な動作ということになる。「気を落とす」=「落胆する」も同様である。どの言語でも形式と内容の不一致は珍しいことではない(▶ 2.4.h)。

10.9.b　日英語の違い
　英語と日本語の違いは主に「者」と「物」の扱いにある。英語では特使が派遣されると He arrives といい、郵便物も The post arrives という。日本語では「特使がやって来る」が郵便物は「送られてくる」。「届く」ともいうが逆に特使が「届く」とはいわない。Their statements went to the Scotland Yard (C. Doyle)を「彼らの供述は警視庁へ行った」と訳すとおかしな日本語になる。次の例でも英語は同じ言葉である。人の場合は自主動詞 1)で、物は人によって動かされるから被使役動詞 2)である。物理現象は過程動詞 3)である。「れる、られる」を多用する日本語の性格を考えると日本の英語学習者の受身好きはいわれのないことではない。

1) *He slipped* into the yard. 「こっそり庭へ出た」
I had found my way down through a wooden door half ajar. 「半開きになっているドアからこっそり出た」
2) *Two dollar pieces had slipped* into the box. 「こっそり入れられた（人が入れた）」
The money *found its way* into bank accounts which were used by Mr Haughey. 「口座に振り込まれた（人が振り込んだ）」
3) The water *found its way* down into my shoes. 「水が靴に浸入してきた」

10.9.c　語彙上の対応

　派生関係とは別に意味上は主体動作と使役動作に対応する例は多い。使役動詞の動作名詞は long words 即ちロマンス系語彙（▶ 10.12.e）を当てることが多いけれども、現代英語では原動詞と使役形動詞名詞の意味が一致するとは限らない。例えば to bring / come out は「出版」の意味で publication を名詞として使えるが、この名詞には単に「公にすること」という意味もある。

to go「行く」→ to take「連れていく」(to take oneself to = to go to)
I *went out* for a walk「散歩に出た」— I *took* him out for a walk.「散歩に連れ出した」
to come「（持って）くる」— to bring「連れてくる、持ってくる」
He *came* with the message — he *brought* a message.
His new novel has just *come out* — He *brought out* his new novel.「彼は新作を出版した」[to bring out = to publish]；to publish「公にする」は英国で印刷術が普及する以前から使われていた。「出版」するは現在でも to publish の語義の一部に過ぎない。

To come out — to be brought out — publication 'after the publication of my first novel . . .'「最初の小説の出版以後」‖ *I believe* his story: He *made me believe* his story.「説得力があった」‖ I *know* you as a friend of his. He *made me known to* you as a friend of his. (L. J. Vance) — cf. introduction.「あなたがあの方の友人であることは存じています。私のこともあの方を通じてご存知ですね」‖ I first *came to* Japan in autumn — 'I *was first brought to* Japan in autumn' — my first *introduction to* Japan was autumnal.「はじめて日本に来たのは秋だった」‖ He *made me know* the music of the great German. (G. Meredith)「彼を通してかの偉大なドイツの音楽家の作品を知った」— *Through him*

I *came to know* the music of . . . He *acquainted me with* the music of . . . なお hearsay「風聞」、makebelieve「見せかけ」は中世フランス語から直訳した語法とされるもので当該の英語構文とは無関係であるらしい。

10. 9. d 使役構文の条件

　使役とは他人の意志を「方向付ける」ことと定義する。既に述べたように使役される対象は意志を有するものでなければならない。「手でなでる、ぬぐう」などの動作は his hand が意志を持つ主体ではないので使役表現とはいえない。

He *passed his hand* over the face.（J. Gals.）「手で顔をなでた」‖ He pass his hand over the face =（lit.）he made it pass over the face.
自動詞的に： *His hand passed* caressingly over the smooth wood of the violin.（H. Van Dyke）比較： Camors *let his hand pass* listlessly over the child's hair.
口語でよく使われる Gentlemen, let's *make it happen*!「諸君、さあ作業にかかろう」あるいは Let it snow!「雪よ降れ」などもここでいう使役に当たらない。

10. 9. e 本来の使役動詞

　動詞 to make を用いて形成される「使役」文という名称も「命令法」と同じく文法用語としては問題がある。辞書の定義によれば「使役」とは牛馬のようにこき使うことである。印欧語には昔から使役形を派生する方法があったが、これは早くに失われてしまった。根本義は「いやでも他人に当該の行為を実行させる」ことである。
この「使役」文は学校文法でいう「第三構文」の変形であり、本動詞と不定詞を直結できないため、後者を目的語の後に置いたに過ぎない。従って to *make* a horse go は *to *make-go* a horse の意味である。所謂「第五構文」には当たらない（▶ 10. 12. e）。

You can lead a horse to the water, but you cannot *make* him *drink*. 「無理に飲ませることはできない（諺）」

馬のような動物は口の形から無理に水を飲ませることは事実できないわけである。これをもじって You can lead a fool to college but you cannot make him think ともいう（Dic. of American Proverbs, 1992– ▶ 2. 3. b）。
現代英語ではむしろ人以外のもの、特に事柄を主語に立てる。なかでも「どういう経緯で」という意味の What makes you (etc.) . . .? は文語口語の別なく使

われる。

The pain almost *made* me *cry*.「あまりの痛さに悲鳴を上げるところだった」— 使役：What *makes* you *think so*?「どうしてそう思うのか」‖ And what *made you think* there was any one in the house? (E. Nesbit) ‖ What *made* you *come back*? (W. Ch.)「何でまた戻ってきたのだ」‖ I don't know what *made* me *say it*. (O. Wilde)「何であゝ言ったのか自分にも分からない」

なお to let it be には let it a-be という古風な表現があり to make とは成立の事情が違うようである：He wouldn't *let* me *a-be*, because he knows I love him dear. (H. Caine) (▶ 10. 12. f)

10. 9. f 使役動詞と惹起動詞

「使役動詞」とごく近い関係にあるのが「惹起動詞」というもので「ある動作を始めるきっかけを作る」意味を持つ。

He set men *a-thinking* that there was a real danger.「彼の言動は危険が実在することを人々に考えるきっかけを作った」— 現在では He set men *thinking* ... ‖ This time blew sirocco; I felt its evil breath waste my muscles, clog my veins, set all my nerves *a-tremble*. (G. Gissing)「熱風の影響で筋力を消耗するし、血の循環も滞り、神経も震える結果になると感じた」

【備考】　なお asleep, astir, astride など [a- 動作名詞] の形式は現在でも使われる。但し ago は過去分詞 (< a-gone) であった (▶ 9. 7)。一風変わった例として「まさに生まれようとしている」という意味の aborning がある。

10. 9. g 受動態

　He let me go が He let me a-go であったことは用例から知られる (▶ 10. 12. f)。受動態は定則どおり I was let a-go となるが、この a- が脱落すれば現行の I was let go が得られる。OED によれば to make の能動態においても to を用いた多数の例があり ('somewhat archaic'「やや古風」)、現に諺に Money makes the mare to go「地獄の沙汰も金次第」という。現在では受動態においては必ず to を添えて I was made to go と書く。また所謂「知覚動詞」(▶ 10. 12. f) も受動態はやはり to である；He was seen *to come* out of the house. この環境で *he was seen *come* はありえない ([a-] coming は可)。to make one to go では定動詞 (▶ 0. 0) to make に対して go が不定詞、即ち動詞の諸機能を停止した「動作

名詞」であることが改めて確認される。

10.10　文型 IIb「主語＋動詞＋与格＋目的語」

10.10.a　与格をとる動詞

　与格を要求する動詞を「授与動詞」という。学校文法でいうところの「第四構文」である。ここで「与格」というのは動詞が要求する機能上の単位であって、語形の特徴である格変化は名詞の文法範疇とはもはやいえなくなった。この事実によって形態にこだわる伝統文法家は英語に与格はないと断定して、代わりに「間接目的語」なる性格が極めてあいまいな用語を導入したのである。そもそも「目的語」である以上間接ではありえない。英語の伝統文法は規範文法を否定するあまりに形態によらない機能はないものと決めてしまった。値がないからといってゼロを取り去れば1も10も同じになってしまうではないか。

10.10.b　論理の要求──授与動詞というもの

　授与という行為は与える行為者と与える動作および与える動作の対象とさらに動作を受ける人の三者一行為がそろって可能となる。与えたくても、もらってくれる人がなければ授与という行為は成り立たない。この論理によって「主語＋動詞＋目的語」に不可欠な要素として「受領者」が加わることになるのである。繋辞（コピュラ）と同じく「授与動詞」もまた言語とは別次元の思考の論理を反映するものである。一般論としていえば「与格」はその人の領域いわば縄張りの中へものを移すという意味を持つ。反対概念は「奪格」でラテン語で casus ablativus という。移される「もの」にはもとより良い悪いの区別はないから、利益不利益は受け取る側の問題である。これが与格の本来の意味であった。英語史の教えるところによれば、格形としての名詞与格は近代英語初期には完全に失われたのであるが、論理としての主格、与格、目的格の関係がなくなることはない。現代英語では名詞を並べて置く形で論理上の与格と対格の関係を反映させているのであるが、現代英語では語形に頼れないためこの順序は固定している。順序の変更には前置詞を用いる（次項）。しかしその間に不利益の意味は消失してしまった（▶ 10.10.e）。

10.10.c　授与動詞と紛らわしい動詞

　与格の意味は give および同一の論理構造を持つ動詞に独占された感があるけれどもわずかではあるが授与動詞以外の動詞に適用される。英語では紛らわしい場合があるので、本物の授与動詞と偽の授与動詞を区別する必要がある。

判別法は簡単である。日本語の「与える、やる、くれる、授与する」などは授与行為であるが、「孫に自転車を買ってやる」「誰に本を読んでやる」 など「云々してやる」という行為は本来の授与行為ではない。

> He *gave* his grandson a new bicycle.
> He *bought* his grandson a new bicycle.

10.10.d 英語授与動詞の判別法

授与風な意味と to があればほぼ授与動詞と判断してよい。for だと非授与動詞である。また I was given a new bicycle（授与動詞）というが *I was bought a new bicylce（非授与動詞）はない。

He gave a new bicycle *to* his son. 本物の授与行為 ‖ He bought a new bicycle *for* his grandson. ニセの授与行為。「孫に与えようと考えて買った」としても実際に与えたとは限らない — He has promised *me* a visit. ‖ He has promised a toy *to the child*. 「子供に玩具を約束した」‖ Thus everything promised a long life *to her*. 「長生きの相があった」‖ The plan that *promised* a dazzling victory. 「大成功を約束する計画」（与格がないので非授与動詞）‖ "I would like you to *do me a favor*," he said at last. (H. James) 「お願いがあります」‖ the glow of virtue which comes of *having done a favour to* a friend (H. Van Dyke) 「友人の頼みをかなえたことからくる満足感」— cf. Then pray don't forget what I have asked you, and *do it as a favour to me*. (C. Dickens) 「お願いしたことを忘れずに是非実行してください」‖ Press it *as a favour to me*. 「それを押してもらえませんか」

10.10.e 不利益の表現

このほかに不利益の与格に対応するように見える前置詞句が一部の英語に見出される：Someone broke my son's bicycle *on him*.
英語の前置詞 on にかつてこのような用法があったことは記録にないので、おそらくアイルランド英語の模倣であろうと推定される。現在のアイルランドには昔の Anglo-Irish（一種のピジン英語で Hiberno-English ともいう）はもうないけれども、つぶさに観察すると基層言語であったゲール語の残照とおぼしき現象が垣間見える。次のような文がある。

Bhris   duine éigint   a rothar   air.
Broke somebody   his bike   on him (i.e. somebody broke his bike on him).

この意味での on me etc. は実はかなり普及していて現代英語の小説に見かけることがある。OED はアイルランド起源とは明記はしていないが、口語法としてアイルランド Antrim 地方の語彙集や劇作家 J. M. Synge から引用している。

OED 'on' def. 20. f. 1974　He's passed out on me.「迷惑にもあいつが気を失った」

【備考】 I once heard a grandmother — an educated Dublin lady — say, ... to her little grandchild who came up crying: 'What did they do to you *on me* — did they beat you *on me*?「ダブリン生まれの教養ある老婦人が泣きじゃくって家に帰ってきた孫に、誰かお前をいじめたの、かわいそうに誰かにぶたれたの、というのを耳にしたことがある」(A. Joyce, *English as we speak it in Ireland*, pp. 27–28)

10. 10. f　授与動詞

論理上与格を想定するものの例。

The Society of Arts *awarded him their silver medal*. (S. Smiles)「銀メダルを授与した」‖ The Emmy *was awarded to him* for the programme, "A Witness to Murder".「殺人の目撃者でエミー賞が授与された」‖ You will not *grant me an interview* with the young lady. (G. Meredith)「面会を許す」‖ A half-holiday *was granted to* the boys in my name.「休暇が認められた」‖ Justinian *granted to* the favorite what he might have *denied to* the hero. (E. Gibbon)「皇帝 J は英雄に拒んだものを寵臣に与えたのであった」‖ He *offered pardon to them*.「彼らに寛恕を申し出た(許してやろうと謂った)」‖ He *offered me hospitality* and *every assistance* during my stay. (A. R. Wallace)「滞在中は何かとお世話いたしたいと申し出た」‖ He *offered me marriage*. (H. James)「彼に求婚された」‖ 'You can see for yourself.' He *handed me a letter* in a sprawling, ignorant hand.「自分で読んでごらんといって下手な字で書かれた手紙を私に手渡した」‖ She *handed the telegram back to her father* in silence.「黙って電報を返した」

動詞 to offer では三点セット中で受け取る動作が「おあずけ」になっている。

10. 11　与格と受動文

「間接受動」の不条理

既述のごとく伝統文法でいう動詞の「間接目的語」は目的語とはいえない。目的語ならば受動態の主語になりうるけれども「間接目的語」を動作を受ける主体に置く受動態は論理上、成立しないものである。国文法でいう「迷惑の受身」もまた非合理的な呼称である。そもそも「先を越された」など「迷惑を受ける」程度の「受動」は文法でいう受動ではない。「先を越される」などは話し手の意志とは無関係に自分のところに事が起きたり進展したりする状況をいうもので、西洋語でいえば一種の非人称文である。意志が働くときは「先に行ってもらう」という。そこで問題になるのが所謂「間接受動態」である。

   I was given a prize.

この文の主語 I は実は主語ではない。これはかつて Me [= to me] was given a prize という語の配列が可能であったときの me 即ち「与格」である。これが必ず文頭にくるため主語と感じられて me が I へ変更されたと推定される。事実次のような例がある。

   比較: 'M*ethinks*' → '*I* think' ‖ '*Me*seems' → 'It seems *to me*'

目的語を主語の位置に立てると受動態が成立する: *It* was given him to understand *that* now was the time to exercise patience and gentleness. 「いまこそ忍耐と優しさが必要だと悟らされた」。しかし普通は能動態に現れないこの it が受動態にも現われないと *Him* was given to understand that... となるわけであるが、現代英語はこれを嫌って him を he に変更してしまった: *He* was given to understand that the subject of Nastasia's present whereabouts was not of the slightest interest to her. 「ナスターシャの居所に彼女は全く関心がないことを態度で知らされた」

因みに古期英語では与格はそのままで Þa wæs *Hrophgare*（与格）heresped（主格）gyfen（*Beowulf* 64）'Then success in war, glory in battle, *was granted to Hrothgar*' (M. Swanton) とある。現代英語の直訳は Hrothgar was given success in war であろう。

現代でも少ないが to＋人称代名詞の例はある。但し to＋whom には特に制限はない。

The eldest was a son, and *to him was given* his father's name. (J. C. Ridpath)「長男に父と同じ名がつけられた」‖ On his vocations he became the third in the family, and *to him was given the building* of the fires, the sweeping, and the washing of the dishes. (J. London)「家業では三番目の地位を占めた。火を焚く仕事などが彼に与えられた」‖ Viewing the Roman celebrities, we find that Numa, *to whom was* given the surname Pompilius, had a nose which measured six inches. (G. M. Gould et al.)「古代ローマの紳士録を見ると 姓をPと称したヌマはなんと鼻の長さが6インチもあったという」‖ I am Masilo ..., *to whom command was given* to run with a message to Bulalio. (H. R. Haggard)「私は知らせを持ってBのもとへ行け、と命令を受けたMです」‖ There was once a wise man *to whom was granted the power* to send forth his thoughts in shapes that other people could see.「昔ある賢人に他人に見える形で思考を表現できる力が与えられたことがあった」— 'There was ...' との関連については第十七章参照‖ About twelve months after the birth of Ernest there came a second, also a boy, who was christened Joseph, and in less than twelve months afterwards, a girl, *to whom was given the name of Charlotte*. (S. Butler)「息子が誕生して一年も経たずに娘が生まれた。その子はシャーロットと名づけられた」— *She* was given the name Charlotte. ‖ A daughter was born *to whom was given the name* Elizabeth.「娘が生まれてその子の名前をエリザベスとした」‖ The story of the fall of the apple was first related by Voltaire *to whom it was given by Newton's niece*. (T. Huxley)「りんごが落ちるのを見て万有引力を発見したという話はヴォルテールが言い出したことだがこの話はニュートンの姪から出たものだ」‖ *To her was given* an express dispensation; *to her were given* new things under the sun. (H. Melville)「ユダヤ民族には(to her)明確なる神慮が与えられた。日のもとに新たなるものが与えられたのだ」— cf. 'There is nothing new under the sun' — Ecclesiastes「伝道の書」1. 3

疑問詞:
To whom was this document *addressed*?「この文書は誰が対象ですか」
To whom is it given to read the soul of man?「誰に人の心を読む能力があるか」

現代英語に Whom was it given to? はあっても *Whom was it given? はない。また Whom was it to? は手紙の宛名を尋ねる言葉である。欧米の文法家が主張する「間接受動態 (indirect passive)」などというものはあり得ないものである。

【備考】 A. S Hornby, *A Guide to Patterns and Usage in English*(研究社版)に

記載されている「授与動詞」は次の通りである：*to allot, allow, award, bring, deny*「否定する」*, do, fetch*「取ってくる」*, give, grant, hand, lend, offer, owe, pass, pay, permit, proffer, promise, read*「読んで聴かせる」*, refuse, render, restore, sell, send, show, teach, tell, write.*

10.12　文型 II（旧第五構文）

文型の表示法は便宜上、旧来のものを踏襲する。

10.12.a　主語＋動詞＋目的語＋補足語

「第五構文」というものは特殊な文型で定動詞と補足語の関係が問題となる。

She was *in tears* — I found her *in tears*. 「気がつくと彼女は涙ぐんでいた」‖ He felt *sick* and *weak*, and *very giddy* — the very thought of it *made me feel sick and filled me with horror*. ‖ She is *the chairperson* — they elected her (the) *chairperson*. 「彼女を議長に選んだ」

本書では既に見たように、上記の要素（状態）は動詞の補足語（＝副詞）ではなく主語あるいは目的語の同格的補足語と解釈するので、目的語を学校文法でいう「目的補語」の論理的主語とは見ない。旧第五構文に相当する構文は旧第三構文の変形として扱うことになる。従って状態補足語は主語と同格になる場合（▶9.2）と目的語と同格になる場合（▶10.12.c）があるわけである。

10.12.b　第五構文の実態

いったい学校文法でいう「第五構文」の論理的関係は一つではなく、よく見ると数種の文型が混在していることが分かる。

イ）I found the floor in holes.　ロ）They elected Mr X President of the Society.
ハ）The news made us uneasy.　ニ）People call him a genius.

10.12.c　例文イ）について

「あるものをある場所に見出す」ことと「ある状態に見出す」ことに本質的な違いがあるようには見えない。日本語で「横になる」は体位の変更であるが「休む(take a rest)」意味もある。動詞 to find に関する限りどちらも省略できない要素である。形態上は前者は副詞で後者は形容詞であることが学校文法には気になるところかも知れない。副詞は文の必須要素ではないという判断があるとすれば、それこそこの分野に特有な神話(myth)に過ぎない。神話とはある事

柄が証明されないまま一般に信じられている状況をいうのである。現に We live in town の in town は場所の表示(locative)ではあるが、これを省くことはできない(しかし we live *in poverty* と書けば in town は任意に省ける)。

(i) I found him *in his study* — locative. *Where* did you *find* him?
(ii) I found him *in a brown study*「ふさぎ込んでいた」— *in what state* did you *find him*?

因みに to find とは「あることにはっと気づく」あるいは「ものの存在にはっと気づく」という意味である。「発見する」という訳語に惑わされてはいけない。

(iii) At last we reached the hotel a *short way from the station*.
(iv) We *found* the hotel *a short way from the station*.

定動詞の意味の違いからイタリック部に対する要求度が(iii)と(iv)では異なる。(iii)では動詞 reach とは無関係でむしろ hotel に付加された形容詞句であり、しかもこれを「状態の説明」と解釈できなくはない。しかし(iv)では動詞が場所の表示を要求する。Where did you find the hotel? — *where did you reach the hotel? この(iv)から

(v) We found the hotel *fully booked*.「ホテルは予約で一杯だった」

が容易に得られる。しかしこの過程で変化が生ずる。fully booked は a short way... と違って定動詞を副詞的に補っているのではない。この位置に置かれる語句は品詞の別を超えて、目的語と「同格的関係」にたつ(in apposition)」といわれる。仮に a short way from the station を残したければ We found the hotel a short way from the station *but it turned out fully booked* などとする。日本の英語学習者は一つの構文にすべての情報を詰め込もうとして作文に失敗することが多い。

(vi) Keep [yourself] *off the grass*.「芝生に入るな」

動詞 to keep は to find のように場所の表示かさもなければ状態補足語を要求する。

Our own boat upset, but he *kept himself and me above water*.（S. O. Jewet）(where?) ‖ He kept himself *under control*. (how?) ‖ He kept himself well *hidden*. (how?) ‖ Keep [yourself] *in shape*. (how?) — cf. to *live in London* in luxury (▶9.1.a) ‖ They remained *in Europe* for the rest of their lives. (where?) — He remained *in the hospital* [i.e. for treatment] some six months, and again went to work. (J. N. Reynolds)

【備考】
1. to confine a person *to his or her bed* の前置詞句は省くことができない副詞句であるが *to*-phrase は目的語の「状態」を意味しない。場所の表示を省けない動詞は「場所」(in what place?)から「状態」(in what state?)へスムーズに移行する: to live *in London* → to live *in luxury*; to be left *in the room* → to be left *alone*. このとき「場所」か「状態」のいずれかが表示されていればよい — cf. to be left *out in the cold* — to feel *left out, neglected*

2. 副詞による状態補足語: Are you not afraid of being carried away *bodily*, whenever you mention the devil's name? (E. Brontë)「悪魔の名を呼べば身体ごとそっくり悪魔に連れ去られるのが怖くないの」(*bodily*, i.e. body and all, as a whole) ‖ The Dacian's eye flashed *drunkenly* again. (OED) — as if he was, or were drunk.「酩酊しているかのようにダキア人の目が再度輝いた」

3. 成句: If you think I am going to bind myself *hand and foot* by a promise, you're mistaken. (E. M. Dell)「約束で手足を縛られるようなことを私はするつもりはない」他に hand in hand, head over heels「まっさかさまに」、pipe in mouth「パイプをくわえて」など辞書では「成句」として扱われる。
前置詞 with とともに: He sat there *with a pipe in his mouth*. ‖ And *with those words* he turned to his wife. (J. Gals.)「そう言い終わると、妻のほうを向いた」

主語あるいは目的語と同格に置かれた状態補足語とは次のようなものである。

ⅰ) I was *tired out*. (How were you?) — cf. I am *here*. (Where were you?)
ⅱ) I came home *tired out*. — cf. I came home. (How were you when you came home?)
ⅲ) I found myself *tired out*. — cf. I found myself *in bed*. 「気がつくと床についていた」

本書で説く「状態補足語」と見れば tired out は ⅰ) ⅱ) ⅲ)のすべてにおいて同一であり、構文の峻別に関与しないことになる。また OED も to find oneself「ある場所にいる自分に気づく」と「ある状態にいる自分に気づく」を定義上区別はしていない。この類の動詞は第三構文の変種として立てるべきである。

10.12.d 例文ロ) について
この場合の変種が三種ある:

(i) The committee elected *Mr. Boudinot, Mr. Bland, Mr. Benson, and Mr. Lawrance.*
(ii) Ireland has been elected *as a member* of the United Nations Security Council.
Berlin Society of Sciences later elected Semler *to membership* in the Society. 「構成員に選出した」
(iii) He was elected *Plumian Professor* of Astronomy in1883. 「彼を天文学教授に選出した」‖ Louis Napoleon, a nephew of Napoleon I, was elected *President*. (E. P. Cubberley) 「選ばれて大統領に就任した」

学校文法では「～を～に選ぶ」を第五構文に分類するが、(i) が成立する以上 President / as President は文の構成に不可欠な要素(補語)ではない。事実(i)には「目的補語」を省いた痕跡など少しもないのである。

10.12.e 例文ハ) について
ハ) は極めて単純なる現象である。現代英語では deep-fry, fulfill, whitewash 型の造語法が活動的でないため make + adj. を一語の代わりに使ったのである。

The news *gladdened* us — the news *made* us *glad*.
  to abbreviate — to make shorter
  to lengthen   — to maker longer
  to fatigue   — to make tired

英語では *to possible-make とはいわずに to make ～ possible とするがノルド語(デ)は一語として at muliggøre (possible + make)という。この違いは些細なものである。

to *make* a person *angry* = to *anger* him or her ‖ to *make* them *happy* = to *felicitate* them (now rare — OED) ‖ It *made* him *tired* to look at it. | Work disgusted him, walking *tired* him. ‖ Clara only tormented him and *made* him *tired*. (D. H. Lawr.) | He did not know — nor care: it *made* him *tired* to think. ‖ to cut short, to break open, etc. 自動詞から: to *walk* oneself *tired*, *sing* oneself *hoarse*「声を使い過ぎて喉を痛める」

現代口語では feel を挿入して make a person *feel* glad, sad, etc. とすることが多いが It made me *feel* good で feel は省けない。これはむしろ使役形（▶ 10. 9）に近い。

名詞の場合： to *enthrone* a person「人を王・女王・大司教の座に据える」, i.e. to *make* a person (*the*) *king*, (*the*) *queen*, (*a* / *the*) *bishop*. 'They *enthroned* John'「J を王位につけた」に対して to make king が一つの機能単位であるため '*They made John' は意味をなさない。同様に 'to *canonise* a person', i.e. 'to *make* him or her *a saint*'「聖者に列する」。

10. 12. f　例文二）について

この補語付加型の文に言説の動詞と通ずるものがある。

They all *say that he is a genius* — they all *call him a genius*.

to call a person は名前を呼ぶこと、to call to a person は声をかけることで名前を呼ぶとは限らない。I seem to hear somebody calling me は「誰かが私の名を呼んでいるような気がする」意味である。抽象化によるわずかな意味のシフトを認めうる。

He had *called me names* that day — *a cardsharp*, and *a liar*, and *a thief*, and *a skunk*, he *called* (i.e. *abused*) me, and I hated him just then. (G. Parker)「嘘つきだの盗人だのと私を罵ったのでそのときから嫌いになった」‖ And don't *call me names* if you please; what harm have I done? (C. Dickens)「私のことを悪しざまに言わないでください」(▶ 10. 22)

動詞の意味内容が論理的に状態補足語を許容しない場合は前置詞句を用いる（既出）。

状態補足語を許容
既に論じた「選ぶ、呼ぶ」意味の動詞および「見いだす」、「後に残す」意味の動詞のほか、知覚および感覚動詞が状態補足語を許容する。ただし辞書に収められた動詞の個性に依存するので一概にはいえない。

He had married and his wife had died and *left him a widower* without any kids. (Don Marquis)「子供のいないまま妻が死んでしまった」‖ The disastrous surrender of Metz *left him a prisoner* of war in the hands of the Germans. (M. Rinehart)「M の降伏で彼は独軍の捕虜になってしまった」

知覚動詞「認識する；判断する、悟るなど」: They *found* him *guilty*.「有罪と認めた」cf. I plead *guilty* / *not guilty*.「罪を認めます」「無罪を主張します」‖ If the procurator *deemed* it *important* to make an example, alas for the first offender! (L. Wallace)「見せしめにせよとの代官の判断で気の毒なのは最初の違反者だ」

感覚動詞「見る、聞く、感じるなど」: He *saw* his son *turn and walk* to the door. (W. Ch.) ‖ She *felt* him *tremble*.

構文の由来
小辞 a- は不定詞（古い動作名詞）あるは動名詞（〜ing）のどちらとも結合するが語法としては前者が古い。状態補足語はこの小辞が消失したものと思われる。従って不定詞 (a-)tremble と動名詞 (a-)trembling および分詞 trembling は同じ機能である。I heard her *sing* と I heard her *singing* に意味上の違いがあるとすれば現代英語に特有の現象と見なければならない。不定詞は「歌を（はじめから終わりまで）聞いた」、現在分詞あるいは動名詞(a-singing)は「歌っている最中に一部を聞いた」意味であると説明される。

They gathered about to hear her *talk*, to hear her *sing*, *declaim*, or *imitate*. (T. Dreiser)「彼女のパフォーマンスを聴くために」‖ He could hear her *unlocking* the chest of drawers. ‖ I hear her *humming* to herself. ‖ I followed him *a-tremble* with excitement and delight over such an unwonted experience. (W. Ch.)「希有な体験で興奮して喜びに満ちて体を震わせて彼の後に付いていった」‖ Your voice is *a-sob* with tears. (E. Quaile)「君は涙声だね」— cf. The Lady Ma could hear *her smothered sobs*.

目的語に対する状態補足語として
Reaching the man I *found* him *a-swoon*. (J. Fanol)「行ってみると気絶していた」‖ I *found* him *asleep*.「寝ていた」(asleep は現在も使われる) ‖ Suddenly a thought set me a-*grin* (i.e. grinning). (I. Zangwill)「思わずニヤリとしてしまった」‖ Let her *a-be*, let her *a-be*; she'll come round to be thankful. (E. C. Gaskell)「放っときなさいよ。そのうちに有り難味が分かるでしょう」‖ I *saw* him *a-coming*. (M. Twain) ‖ "Wen I *see* [= saw] him *a-layin'* so stritched out just now, I wished he could have heard me tell him so.' (C. Dickens)「床に寝そべっている姿を見たとき」‖ It was you I heard *a-singin'*.「私が聴いた歌声の主はあんただ」‖ She'll ask me to come and see her *a-doing* of it. (F. H. Dar-

第十章　動詞と目的語

win, *English Playwrights* 1863–1920) この例は希少価値がある。

小辞 a- に続く動作名詞は抽象概念であるが (e.g. to burst a-weep — *obsolete*)、人が笑ったり泣いたりするときに耳に入るのは「音」である (e.g. 'A sob was the only *sound* he heard.')。物理現象としての音には「開始―継続―収束」の三相が認められるのでこれを受けて英語では *a* laugh (e.g to have a hearty laugh), *a* sob (e.g. 'A sob was heard'), a knock (A knock was heard) などと表現する (▶ 2. 4. d)。日本語では動作名詞に対して「一同大笑いになった」、「10時以後のノックは禁止」といい、「音」については「笑い声が響いた」、「泣き声がひとしきり聞こえた」、「ノックする音が聞こえた」などという。

状態補足語を許容せず。この場合は as または for まれに of が必要になる。

　　　　　to consider, hold, identify, regard, think of *as* ～ ; know, take *for*

但し as がなかったり、to be が挿入されることもあって語法が安定していない。to regard に関してランダムハウス英語辞典 (小学館版) に「as を省いたり as の代わりに to be や that 節を用いるのは非標準。ただし受身では as のない形も見られる」と記されている。to consider (1375 年以降) は目的語に続いて前置詞句、to- 不定詞 (OED 1533 年以降)、名詞、形容詞、as + 名詞、as + 形容詞など多彩である。他方 to look upon X as, speak of X as, to think of X as など所謂「句動詞」では動詞句が単独では「見なす」意味にならないため as は省略できない。

I *regard* this *as* a manifest duty. (R.L.S.)「間違いなく義務であると考えている」∥ Don't *regard* me *as a cynic*, please.「私を皮肉屋と見ないでください」∥ I *think of* you and him *as* one.「あなたがた二人は一心同体であると思います」∥ Tell me — do you *regard* women *as* responsible beings? (J. Gals.)「どうでしょう。女性に責任感があると思いますか」∥ They accepted his statement *as true*.「彼の供述を事実として受け入れた」∥ I *hold* it *as true*.「真実と思う」∥ I took / mistook Tom *for his big brother Ed*.「X を Y と思い込む、勘違いする」∥ To *take* it *for granted* that . . .「当然 . . . であると思う」∥ We know *for a fact* that . . . i.e. we know it *for a fact*, we know *it is a fact*. ∥ To believe it [to be] true はラテン語法と思しく OED にも不定詞の例は乏しい (cf. Lat. Falsum aliquid *pro vero* credit 'He takes false *for true*.') ∥ *se Jovis filium* [esse] *credit* 'He believes himself [to be] the son of Jupiter.' (▶ 3. 12. a) ∥ "It is a little one," said he, "but I *know it* of old *for a good one*. (C. Reade)「小さいものですが、昔からよいものだと知っていました」‖ *I* desire to be loved sufficiently *for a lover*. (M. Edgeworth)「愛しているのはただあなただけといって欲しい」‖ I suppose I *am looked upon as* a sort of Jesse James. (W. Ch.)「J. ジェイムズみたいに思われているのだろう」*Jesse James (1847–82): 米開拓史上名うての無法者 ‖ Many people have *suspected* linguistics *of* being a dry-as-dust subject (M. Pei), i.e. ... that linguistics is a dry-as dust subject.「言語学は無味乾燥な科目だと兎角思われてきた」

なお We *recongnize* Albert Einstein *as* the greatest physicist of the 20th century = We *recongnize* the greatest physicist of the 20th century *in* Albert Einstein となる。

動詞 to believe
名詞節: The greater part no doubt believed *as an indisputable fact*, that Jeanne was either a witch or an impostor. (M. Oliphant)「当時の大多数の人はジャンヌ(ダルク)を魔女かペテン師と信じて疑わなかった」— to believe と as が共存する例は珍しい。

不定詞句: (Lat.) Deum esse credo — I believe in God: *lit.* 'I believe God to exist.' ‖ Faraday *believed* lines of force *to exist* at all times round a magnet. (J. Tindall)「F は磁力線が常に磁石の周りに存在していると考えていた」
外国語の表現を直訳して使うことを calquer [kalke] という。そっくり写し取るという意味のフランス語である。名詞は calque で semantic borrowing「意義借用」とも訳される。例えば日本語の「香をきく」は漢語「聞香 wen^2 xiang^1「匂いを嗅ぐ」の意義借用である。英語の calque として次のような語法が考えられる。
[French → English] Il va sans dire que → *It goes without saying that*...「〜はいうまでもない」‖ faire mention de → *to make mention of*「〜に言及する」
[Latin → English] esse constat → *it is (well-) known to be*; esse traditur → *it is reported to be*; esse dicitur → *it is said to be*.
calque である限り元の言語への逆変換は比較的容易である。例えば A sect *is reported to exist* who kill men in order to take their hearts and offer them to the Barimo.' (D. Liv.) という文をラテン語に変換すると: 'Tribus quaedam *esse traditur* quae homines occidunt eorumque corda ad Barimonem venerandum

auferunt' と続くであろう。

名詞節：*It* is said, reported *that* ... (1460 年以降) の構文は *the news* (etc.) was reported *that* ... の変形であり不定詞句とは無関係である（第十八章参照）。近代語の名詞節は概ねラテン語の不定詞構文に相当する。

calque の特徴として、受動態で借用された表現が無条件で能動態へ変換できるわけではない（?They report him to be gone）。calque が受け入れ先の言語で生産性を獲得するか否かはその後の歴史を見なければならない。またギリシャ・ラテン語の聖書を英語に翻訳する際にも calque が発生しやすい（▶ 9.7）。

10. 12. g 文全体に関する場合

特殊な場合として文内容全体に対して状態、即ち同格に名詞を置くことがある： as a matter of fact, as a rule

As a matter of fact life is growth, i.e. it is *a matter of fact* that life is growth *or the fact* is [that] life is growth. ‖ *The fact* was [that] I had seen very little of him. ‖ *The fact* was this: he saw that a Londoner who could not read was a very stupid and brutal fellow. (T. B. Macaulay)「実をいうとロンドンっ子でありながら字を知らないものは愚鈍で粗野であることを彼は知ったのである」‖ *As a rule* the threat suffices. (H. Fabre)「通常は威嚇で十分である」‖ To tell you *the truth*, I had fogotten it. (H. James) : *the truth is that I had forgotten it*. ‖ *To be honest*, he was not sure. (J. Hutsko) To be honest は見えない発話者と同格に置かれている： *To be honest, I say* he was not sure.

10. 12. h for certain, for sure

この成句は it for certain / sure の一部を独立させたものと見てよい。前置詞句があると that を前提とする代名詞 it (所謂先取りの it) を省いてもよいようである。例えば I take it that ... では it は省けないのに対して I take *it* for granted *that* ... と I take for granted *that* ... のどちらも使われている。to know, believe, say など通常の語法では it は常に省かれる（能動態の場合）： I *knew for sure that* he was lying. (Harrap's)

He didn't know *for certain* which bus to take, i.e. he was not sure which bus he should get on. (Barron's) ‖ The elation of knowing *for sure* that she was loved was like a wand waving away all tremors, stilling them to sweetness. (J.

Gals.)「自分は愛されているのだ、という高揚感はまるで魔法の杖を振るごとくにあらゆる心の揺らぎを払い除けて甘い心地よさへと変えていった」‖ I knew it *for sure* when I looked down and saw... (C. E. Johnson)「下を見ると〜が目に入ったそのとき、なるほどそうなのかと知った」‖ To cap the climax he fell in love with Jane and she with him, though she never really knew *it for sure* until she had promised herself to Lord Grey. (E. R. Burroughs)「とどのつまりは彼がジェーンにジェーンが彼に惚れ込んだということなのだが、はっとそれに気がついたとき、彼女は既にグレイ卿と婚約していたのである」‖ She must understand *for sure* that the bravest man in the parish had chosen her. (H. Van Dyke) 逐語訳「それを確かなこととして理解する」‖ "I shall find out *for certain* whether she's married, or when she's going to be married," he thought.「確かめる」

省略による変形: Can I trust you — *for sure* — *for sure*?" she implored. (F. H. Burnett), i.e. 'Can I take [it] *for sure* that *I can trust you*?「本当に信頼していいんだ」‖ "You didn't get it from me, *that's for sure*," his father grimaced ruefully. (E. Evans)「それはお前が私から承けた才能ではないことは確かだ」‖ I can't say *for sure* は「これは確かだとは言えない」

動詞 to hold を例に取ると、状態補足語となりうる形式は下に示すように実に多様であるが to be の挿入は限定的であることが分かる。また it was held that = the view（etc.）was held that は状況補足語とは無縁の構文である（第十八章参照）。

His name was held *in greater reverence*.「彼の名は更に尊敬されていた」‖ His name was held to be *in greater reverence*, i.e. People thought his name was in greater relevance. ‖ A family was held *hostage* in Coolock.「クーロックで家族が人質になった」‖ Death was held better than flight.「逃亡より死を選ぶべしとされた」(TO BE 可) ‖ I was held awake by clatter of horsemen riding down the street.「通りを駆け抜ける馬の足音で眠られなかった」‖ Homer is held *to have been* blind (Lat. Homerus caecus *fuisse* creditur).「ホーマーは目が不自由だったと思われている」‖ to hold / keep inflation *in check*「インフレを阻止する」

「十把一絡げ」という言葉があるが、「第五構文」という名称でひとまとめに括って、実は複雑な現象であるものをいかにも単純であるかのように見せるの

が学校文法の常套手段であると見える。要するに伝統文法で「第五構文」と称するものは一律の解釈は不可能である。「第五構文」は一日も早く我が国の英語教育の場から追放すべきである。

10.13　目的語は意味上の主語か

次に「第五構文」中の「対格付き不定詞」について考察する。

10.13.a　目的語と不定詞——初期値というもの

　ワープロなどのソフトウエアを購入すると一ページの字数や行数、マージン、印刷時の用紙の大きさなどの値が出荷時にあらかじめ設定されている。この数値を「デフォルト値」、「初期値」あるいは「既定値」という。本書では「初期値」を使用する。ユーザーが自由に変更できるものである。これとよく似た現象が言語にも認められる。

例1：英語の動詞 to climb は「登る」「降りる」の二つの意味がある。原義は「手足を使って進む」ことで、通常このような進み方は梯子、階段などを上がり降りすることである。この動詞には up / down などの副詞を添えて進む方向を明らかにするのであるが、修飾語をつけずに to climb the ladder と書けば、必ず「梯子を登る」意味になる。これを初期値という。降りる行為は to climb *down* the ladder で、初期値が down によって変更されたのである。

例2：I used to be a member of the athletic club「私はかつて陸上部員だった」はいまは辞めているという含みを持つ。これが初期値である。しかし I used to be a member of the club *and I still am* と書くこともできる。付加部分によって初期値が変更されるのである。

to expect + a person + to do
'England expects everyone to do his duty.'（Admiral Nelson）「各自全力を尽くすべし」

この構文の特徴は不定詞句に初期値があり、この値は通常省略されて文面に出ないという点である。この場合の初期値は to be / to come / to arrive である。初期値以外は必ず明示しなければならない：

初期値「みなが来るものと思う」：Everyone is expected.
初期値を変更：Everyone is expected *to do his duty*.

この構文の OED の用例もほとんど近代以降であり（1659–）かつ意外に数が少ない。他所で触れたように当該の構文はラテン語に堪能であった英国ルネッサンス期の文人がラテン語の accusativus cum infinitivo（対格付き不定詞）を英語に模写した結果ではないかと思われる。英語本来の構文は England expects that everyone should do his duty であろうか。この類の語法には英国ルネッサンス期のラテン語の影がちらつく。

10.13.b 初期値（続き）

初期値という扱いは他の句法にも見出される。
He is short [of stature]「背丈が低い」が初期値でこれを変更すると：He is short *of temper*.「気が短い」

初期値：He is quick / slow [of movement]「動作が緩慢である」
初期値を変更：He is quick *of apprehension, foot, speech, wit*, etc.

OED によれば現在よく使われる I *want* you *to come* with me の構文は 1845 年以降である：to want a person to-inf. 初期値：to be ― they want you [*to be*] here / there.「どこそこに居てもらいたい」

Mr. Smith, you are wanted [to be] on the phone.「スミスさん、お電話です」
I *wanted* so much *for there to be* a simple solution.（M. E. Laxer）
HELP WANTED.「社員募集」この場合の help は人手あるいは人員のことである。
Wanted Dead or Alive.「お尋ね者、生死を問わず」

10.13.c 初期値の変更

I want you *to be quiet*.「おしゃべりを止めてもらいたい」‖ The Court is expected *to hear* from 14 witnesses over the next three days.「14 人の証人から聴聞を行うものと思われる」‖ The new section is expected *to cut journey times* between Dublin and Belfast by about 15 minutes.「新路線はダブリン・ベルファスト間を 15 分短縮できると期待されている」

10.13.d 初期値がない場合

　初期値がないということは不定詞句を省けないということである。
1) to demand（まれ), ask / beg / implore someone *to*-inf.

We now *demanded him to fulfill* his original engagement with us.（R. Kerr）
「約束通りに履行してもらいたいと要求した」
受動態 *he was demanded to ... は存在しないようである。

They asked us to stop talking — *We were asked to* stop talking. ‖ I begged him for help というが受動態 *He was begged / implored が存在しないので必ず不定詞句を明示する必要がある（to ask に同じ）。元来この動詞の目的語は人ではなく、物乞いするなどをいうときのものである：to beg alms *of* a person / to implore his aid, etc.: The Duke of Kent *was begged to marry* a young and attractive woman.（L. Orr）「ケント公はある美しい女性との婚姻を懇請された」‖ I *was begged to make* my way back at once.「ぜひともすぐ帰国するように要請された」‖ She *was implored to accept* it.「ぜひ受けて欲しいと懇願された」‖ He quite frankly declared himself, and *begged, implored* to be taken back into Aline's good graces.（R. Sabatini）「素直に心を打ち明けて再び彼女の気に入られたいと平身低頭して乞うた」

不定詞句を伴わない We were asked の to ask は「質問する」ことで「頼む」意味ではない。省略する場合は to を残す：Why did you not ... ? Because I *was not asked to*.「なぜ〜しなかったのか」「そうせよとの依頼がなかったからです」

2)「命令する、指示する」意味の to command / order / tell は不定詞句を省くことができない。

He liked the notion of *being commanded to do* a thing.（W. Ch.）「命令されてことを行うというのが気にいっていた」‖ He *was ordered to go* up to London directly.（E. Gaskell）「すぐロンドンへ行くように業務命令を受け取った」‖ He *was told to sit* on a chair against the wall.（S. Butler）「壁を背に椅子に座れと言われた」

【備考】 不定詞句のない to command の受動態は主語が組織名である：The vessel was commanded by Captain X.「X大尉の指揮下にあった」「注文する」意味の to order は不定詞句をとらない：Breakfast was ordered. また I was told は「話を聞いた」意味である。

10.14　言説、思考、想像

これらの動詞にはもとからこの種の構文を取り入れる素地はあったと思われ

る（下記の用例参照）が、また be regarded as という意味の to be held to be は OED に言及されているものの引用例はない。既述のごとくエリザベス朝以降で我が国の漢学のようにラテン語が貴族の教養であった時代があったのである。散文体（prose writing）の歴史がまだ浅いこの時代にラテン語の模倣が行われたとしても不思議はない。因みに著者がかつてロンドン塔を見学した折に壁の落書きがラテン語であることについて時代衣装をまとった館員に質問したことがあった。当時の貴族は日常的にラテン語を使っていたという説明であった。

10.15　言説の動詞（Verbs of Saying or Verba Dicendi）

　大体の傾向を示せば次のようである（to-infinitive を含む）。
能動態はあまり用いない（be said to; be reported to）。不定詞の内容は確認済みの事実に限定される。初期値はなく、to be said to＋inf. の不定詞句は省けない。

This island *is said to be* of the same size as the now existing city of Kyrene.「同じ大きさであると言われている」‖ The Atropos pulsatorius *is said to make* a noise with its jaw. (C. Darwin)「顎で鳴き声を出すと言われている」

【備考】
1.　古期英語では to say は that- 節とのみ結合する所謂「伝達動詞」（reporting verb）であり、直接言葉を引用するときは別の動詞を使った。一方ラテン語の dicere「言う」は対格付き不定詞構文 dicitur, dicebatur, dictum est 'he (etc.) is, was, has been said (to be)' が主である。例えば Iron ore *is said to exist* in the mountains north of Beila (H. de Windt) を Ferraria in monitubs ad septentriones Beilae *esse dicitur* などと書く。

2.　「約束する」は通常口頭で行う動作である。to promise の文型が to give に似ているが不定詞句と that- 節をとるところが to give との異点である：The King promised *him a great sum of money* upon that condition. (A. Lang)

10.16　「説得する」意味の動詞

10.16.a　結果を含む動詞
to incite to action, to-inf.「煽る、そそのかす」

to induce one *to*-inf.「ある行為を実行させる」‖ to prevail upon one *to*-inf.「説

得する」∥ to persuade one *to*-inf. 「うまく説得する」∥ to prompt one *to*-inf. 「行動を起こさせる」

結果に至る過程は to *try to* persuade me のようにいう。日本語の「説得した」は必ずしも結果を含まないから、以上の動詞を使用するときは状況をよく確認することが必要になる。但し動詞によってはどちらの意味にも使えるものがある (to encourage)。

Owen Glendower he *incited the Welsh to rise* against the English. (G. Borrow)「ウェールズの人々は愛国的詩に鼓舞されて英国に対して反乱を起こした」∥ *Can you not induce my father* to see her? Would you not counsel him to do so? (B. Lytton)「父にぜひ彼女に会ってくれるように話してくれませんか、説得していただけませんか」∥ *I tried to induce him* to stay a night with me in my new quarters. (I. Bachellor)「新居に是非一晩とまって欲しいと彼に言った」∥ *No earthly consideration would induce me* to be married by a blacksmith! (W. Collins)「鍛冶屋の妻になるなんてまっぴらごめんだわ」∥ But I could not *prevail upon her to accept* any money. (C. Dickens)「どうしてもお金を受け取ろうとしなかった」∥ What *prompted you to do* it? (POD)「動機は?」

10.16.b 他の表現法

動作が結果に至る事態をいうとき不定詞句を使える主動詞に制限がある。例えば *to call upon* a person *to do* というが *to press on a person *to do* とはいわないようである。これに対して [前置詞 into + 動名詞] の形式は主動詞が働き掛ける意味であれば基本的に文を構成できる。to lead, to persuade は不定詞句とも結合する。

「だましてさせる」*to betray, beguile, cheat, lead, trap, trick* (etc.) a person *into doing* ∥「無理強いしてさせる」*to coerce, drive, force, pressurize* (etc.) a person *into doing* ∥「脅かしてさせる」*to frighten, scare* (etc.) a person *into doing* ∥「叱ってさせる」*to chide, scold* (etc.) *a person into doing* ∥「刺激を与えてさせる」*to pique, provoke* (etc.) a person *into doing* ∥「説得してさせる」*to coax, persuade, tempt* (etc.) a person *into doing* ∥「腕力を使ってさせる」*to bully, goad, thrash* (etc.) a person *into doing*

未完の意味を表現したければ He *tried to coax* her into marrying him などと書

けばよい。また自動詞を使う語法もある。

I have *fallen into calling* him "the minister."（E. C. Gaskell）「あの方を牧師さんと呼ぶ習慣がついてしまった」‖ He, an unbeliever, *had fallen into praying*, and at the moment he prayed, he believed.「信心に乏しいこの男に祈る習慣がついた」（C. Garnett）‖ People *have fallen into a foolish habit* of speaking of orthodoxy as something heavy, humdrum, and safe.（G. K. Ch.）「世間ではおろかにも正統派(正教)をなにかずっしりしたもの、陳腐であるが安心できるものと見るようになってしまった」— cf. In social life he *was led into the drinking habit*.（G. W. Bain）「いつの間にか外で酒を飲む癖がついてしまった」

10.17　結果を含まない動詞

　結果に達したときは別に表現を用意する必要がある。初期値はないので I am inclined で文を終えることはできない。to の後は不定詞でも名詞でもよい： to incline*「(首を)かしげる」が原義で「気持ちをそちらへ向ける」意。to dispose*「気持ちを傾ける」/ to tempt*「気をそそる；気がそそられる」結果は to tempt one *into doing* / to urge one to repent *or* to repentance「改悛を迫る」
He inclined me to think よりは His behaviour inclined me to conclude that ... と表現するのが普通の語法である。この to incline は無意志動詞であり主語が動作にかかわっていない。また I am inclined to think のような受動態も多く見かける。He surprises me と I am surprised の関係に等しい。前置詞句中に動作名詞があれば事足りるので、必ずしも不定詞を含まない： *My tastes inclined me* to the study of medicine.「私の好みが医学に向いていた」‖ But I was not in the museum mood; *reviving health inclined me* to the open air.（G. Gissing）「博物館見学の気分ではなかった。健康が回復してきたので外気に触れたい気分だった」‖ Either my foreign accent made me unintelligible, or *the man's suspicions disinclined him* to trust me.（W. Collins）「猜疑心からなかなか私を信じようとはしなかった」‖ I *am inclined quite* to agree with you.（C. Darwin）「同意できる心境です」‖ *Are you disposed* to help?（POD）「手伝ってもらえそう？」‖ The other women *urged* her to try.（V. MacLure）「是非やってみてと彼女に迫った」

10.18　思考の動詞（Verba Cogitandi——初期値なし）

　思考の動詞については初期値はない。不定詞句以外の要素も目的語の後に置

かれる。この構文の発達過程は未詳であるが、もともとは that- 節を目的語としていた動詞であるように見える。OED には to believe: 7. clause or equivalent inf. phrase (「節または同内容の不定詞句」) とあるのみで不定詞句の用例はない。

I imagine *that* he is all alone — I *imagine him* all alone.

どちらをとっても事実関係を変わらないと見る: We believe / think him to be an honest person — he is believed / thought to be an honest person.

表現の構成上受動態に変換しにくい場合がある (第八章参照)。

"Then you don't *think* him *to blame*?" she cried eagerly. (H. Adams)「じゃ彼に責任があるとはあなた本当に思わないのね」と彼女は言った〔?He *is thought* to blame (he *is thought* blameworthy)〕の意味で。Then you don't *think* he is *to blame*? なら受動態への変換も無理なく行える: It *is thought* that he is to blame.

I *thought* it high time to take some refreshment, and inquired the way to the inn. (G. Borrow)「何か食する頃合いと見て旅籠への道を尋ねた」‖ You *imagine* him capable of writing the letter?「あの男にこの手紙が書けると思うか」‖ I *imagine* him the young orphan of a noble house. (H. James)「貴族出の若い孤児ではないかと私は想像する」‖ We must *imagine* him all alone.「一人でいる姿を想像すべきだ」‖ *Imagine* him seeing that young fellow putting her handkerchief in his pocket. (J. Gals.)「その若者が彼女のハンカチを自分のポケットへ入れる姿を想像してみたまえ」‖ He *fancied* himself deceived.「だまされたと思いこんだ」‖ Weldon could almost have fancied himself in England. (A. Chopin)「もう少しで自分は英国にいると思いこんでしまったかもしれない」

10.19 意欲の動詞

to desire, to want, to wish

She gave him some water, and *desired him to* drink it. (G. Ebers)「水を持ってきてお飲みになってと言った」‖ I *desired him to* write anonymously. (C. Dickens)「お名前は出さないでほしいと私は言った」‖ It *was desired to* find for you, at the eleventh hour, some small wedding-present. (まれ)「ぎりぎりになって何かプレゼントしたいということになった」‖ Why did she *wish him to be* with her? (G. Meredith)「なぜ彼にそばにいてほしかったのか」

OEDによればto desire a person to doは1887年以降；hoc volo scire te 'I wish you to know this'（Plautus）対格＋不定詞のすべてがラテン語の模倣ではなく、英語の内部における類推も考慮する必要がある。但し現代語の語法である限りその起源は本質的な問題ではない。

10.20 to wish の受動態

　動詞 to wish はまれではあるが不定詞の受動形もある［wish to do = wish [it] to do］。

A report was spread throughout France on the same day that four thousand brigands were marching towards such towns or villages as *it was wished to induce to take arms*.（Memoirs of Mme Campan, the First Lady of Marie Antoinette）「武器をとるように説得するため、同じ日に四千もの暴徒が町や村へ向かっているとの報がフランス中に広められた」‖ His powers and orders however were kept secret, as *it was wished to* attempt the restoration of order by gentle means.（R. Kerr）「秩序の回復は穏便な手段ですませたい、という意向であったので」‖ 'the material which *it was wished to* colour'（G. Rawlinson）「色で染めたい材料」— cf. to wish a person to do: 1854 Dickens Hard T. ii. i, Would you *wish the gentleman to be shewn in*, ma'am?（OED）

副詞句も見られるが to be の省略といえるかどうか参考とすべき用例が見当たらない。

I wish you *at the devil*.（R.L.S.）「くたばれ！（お手前が悪魔の下にあることを願う）」— I wish him *in the grave* ともいう ‖ If you must proceed upon your journey, I wish you *well through it*.（C. Dickens）「道中のご無事を祈りたい」‖ The bride had always *wished him to be present* at the ceremony of her marriage.（G. Meredith）「彼に結婚式に来て欲しいというのが花嫁の気持ちだった」‖ I wish you *to see it*.（R.L.S.）「君に見て貰いたい」

既述のごとくラテン語からこの構文のコピーが行われた時期は初期近代英語（ルネサンス期）であったに違いない。事実 to wish の OED 所収の「不定詞付き対格」の最古の例は 1538 年である。また I want for you to be a good boy も存在する（米語法）。

10.21 英国学者の解釈例

Nesfield / Wood, *Manual of English Grammar and Composition*（London, 1964）では改訂者 F. Wood の意見として、例えば I like *a rascal to be punished* という文のイタリック部分が動詞 like の目的語であると書かれている。Wood の解釈には何らかの語感が働いているような気がするが、定かではない（ゲール語では極めて普通の語法である）。同様に I don't like *animals to suffer*. 因みに OED（to like）の最初の用例は 1887 年である： 1887 Colvin Keats viii. 207 The sonatas of Haydn were the music he *liked* Severn best *to play* to him.「ハイドンのソナタこそ彼が S に弾いてもらいたい音楽だった」これは I want you to come などの類推と見られる（I want to do の構文は 15 世紀から）。

10.22 規格外の文型

名を呼ぶ意味の動詞 to call は具体名はなくてもよい： We named our youngest son. to call が to say / think that... を簡約した形式のように見えることがある。ラテン語の模倣の可能性（eum sapientem appellabant 'they called him wise'）も考えられる。

Mr. Bush called them *heroes*, i.e. described them as heroes.「ブッシュ氏はテロの犠牲者を英雄と呼んだ」‖ Is that what you call *kindness*?「それが君のいう親切なのか」など人や事物の性格をいう意味合いが強い。Some *call him idle* [some say he is idle]; some *think him too wise*.（G. Meredith）「彼を怠け者という人もあれば利口者と見る人もある」
They called me *names* = they said to me, 'you are a fool, a son of bitch, a bastard etc.' なお 10.7.b の用例を参照。
"you *called me vile names*, but I have a great pity for your soul.（M. Oliphant）‖ The whole family were *abusing her*.「罵っていた」‖ The brother especially was *calling her all the vile names* he could lay his tongue to.「口を極めて罵った」— cf. He heard me crying about you, and he bitterly taunted me; and *called you by a foul name*; and then I did it.（T. Hardy）‖ In his drunkenness he struck a high-born man, *calling him by vile names*.（R. H. Haggard）（▶ 10.12.f）cf. eum *falso nomine* appellant 'they call him *by a false name*.'（奪格）

動詞 to call について

語源は古ノルド語 kalla で「名付ける」という意味で二つの目的語をとる。「〜と呼ぶ」意味もあるが Hann var kallaðr skrjúpr 'He was nicknamed "Molly-coddle"'「弱虫とあだ名された」のようにあだ名を意味する例が多い。「大声で呼ぶ」意味から派生した用法であろう(「訪問する」意味も戸口で「お頼み申すと叫ぶ」ことから出た) — cf. to call, to call in. 意味の変遷を追うと「既にある名前を口にする」から「新たに命名する」へ進展したものと思われる: *Kölluðu þeir landið Ísland* 'They *called* the island Iceland.' 英語の用法を概観すると: To call a person by the name of X / to call a person's name X (archaic) / to call a person X. 方言 to call a person に「罵る」、標準語の to call a person names に「あだ名で呼ぶ」要素が認められる。

一方 kalla の他にも「〜と名付ける」意味の動詞 heita がある: Hann *var heitinn* eftir afa sínum 'he *was called* or *named* after his grandpa'; (OE 'hātan', Germ. 'heißen'; 英語の hight 古風(archaic)。現在では概ね受動の意味でノルド語(ア)で Hann *heitir* Eiríkur (= Nafn hans er Eiríkur 'his name is Eric')。独: Er *heißt* Erich. 現代英語で He *is called* Eric (= His name is Eric) という。OE Nama 'name' の派生動詞である namian / nemnan (to name)も同類であるが「〜に名前を付ける」は OED によれば 1000 年以降、to name X Y の語法は 1390 年以降である。「〜に名前を付ける」は目的語が一つでよいが「甲を乙と呼ぶ」は言語に依存しない独自の論理であるように見える。「授与動詞」のように「命名動詞」を別に立てるべきか。

第十一章　現在分詞と過去分詞

11.0　現在分詞の起源と発達

　古期英語の現在分詞はドイツ語などと同じく語尾 -ende を動詞語幹に接続して作られた。現代英語の friend と fiend がその残滓で、それぞれ「(他人を)愛する人」「(他人を)憎む人」の意味である。現在の -ing 形は古くからあった動作名詞の語尾 -ung の系統であるらしい(古期英語 leornung 'learning')。

11.1　過去分詞の性格

　自動詞で特に移動の動詞の完了形は主動詞が be から have へ変更された。

11.1.a　結果を継承できない動詞

The spring is come [古風] > has come.
Sumer is *i-cumen* in; Lhude sing, cucuu! *Summer has come. Sing loud, cuckoo*!「夏は来ぬ、高らかに歌声挙げよ閑古鳥」(14 世紀初頭成立の英国最古の叙情詩)

11.1.b　結果を継承できる動詞

The winter *is gone / has gone*. [意味に違いあり]
I don't understand. One of the bottles *is gone*.「妙だな。瓶が一本なくなっている」
My machine *is gone*.「行かれた、壊れた」(? 米語) ‖ The young man *has gone and got married*. (E. L. Gaskell)「あの若者ときたらこともあろうに身を固めたんだって」

11.1.c　他動詞

　他動詞は完了の他に受動の意味がある分だけ事情が込み入ってくる。

The line *is broken*.「接続が切れている」‖ The line *has been broken*. ‖ *The line *is cut* — the line *has been cut.* ‖ The line *was cut* — the line *had been cut.* ‖ The line is cut は Summer is come と同じくもはや現代語法ではない。

11.2 過去分詞の制限事項

自動詞の場合 a gathering storm, a floating vote「不動票」などのように現在分詞にはさしたる制限がないが、過去分詞は単独で名詞の前に置くことができない。by-gone days はあるが *gone days はない。*arrived trains ともいわない。また fallen idols「倒れている偶像」の fallen は「最近倒れた」という意味ではない。同様に drunken「飲んだくれの」sunken「沈下した」など。アングロ・サクソン系の語彙は語形成力が貧弱なため判別しにくいがロマンス系のto extinguish「明かりを消す、種を絶滅させる」に対する extinguished（過去分詞）と extinct（形容詞）との関係を見ると理解しやすい。

11.3 過去分詞の起源

過去分詞は不定形(不定詞)、現在形、過去形とは別に動詞から派生した形容詞に相当する語類である。現在分詞と同様に動詞の活用形とは別に独立した語要素であるにもかかわらず、過去分詞のみ動詞活用の一部とされたのはなぜであろうか。ラテン語では現在分詞の形成は規則的であるが「過去分詞」は形成法が多彩であったためにグラマースクールなどで教授上の必要から活用の一覧表に添えたのが習慣となったものらしい。英語でも過去分詞は born, done, spoken, sung など異形が多い。

11.4 過去分詞のない動詞

初期の英語の文法はラテン文法の完全な模倣であったが、その有難からぬ余韻は現在にまで存続している。また過去分詞を形成できない動詞が少数であるが存在した。例えば古典語はもちろん英語でも 11 世紀ころまで be 動詞の過去分詞は存在しなかった。現今でもゲール語には英語の been に相当する語形はない。この言語には英語などのように動詞 to have を用いる迂説形式の完了形(to have been) が発達しなかったため、新たに過去分詞を作る必要がなかったのである。現代英語でも been は完了形専用である (▶ 6.14)。

11.5 義務分詞

過去分詞が「されてしまった」を基本義としているのに対し「これからされるべき」という意味の分詞がかつて存在した。古典語で「義務分詞」というも

のがこれで梵語、ギリシャ語、ラテン語では文の構成に不可欠の要素であるが、英語をはじめゲルマン系諸語では完全に失われた。しかし「義務分詞」はなくなっても考えの筋道がなくなったわけではない。ラテン語の disputandum は「議論の対象になるべき」という意味の義務分詞である：De gustibus non disputandum est 'Tastes *are not to be disputed*' 「好みは議論の対象にならない」というのが義務分詞の機能に近い。

We *are to toil and moil* here below.「この世にある限り（死ぬまで）あくせく働くのが人間の定めというもの」英語の文法に「義務分詞」という概念が欠けていたために、他動詞の場合 the king is *to blame* (i.e. blameworthy) が *the king* is *to blame* と解釈され、*the king* is *to be blamed* という受動形式があらたに作られた。現代英語では、どちらの形式を用いてもよいが、口語では受動形式が好まれるようである。

No one *is to blame* for his death.「彼の死は誰のせいでもない」‖ Who is *to blame* will, I hope, be known.「誰のせいでそうなったかいずれ分かるだろう」‖ Are we *to be blamed* for being generous?「気前がよいことで責められてなるものか」‖ The ones *to be blamed* are the Europeans.「悪いのはヨーロッパの連中だ」

この不定詞句は定動詞につくもので、名詞の修飾語ではない。There is more work to be done は直訳すると「さらなる仕事がなされるべくある」という意味である。日本人には不自然に思われても英語の仕組みがそのようになっているのであるから仕方がない（▶ 3. 10. a）。

11.6　分詞に共通する性格

　分詞の機能は形容詞の機能と同一である場合と形容詞とは異なる場合とがある。

　名詞の前に置かれた分詞は形容詞と機能がまったく同一である。即ち名詞を分類し個体の所属する類を明らかにする。例えば an *open* door は「開いたままのドア、決してしまらないドア」である（the open-door policy「門戸開放政策」）。同様に A *drunk* man is lying in the road の a drunk man は「ある酔った人」ではなく「ある酔っぱらいの類に入る人」を意味している。即ち a drunk man is lying = a certain man *who is a drunk man* is lying となる。定冠詞をつけてもこの関係は変わらない：the *drunk* man = the man *who is a drunk man*「酔いどれというカテゴリーに入るその男」。形容詞が固有名詞の前に置かれると、

固有名詞が普通名詞化するのも同じ原理が働いているためである。また sparkling wine というとき「いまあわ立っているワイン」を指しているのではない。「赤ワイン」がそのときだけ赤いワインの意味とはならないのとおなじことである。以上の事実から形容詞に二種類の用法があることが知られるであろう。

類		現在の(一時的な)状態
an *open door*	—	a door *now open*
a *drunk man*	—	a man *who is heavily drunk* (now)
a *red carpet*	—	a carpet *red with blood*

オランダの画家 Frans Hals（1581–1666）が描いた肖像画に *A Laughing Cavalier*「笑う騎士」というのがある。モデルは特定されていない。XX represented as *a laughing cavalier* という状況で冠詞が分詞と名詞を一体として修飾しているのである。一人の騎士がいてその人がたまたま笑っているのではなく一人の男が「笑っている騎士（a laughing cavalier）」として描かれているということである。それゆえ特定の人物を描いても絵画のタイトルとして A Laughing Cavalier ということになる。

11.7　再帰動詞の分詞

　英文法研究者は英語に再帰動詞という形式を認めたがらない。歴史的に見ると英語の再帰動詞は既に自立性を失っているのも事実である。しかし論理としての再帰性が完全に英語の動詞から消え去ったわけではない。自動詞 to marry は原型が to marry oneself である。現在分詞 a marrying man は論理上 *a *marrying-oneself* man と解釈される。I am not a marrying man は「結婚するタイプではない」という意味であり、この marrying は「女性と結婚するところの（marrying a woman）」ではないのである。過去分詞も同様で a married man = a man who has married himself; a retired captain「引退した船長」で「させられた」という含みはまったくない。to be persuaded は「信じている」であり、「説得されてしまった」ではない。そこで名詞 persuasion には他動詞の「説得」と再帰動詞の「信念」があるわけである。

再帰動詞の動作名詞
to acclimatise oneself → acclimatisation「順応」, to associate oneself with → association「提携」, to behave oneself → behaviour「挙動」, deport onself → deportment「挙動」, to carry oneself → carriage「挙動」, to comport

oneself → comportment「挙動」, to occupy oneself → occupation「従業」, to engage oneself → engagement「婚約」, to marry oneself → marriage「結婚」, to revenge oneself on → revenge「復讐」など多数。なお self-sacrifice などの self- は再帰代名詞であり、再帰動詞にはかかわりがない。例えば self-respect は「他人ではなく自分を評価する」ことである。

11.8 自動詞と他動詞

自動詞の現在分詞は「始まった行為がまだ終わっていない」、「状態動詞」は「その状態が終わっていない」ことをそれぞれ表明する：

a *developing* country「開発途上国」| a *dancing* girl「踊り子」| the *Dying* Detective「瀕死の探偵」(C. Doyle の作品名) | a *floating* population「(大都市の)浮動人口」| *floating* votes「浮動票」| the *Flying* Dutchman「幽霊船」| the *Flying* Saucer = the Unidentified *Flying* Object「未確認飛行物体」| the *Hanging* Gardens of Babylon「(古代)バビロンの空中庭園」| *lingering* snow「残雪」| *Merging* Traffic Ahead「この先合流注意(道路標識)」| *migrating* birds「渡り鳥」| *Peeping* Tom「のぞき見トム、のぞき魔、痴漢」| *running* water「流水」cf. dead water「よどんだ水」| *sliding* screens (小泉八雲による「襖・ふすま」の英訳) | *soaring* prices「高値」| the *Towering* Inferno「塔として聳える地獄 = 燃えるビル」(ビル火災を主題にした映画の題名) | a *weeping* willow「しだれ柳」| a *walking* dictionary「知識が豊富な人」これは「歩く辞書」の意味ではない。要するに「ほら辞書が歩いてくる」とは「辞書のような物知りの人間がやってくる」の意である。古い過去分詞で類の描写に特化したものがある ― 既出：a *drunken* man「アル中の男」― a *sunken* ship「沈没船」― a *stricken* area「被災地区」

11.9 瞬間動詞について

「瞬間動詞」はいままさに起ころうとしていること：*bursting* with pride「高慢が昂じていまにもはりさけそう」

My burning, *bursting* heart strove to pour forth its agony to God.（A. Brontë）「私の心は燃えに燃えて張り裂けんばかりに神にその苦しみを訴えようとした」‖ the *exploding* population of our planet「爆発しそうな世界の人口」。分詞がこの位置(名詞の前)にある限り「破裂・爆発する寸前」であっても実際に破裂あるいは爆発する心配はない。しかし複数では進行する事態を意味しうる：

the roar of *bursting* bombs「次々と爆発する爆弾の轟音」

11.10　他動詞の現在分詞

11.10.a　仮想目的語

　他動詞の分詞は仮想目的語を読み込んで解くと分かりやすい。例えば amusing, exciting, interesting stories は「読者、聞き手を退屈させない、興奮させる」話、a boring talk は「聞き手の欠伸をさそうような話」であり、a *vexing* situation は「当事者を苛立たせる状況」である。同様に a *loving* husband は妻を愛する夫 (a husband who loves his wife)、a *loving* wife は夫を愛する妻 (a wife who loves her husband) である。日本語ではこの関係が逆になることに留意されたい（愛する夫＝私が愛する夫）。もとは分詞であった friend も「向こうが私に対して好意を示そうとしている」という含みがある。私が好意を持っていても向こうが私を敵視していれば friend とはいえない。形容詞にも同様な働きがある（～に影響を及ぼす）。

an *attractive* name「人の注意を引く名前、いい名前」‖ *deadly* poison「摂取すれば必ず死に至る毒、猛毒」‖ an *impressive* appearance「堂々たる風采」‖ a *contagious* / *infectious* disease「伝染する病気」

11.10.b　目的語を伴う分詞

　限定的ではあるが分詞の前に名詞を配置することがある。動詞であるときの目的語に当たる要素である。

back-breaking / bone-bruising「過酷な（労働）」Bailing out the boat was *back-breaking* work.（J. Aldridge）「浸水をくみ出すのは骨の折れる作業だった」‖ breath-taking「ハッと息を呑むような」（～audacity, amazement, surprise, suddenness, etc.）」‖ It was a sort of *breath-taking* surprise.（M. Twain）‖ heart-breaking「心を引き裂くような」(heart-break は失恋などの心の痛手をいう)‖ heart-warming「心が温まる」‖ jaw-breaking「発音しにくい」(e.g. extraterritoriality「治外法権」)‖ mind-blowing / jaw-dropping*（口語または俗語）「唖然とさせる (amazing)」< to blow one's mind*「ポカンと口が開く様子」であろう‖ nerve-racking「神経が耐えきれないような (experience, noise, suspense, tension, etc.)」‖ tongue-twisting「舌をもつれさせる、発音しにくい」（地名など）

11.10.c　しばしば -er 名詞

　a back-breaking task = a back-breaker; a jaw-breaker / a tongue-twister「早口言葉」(She sells seashells; Peter Piper picked a peck of pickled peppers; red leather, yellow leather)

論理上の関係は概ね「他動詞＋目的語」であるが、例外的に自動詞から作られる場合がある：law-abiding「順法精神に富む（〜 citizens）」＜ to abide *by* law; theatre-going「芝居好きな」＜ to go *to* the theatre.

11.11　現在分詞の述語的用法──進行形

　現在分詞をもって構成される進行形は例外なく進行中の動作を意味する。デンマークの英語学者 O. Jespersen は Tom is always complaining などの進行形が進行を意味しないと速断して「拡充時制」という名称を提唱して広く学会に受け入れられた。これなどはこの文法家の理解不足から生じた思い過ごしというべきである。詳細は仮想進行形のところで述べる（▶ 11.18）。

11.11.a　進行形が成立する要件
　1）随意動作であること。従って動作の開始、継続、収束が主体の意志でコントロールできること。
　2）動作が見えにくくても竹の節のように前後が別の動作によって区切られて、当該の動作・状態が一時的であることが明瞭に読み取れること。

11.11.b　動作内容による判別
イ）瞬間的な動作は反復による擬似的な進行となる。
　かつて英語に *twink という動詞が存在した。この反復態が twinkle でピカピカ光る意味である。The stars are twinkling のように繰り返しが「進行もどき」の事態を作り出すのである。「目配せする」意の to wink は一回の動作であるかもしれないが、生理現象としての「瞬き」は止むことのない反復である。

　　　　〜〜〜〜〜〜〜〜〜〜→
He *was coughing* all the night through.「夜通しせきをしていた」
Somebody *is knocking* at the front door.「誰かがドアをノックしている」

　内容が最初から反復的な動詞もある。to hit や to knock は一回限りの動作で何度繰り返してもよいが to beat は動作を繰り返すことを前提としている（to beat a drum)。to bite は一回のみ、to chew は反復である (chewing gum)。

to drip	— to dribble	「幼児が涎をたらす」
to tick	— to ticktack	「時を刻む」
	— to drizzle	「しとしと降る」
to mum	— to mumble	「口をモグモグ動かす」
	— to wriggle	「ミミズのように動く」
	— to zigzag	「ジグザグに進む」

cf. 独 stoßen「突き当たる」— stottern「ぶつかるように話す、どもる」英 to stutter
日常動作としては「瞬く、コックリうなずく、グイと引っ張る、ドンと押す、ポンと叩く」など。

ロ） 上に示した瞬間動詞は開始と収束のあいだが極めて短いために瞬間的と受け取られるものである。一秒の何分の一などという長さを人間はとうてい感じ取ることはできない。これに対して理論的に時間の経過を想定できない動作がある。「接触する」と「離れる」がその典型的な例である。

　　　　接触する　→｜　　　　離れる　｜→

具体的には to arrive / land, to depart / leave; to open, to close; to touch およびその同義語をいう。一般に「到着する」意味の to arrive はもと舟が岸（ラテン語 ripa）と接触することを指していうもので 16 世紀ころまでは舟が接岸する意味であった。動詞 to land も同趣旨の言葉で「接岸する」から「着陸する」へと拡張された。この「論理的瞬間動詞」は反復を伴わない環境ではいままさに起きようとしている事態を「進行中」と表現する。Our plane was landing... は搭乗客から見て車輪がドンと滑走路面に当たる寸前の状況である。先に現在分詞のところで説明した the *exploding* population と極めてよく似た文脈で「接触する寸前」あるいは「接触を絶つ寸前」の意味である。

When she drew up before the door in G. Square, her husband *was arriving* with a cigar between his fingers. 「玄関先へ乗りつけたとき夫が葉巻を指に挟み家に入るところだった」‖ Not a soul in London knew that I *was arriving*. (B. Stoker)「私がロンドンへやってきたとは誰も知らなかった」正確にいえば「ちょうど到着しようとしていたとき」という意味。‖ When a horse was *landing*, the slings broke, and it fell into the water. (C. Darwin)「陸揚げされ

る寸前に縄が切れて馬が海中に落ちてしまった」‖ As the woman *was departing*, a young man came riding up in a cart.「女性が出て行くのと前後して男性が馬車で乗り付けてきた」‖ He *was departing*, when through the open window a noise of scuffling in the street below arrested him.（G. Meredith）「立ち去る寸前であったが窓を通して下の通りで争う音が聞こえてきたので彼は足を止めた」‖ Half-an-hour later, he *was killing* the next-door cat.（J. K. Jerome）

抽象化されると動詞の性格が変わる。

You *are killing* the goose with the golden eggs.（I. Zangwill）「君は本末転倒なことをやっている」‖ The heat *was killing* us.（J. Davis）‖ It was the accursed work she had to do, that *was killing her by inches*.（U. Sinclair）── 主語が人でないことに注意。

to be on the point of doing がほぼおなじ意味と思われる。「落ちそうだ、崩れそうだ」など「瀬戸際」というときは to be on the brink / on the verge of doing がよい。

The train was *on the point of* starting. They sprang into their carriage.「発車寸前の列車に飛び乗った」cf. The train *was on the point of...*, *when* they sprang... 話者の視点がシフトする。‖ I was *on the point of* being murdered.（G. Borrow）「殺される寸前だった」‖ Young Jolyon, *on the point of* leaving the Club, had put on his hat, and was in the act of crossing the hall, as the porter met him.（J. Gals.）「クラブを出ようと帽子をかぶり、ちょうどホールを横切っているときに荷物係とばったり会った」‖ Hilary was *on the point of* buying what he did not want.（J. Gals.）「（あまりによくできているので）欲しくもないものを買う寸前だった」‖ You were just *on the point of* jumping up and leaving the room without a word, weren't you?（F. Stockton）「急に立ち上がって一言も言わずに部屋を出て行くところだった。そうだろう」

11.11.c 単一の動作が前後して行われる場合の進行形

主語が複数の場合： Jumbos *are taking off* one after another.「ジャンボ機が一機また一機と離陸していく」‖ Breadwinners *were dying off* one by one.（H. Caine）「一家の大黒柱が次々と倒れていった」‖ By this time the people *were crowding* back into the city.‖ One by one the wounded *were being lifted up* on to a seat. ‖ Other guests were arriving.「一人また一人と客が到着した」。なお The soldiers were marching *in twos and threes*「三々五々」は同時進行を意味するのでここでいう進行形には関係しない。

11.12　動作の構成

　動作は「開始＋継続＋収束」の 3 部分で構成されている。既に見たように継続部分が極端に短い動詞を「瞬間動詞」と呼ぶ。第二に開始あるいは収束のみを内容とする動詞があることを述べた（▶ 1.5）。第三に開始と収束を無視して継続部分のみを内容とする動詞がある。「歩く、話す、食べる」日常性生活の動作はほとんどがこれである。これを「継続動作動詞」というが約して「継続動詞」と呼んでおく。

11.12.a　進行形の成立

　進行形は近代英語初期はほとんど使用されることがなく、シェイクスピア（1564–1616）にも数例しか用例がない。例えば「ハムレット」の Polonius: What do you *read*, my Lord? は今日ならば What are you reading, my Lord? とあるべきところである。初対面の挨拶 How do you do? がかつての面影を伝えている。疑問文であるが答えを求めないことからも本来の意味が既に失われていることは明白である。進行形の How are you doing? How is your son John doing at school? という表現もある。仕事や学業がはかどっているか、という質問である。動作を継続中であるということは既に開始されたことが論理上の前提であるけれども「開始」の部分はこの類の動詞の扱いに影響を与えない。継続中の状況であることから進行形とは極めて相性がよい反面、収束部分がないために完了形とは相性が悪い。相性が悪いとは何らかの補助的手段を講じなければ完了形を使えない、という意味である。

```
　　　前提　　　　　　現在の状況
　　［開始］・・・・・・動作の最中
```

Now, literally, he's *lying* prone.（H. James）「彼は文字通りうつ伏せに倒れている」‖ "Doyle, what book *are you reading*?" "Oh, it's called 'Denneker's Meditations.'"（A. Bierce）「何の本を読んでるの」「D の瞑想という本だよ」‖ "What *are you doing*? Where *are you going*? Stay here, stay! I'll go alone."（C. Garnett）‖ "Then why *are you going* home?" asked Mary.（A. Abbott）「じゃなぜ家へ帰るところなの」‖ What *you are doing* is very foolish.

第十一章　現在分詞と過去分詞

「君がしているのはおろかなことだ」

子供が火遊びしているのを見て「お前たち何をやってるの」と言う。行為が話し手に既に知られている以上これは通常の疑問文ではない。英語でも同様のことを言うとき進行形を使う：'You *are eating* a candle,' we screamed.（A. Christie）「あなた蝋燭を食べているのよ、と私たちは驚いて叫んだ」— What are you doing! You are eating a candle という状況である。

類似表現—動詞 to be / to have を核に種々の進行形相当句が存在する。

to be in the act, in the middle of 「最中である」‖ to have sb. / sth. on the brain = to be always thinking of 「いつも念頭にある」(He has her on the brain = he loves her.)

"You've got Miss Edgarton *on the brain*! Miss Edgarton this! Miss Edgarton that! Miss Edgarton! Who in blazes is Miss Edgarton, anyway? (E. H. Abbott)「君はエジャトン嬢のことがいつも念頭にあるのだろう。寝ても覚めてもエジャトン嬢だ。一体全体そのエジャトン嬢とは誰なんだ」

to be afoot = to be in progress 「進行中」

You say that there is a plan or scheme *afoot* when something particular is being planned. (Harrap's)「計画が進行中」‖ There's no trouble *afoot* that I can mend? (E. C. Gaskell)「トラブルが起きていませんか」

11. 12. b　行住坐臥（ぎょうじゅうざが）というもの

「行」は動き回ること、「住」はじっと立っていること。「坐」は座っていること、「臥」は横になっていること、の意で、要するに「立ち居振る舞い」の意味である。「威儀（を正す）」ともいう。仏典にある表現である。話し言葉に解（ほぐ）すと流行歌に歌われるように「行くも止まるも座るも臥すも」となる。幼児期の一部を除き人間は生きている限り絶え間なくこの４種の体位を取っている。いわば我々が行動する際のバックグラウンドである。本書ではこれを「四種の基本体位」(Four Cardinal Postures) と呼ぶ。FCP と略記する。

人間生存の姿 (I am alive.)

.... → NOW
....｜ sitting ｜ lying ｜ sitting ｜ standing ｜ walking
  ... singing,　talking,　watching,　eating, etc.

一般動作の間では「食べる＋話す」のように両立しにくい場合があるが背景の動作は一般動作とは矛盾しない。しかし食事あるいは読書をしたりテレビを見るときは立っている必要がないから座ることになる (to sit at table, desk)。「行」については「移動する (to move)」意味であればよいので特に指定する動詞はない。

11.12.c　進行形との関係

FCP が叙事文の主文の定動詞の位置にあって現在時制であるときは進行形になる。要するに「いま座っている」のであれば進行形を使うのである。姿勢を意味する FCP は厳密にいえば動作ではないが意志動作として体位を思い通りに変えられることから一般の動作として扱われるのであろう。「行」は全面的に通常の動作動詞と異ならない。

They are *all standing* or *sitting* about in the most quaint and curious attitudes I have ever seen off a Japanese fan. (J. K. Jerome)「奇妙な姿勢で立っている者もあり座っている者もある。日本の扇子にあのような絵は見たことがない」‖ Well, I don't see what we *are sitting* here for? (R. Ogden)「私たちここに座って何を待っているのかしら」‖ The County Commissioners *are sitting* to-day. (G. S. Porter)「今日は市参議会開催中」‖ I can do it, just as sure as you *are sitting* there. (M. Twain)「確実にやって見せます」

【備考】
1.　単純現在形もときに見かけるが歴史的現在との識別は困難である：He *sits* not a dozen yards away. (H. G. Wells)「ごく近くに座っている」‖ There he *sits behind me now*, stuffing — as I live! — a third go of buttered tea-cake. (H. G. Wells)「なんと三個目をほおばっている」—副文ではどちらも例があるが進行形はまれ：As he *sits* in the middle of the grim parlour, ... he *looks* as though. (C. Dickens) ‖ As true as I *am standing* here I was crazy.「間違いなく私はどうかしていた」‖ She stops him as he *is moving* out of the room. (C. Dickens)「部屋を出ようとしたところを呼び止める」

2.　移動しない主体に進行形の適用はない：Dorchester *stands* half a mile from the river. (J. K. Jerome) ‖ The house *stands* in a lonely place, and the neighbourhood is thinly inhabited. (A. Brontë)
判断文も同様：In the sentence, *A man who is wise will be honored*, the word

WHO *stands* for what?「who は何を指しているか」‖ That *stands* to reason. 「それはもっともだ」‖ He has never had a card in his hand in his life, he has never in his life laid a wager; and yet he *sits here till five o'clock in the morning watching our play*. ‖ The business is really managed by Miss Stoper. She sits in her own little office. (C. Doyle) ‖ Your coat sits frightfully.「体に合わない」

3. I'm standing, sitting, lying は口語では通常の言い回しであるが演説など文語文体では単純現在形も見受けられる：My fellow citizens: I *stand* here today humbled by the task before us, grateful for the trust you have bestowed, mindful of the sacrifices borne by our ancestors. (B. Obama's *Inaugural Address*)「皆さん、今日私は義務感の重さに襟を正してここに立っています。私に示された皆さんの信頼への感謝の気持ちとともに私たちの祖先が国のために払った多くの犠牲に想いを致さずにはいられません」
同氏は遊説中の演説では I'm *standing* here と言っている。

11.12.d 過去時制
過去時制では as he sat (etc.) というとき、進行形はほとんど見られない：He saw her *as he stood* at the top of the little hill-path. (E. Gaskell)「丘の小径に立って彼女を見下ろしていた」‖ She laid her fingers upon his arm *as he stood* on the pavement by her side. (E. Oppenheim)「脇の歩道に立っている彼の腕に指を乗せた」‖ After they were gone, True fell asleep *as he sat up* in the tree. (G. W. Dasent)「木の上で寝込んでしまった」

11.12.e 体位(FCP)の変更
「横になっている」から「座っている」へ：to sit up「上半身を起こす」：to make one *sit up*「ハッとさせる」Jurgis *sat up* with a start. (U. Sinclair) The fellows *sat up* and stared at one another. (J. K. Jerome) 但し to sit up late ＝ keep in a sitting position till late「寝ないで起きている」
「横になっている」から「立っている」へ：to stand (up)：副詞 up は不可欠ではない：She *stood* and walked away. (*Time*)
「動き回っている」から「立ち止まる」へ：to stand still (＝to come to a standstill)：Everyone *stood still* and listened.「誰もが足を止めて聞き耳を立てた」
「立ち止まったままの状態にいる」be at a standstill: Rush hour traffic *is at a standstill* across wide areas.「広範囲にわたってラッシュ時の交通が麻痺して

「立っている」から「座っている」へ：to sit down / to sit oneself down
to set が「座らせる」意味を失ったことから現在では sit oneself down という。
「立っているまたは座っている」から「横になる」へ：to lie down / to lay oneself down

11.13　背景としてのFCP

　動作をしているときの姿勢をあわせて記述することによって、進行形に似た効果をあげることができる。但しこの語法は過去形および未来形に限られて、現在進行形の文脈には現れない。下の引用文では「座している」ことと「動作をしていること」が時間的に表裏一体と見なされている。

They *were playing* together, *standing erect*.（A. R. Wallace）「背筋を伸ばして起立して」‖ She *was sitting there waiting* for something or somebody and, since *sitting and waiting was*（sg.!）the only thing to do just then.（L.M.M.）「誰かあるいは何かをじっと座って待っていた。そうするほかなかったのである」— sitting「座っていること」と waiting「待っていること」が単数扱いであることに注意 ‖「しばらく雑誌を立ち読みしていた」は He *stood and browsed* in magazines for some time.「私は座ってテレビを見ていた」は I *sat and watched* television.「あお向けに寝て新聞を読んでいた」I *lay on my back and read* a newspaper.「歩きながらひっきりなしにおしゃべりした」は We *walked and chatted* continuously together.

to stand and do
She *stood and looked at* it as if it might have something to say to her.（H. James）「まるで語りかけるの待つかのように彼女は立ったままそれを見つめていた」‖ Anne *stood and watched* Diana out.（L.M.M.）「Dが出て行くのをAは立ったまま見送った」‖ Gerard *stood and looked at* it in silence.（C. Reade）「ゲラルドは立ったまま何も言わずに見つめていた」‖ Valentin *stood and smoked* in front of the yellow-white blinds.（G. K. Ch.）「黄みがかった白色のブラインドの前に立ちタバコをふかしていた」‖ So he *stood and waited* until his limbs became almost paralyzed with cold.（E. Burroughs）「寒さで手足の感覚が麻痺するまで立ったまま待ち続けた」‖ He *will stand and look* on passively like an ordinary spectator!（D. M. Wallace）「普通の見物人のようにただ立って見ていることだろう」

to sit and do

She *sat and wept* all day long. (A. Lang)「座ったまま一日中しくしく泣いていた」‖ So she *sat and looked at* him curiously for a few minutes. (F. H. Burnett)「彼女は座ったまましばらく不思議そうに彼を見ていた」

to lie and do

She simply *lay and looked at him* like some wounded animal.「女は傷ついた動物のようにじっと横になったまま彼を見ていた」‖ For a long while she *lay and listened* to the music of love.「横になったまま愛の音楽に聞き入っていた」(T. Dixon) ‖ She *lay and nibbled at* a sprig of dwarf rhododendron. (H. G. Wells)「横になったまま石楠花の小枝を嚙んでいた」

分詞を伴うときも単純現在形でよい。He *sits* doing が he *is* doing のように感じられるのであろうか。ただし He is sitting reading ... の例も散見される。

Look how she *sits glaring*! She is angry. (C. Garnett)「座ったままで怖い目で見ている。怒っているんだわ」‖ At last, one day *as he stood looking* at the window of a bookseller's shop, he heard a voice behind him. (J. Bojer)「足を止めて書店の窓を見ていると後から声がした」‖ He *lay* there *waiting* in the darkness. (D. Lindsay)「暗闇の中を臥して待った」

次の例は歴史的現在であろう： He *sits* by the fire and *reads* Dante. (G. Gissing) ‖ There he *sits watching* until I have done this writing. (H. G. Wells)「書き終わるまで座って見ていた」

【備考】 ノルド語(デ)ではこの語法が英語の進行形に対応する： Jeg *sidder og kigger* på Deres katalog 'I'm looking [*lit.* I sit and look] at your catalogue.' 立っているとき (*jeg står og kigger*)、横になっているとき (*jeg ligger og kigger*) という。また過去形もある。ノルド語(ア)では Ég er að lesa bók [je:g er að le:sa bouk] 'I am at reading a book' で進行態を示す。ゲール語でも同じように Táim ag léamh leabhair [ta:m' a l'e:v l'our] 'I am at the reading *of* a book' と表現する。ただノルド語の迂説形の使用は口語の特徴でもあるが英語やゲール語と異なり必須ではない。

11.14 進行形の諸相

巨視的進行形 (macroscopic progressive)

現在進行形は発話の時点 (MS) に平行して進行する事態を描写する形式であるが、MS を取り外すことができる。この手続きによって「いま動作が進行中だ」から「当該の動作が行われている期間中だ」へ意味内容が変わる。例えば「バーゲンセールの期間中」あるいは「現在、XX 県物産展を開催中」など。

「いまどういう本を読んでいますか」—「シェイクスピアを読んでいます」
What are you reading now? — I'm reading Shakespeare.

日本文からは分かりにくいが「いま」とは「この瞬間」の意味ではなく「このごろ、最近」というのと同じである。この会話が行われているとき「読む」行為は行われていないかもしれない。図に描くと同じように見えるが、区切りを表す時間の単位が違うことに気づく。通常の進行形では一区切りは分単位あるいは時間単位であり、大きくても一日を越えることはない。コーヒーを飲んだり読書したりする行為は時間的にはたかが知れたものである。しかし三十数作品もあるシェイクスピアの作品を読むには本国人でも数週間あるいは数ヶ月必要であろう。

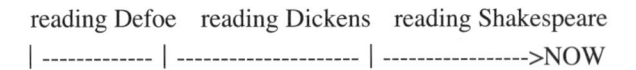

```
      reading Defoe    reading Dickens    reading Shakespeare
    | ------------- | --------------------- | ----------------->NOW
```

このような進行形をとりあえず「巨視的進行形」(macroscopic progressive) と呼んでおこう。図式を見ると進行形によく似ているが、対応する時間の桁が大きいのである。その結果として発話の時点 (MS) でその行為が行われていなくてもよい。しかし該当する区切りの幅を明示しないと MS (発話の時点) と関係が発生する。

I'm taking history *this term*. 「今学期は歴史（の授業）をとっている」‖ They are spending their summer holidays in Karuizawa *this year*. ‖ I wonder what she has been doing *these eight years*. (S. Jewet)

進行形が till / until 節と両立できるのは「巨視的進行形」で反復的な意味が読み取れる場合に限られる：He *was using* my office *until* I came back from the States. 「私がアメリカから帰るまで彼は（毎日）私のオフィスを使っていた」

11.15 単純現在形と進行形の相違

to live, to wear などその内容が動作よりも状態としての性質が顕著な動詞は単純形と進行形にさしたる区別がないように見えることがある。

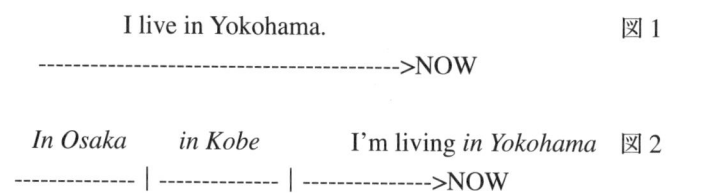

第十一章　現在分詞と過去分詞　　　　　　　　　　　197

　　　　　　I live in Yokohama.　　　　　　　　　　　図1
　　　　　--->NOW

　　　In Osaka　　*in Kobe*　　　I'm living *in Yokohama*　　図2
　　　--------------｜--------------｜---------------->NOW

「現在横浜に住んでいる」を第2図で見ると、横浜の前にはどこか別の所に住んでいたこと、その前にはまた別なところに住居を構えていたことが想像される。つまり living in A, living B, living in C のように住む場所による違いを動作の違いに置き換えた結果として進行形に必要な区切りができあがっている。厳密に運用すれば、進行形は頻繁に住所を変える人が使うもので、横浜に生まれて住居をよそへ移したことのないに人には単純現在形が用意されている。事実、進行形は期間が短い感じを与えるという本国人の説明もこれに合致する。to wear「身につけている」は口語では進行形にすることが多い。但し香水については What perfume do you wear? というが、現在形の使用は香水の好みはそうは変わらないという事実を考え合わせると分かりやすい。

She *was wearing a satin dress* of sky-blue — my favourite colour.（G. W. Grossmith）「青いサテンのドレスを着ていた。私の好みの色だ」‖ The shirt Butler *was wearing* at the time of his arrest was examined also.（H. B. Irving）‖「逮捕されたとき B が着ていたシャツも調べられた」‖ She *was wearing an expensive looking silk kimono.*（E. Ferber）「いかにも高価そうな絹の和服を着ていた」‖ He *was wearing a new silk hat.*（H. G. Wells）「新しいシルクハットを被っていた」

11. 16　段階的進行形（Gradual Progressive）

　この場合は段階的に変化することをもって「動作」の区切りと解釈していると思われる。

And even then, though I knew it *was drawing near the limit* of my opportunity. ‖ Your handwriting *is improving.*「回を重ねるごとによくなって行きますね」‖ One of my headaches *is coming on.*「いつもの頭痛がひどくなってきた」‖ I'*m developing* a cold.「風邪がひどくなってきた」(咳の回数が増えてきた) ‖ The difficulties *are decreasing.*「困難が次々となくなっていく」‖ I'*m beginning* to understand.「分かりかけてきた」‖ He *is learning* his lesson.「ど

んどん分かってきている」

内容が主観的であると次項の判断文と同じことになる。

11.17　判断文としての進行形

　Tokyo is changing.　「東京は変わりつつある」

　これは上に説明した「巨視的進行形」の一種であるが新しい性格が加わっている。「東京は変わりつつある」という場合、街角にじっと立って眺めていても変化が見えるわけではない。これはむしろ東京以外に住んでいる人が繰り返し東京を訪れるうちに気づくであろう。ここでも繰り返しによる区切りがなければ変わる云々は話題にならない。

| Tokyo 5 years ago | Tokyo 4 years ago | Tokyo 3 years ago | Tokyo 2 years ago | Tokyo 1 year ago | Tokyo NOW

　しかも変化のあるなしは主観的に決められる。すなわち人が変化に「気づく」ことが条件となる。過去のデータから結論を出すというパターンは既に判断文の定義のところで述べた。この進行形は一種の判断文なのである（▶ 5.0.b）。

I*'m beginning to* understand.「分かりかけてきた」‖ I *am knowing* him *better now.*「だんだん彼の性格が分かってきた」‖ He *is improving* so steadily that I think we shall see a change for the better in the spring. ‖ I hope you *are still improving* in health, and that you will be able now to get on with your great work.（A. R. Wallace）「健康徐々に回復されて貴兄の偉大なお仕事をほどなく再開できるものと拝察いたします」

11.18　仮想進行形（Virtual Progressive）

　現在進行形の特殊な用法として次のような文が伝統文法においても論議されている。

My neighbour's wife *is constantly complaining* about the barking of our dog. Joe is always smiling.

上掲文はそれぞれ「隣の奥方は我が家の犬の鳴き声がうるさいといって苦情ばかり言ってくる」「ジョーはいつもニコニコしている」という意味であるが、この進行形を伝統文法学者は進行を意味しないと判定したようである。上掲の進

行形は著者の用語では「心理的進行形」というものである。「心理的」とは実際には進行しているのではないが、ただそのようだと思い込んでいる心理状態より発生するありさまをいう。日本語では「いつも～してばかりいる」「いつも～している」という。前者は批判的、後者は賞賛的である。但し情緒な含みは表現の内容から話者が感じ取るものなので、文法形式の中に「褒貶」（褒めたり貶したりすること）の意義素があるわけではない。

「隣の奥方は我が家の犬の鳴き声がうるさいといって苦情ばかり言ってくる」
My neighbour's wife is always complaining about our dog's barkings.

▲は顔をあわせるとき△は会っていないときである。愚痴を聞かされる側からいえば「ことあるごとに」という条件はあるものの、連続して愚痴を聞かされていると思うようになる。

歴史的事実：　　　△△△▲△△△▲△△△▲△△△▲△△△▲△
　　　　　　　　　時間の経過 ⇒
　　　　　　　　　She complains about our dog, whenever she sees me.

心理的な思い込み：　▲▲▲▲▲▲▲▲
　　　　　　　　　時間の経過（進行形）⇒
　　　　　　　　　She is always complaining about our dog.

副詞 always, constantly などは △ が省かれていることを示唆する符丁なのである。

Lizzy is not a bit better than the others; and I am sure she is not half so handsome as Jane, nor half so good-humoured as Lydia. But *you are always giving her the preference.* (J. Austen 1775–1817)「あなたはいつもえこひいきするわね」— 比較的古い時代の用例 ‖ The chance that father *was always looking for* has come.「父がことあるごとに望んでいたチャンスが到来した」‖ Have you ever noticed what cheerful things books are? They *are always laughing* (L.M.M.)「本って楽しいものだって思ったことがある？ 開くたびにいつも笑い掛けてくるのよ」‖ The Chinese theatre has been what we *always are crying for*, the theatre of ideas. (W.S.M.)「伝統的な中国演劇は我々が求めて止まないもの、つまり思想劇なのである」‖ Liddy, like a little brook, though shallow, *was always rippling*.「リディは会うごとに小川のせせらぎのようにさわやかな様子でした」‖ He took a kind of fancy to me then, and would hardly go back to his woods, but *was always hanging about* my hut.（C. Doyle）「彼は私のことが気にいったらしく、森へ戻ろうとしないでことあるごとに私の小屋あたりをうろついていました」‖ But whether he was on the floor or brooding in a corner, *he was always thinking* about Marie Shabata.「ダンスをしているときでも、隅で物思いに耽っているときでも、ことあるごとに彼はマリー・シャバタのことを思っていた」‖ From that day Nils *was constantly going into town and coming home drunk*.「その日以来町へ出ては酔って帰宅するようになった」

【備考】 to be always doing ＝ to keep doing
この形式は継続ではなく、反復を意味する場合がある（判断文）。「ことあるごとに」という含みが読みとれる。‖ 'It's over,' she *kept thinking*; 'all over'.（J. Gals.）「終わったのよ、終わったんだわ、と彼女は何度も自分に言い聞かせた」 ‖ 'Are you upon our side?' 'Yes. — Don't I *keep telling* you we are?' Robert said.（E. Nesbit）「我々は味方だといつも言っているではないか」‖ I *keep saying to myself*, what if Gordon and I, should change our minds about liking each other?（J. Webster）「私たちお互いへの気持ちを見直すべきじゃないかとことあるごとに思う」

叙事文では進行形と同じ意味になるが to keep doing を *to *be keeping* doing とは書かない： The horse *keeps* running, i.e. it is running; it never stops. — cf. She *remains looking* after him along the street.（C. Dickens）‖ Everybody is abundantly civil, but home-sickness *keeps* creeping over me.（E. C. Gaskell）

第十二章　過去分詞と受動態

12.0　直接受動と間接受動

受動には直接動作を受ける場合と（狭義の受動）と間接的に動作の影響をこうむる、「あおりを受ける」場合とが区別される。英語では to *suffer* death が前者の例、後者は to *suffer from* an illness と表現できる。それぞれ「死をこうむる、殺される」、「～で苦しむ、～のとばっちりを受ける」意味である。

12.1　用語の問題

能動・受動を考えるとき主体である行為者の意志の有無が問題になるが、本書では「意志動詞、無意志動詞、随意動詞、不随意動詞」などを適宜使用する。漢語文献には「自主動詞、不自主動詞」とある。漢字の意味としてはこちらが適切なのかもしれない。

12.2　受動形式と論理受動

passive / passivity はラテン語 patio「こうむる」に由来し、古典ラテン語では「（厳冬を）体験する、（心身の）苦痛を受ける」などの意味であったが、中世期に宗教用語として patior「受難する、殉教する（信仰を貫くために命を落とす）」意味を得て今日の「受動」に至ったものである。固有名詞としての the Passion「受難」は前者の意味でキリストが十字架に付けられた事件を指す。一般名詞としての passions は「外部からの刺激に感覚器官が反応すること」即ち「情緒」の意味である。この単語は「情熱」とも訳せるが基本義からやや外れる。習慣上 passive (voice) は文法形式の名称として定着しているので、一般的な意味での受動、被動の関係を passivity「受動性」と呼ぶ。

12.3　他動詞の過去分詞と受動態

他動詞の過去分詞には受動性と完了性の両面がある。少数の他動詞については完了性を欠くものがある。例えば「愛する」という意味の to love は始めも終わりも判然としない状態を指しているので、過去分詞も完了の意味を持たな

[201]

い。身体の運動を伴わない動詞は「動作」の向けられる対象に実質的影響を与えない。誰かに愛されていても、愛を打ち明けられない限り、愛されているという意識は発生しない。

He *had loved and been loved by a fair and estimable girl*, Ann Rutledge.（A. Lincoln）「彼は美しい立派な女性と相思相愛の仲だった」‖ Her parents said Kim was their treasure. She *was loved by* us, by her family.（newspaper）「彼女の両親は、あの子は私たちみなに愛されていると語った」

12.4　過去分詞の二面性——break と buy

　動作が完了したというとき、その性質上、同じ言葉で完了以後の状態を表現できるものと、完了したあとの様子を表現できないものがある。

	現在の状態 1	動作の完了	現在の状態 2
a)	The glass *is broken*.	Someone broke it.	It is in a *broken* state now.
b)	*A new computer *is bought*.	We bought it.	*It is in a *bought* state.
c)	*The bear *is killed*.	The hunters killed it.	It is now *dead*.

歴史的にいえば上掲の文型は完了受動態であった。現代英語でいえばそれぞれ

d)　The glass *has been broken*.　　「コップが壊された」
e)　A new computer *has been bought*.　「新しいコンピューターが購入された」
f)　The bear *has been killed*.　　　「熊は駆除された」

となる。その後 a)〜c)形式は d)〜f)に継承されることになるが、a)のタイプは完了時制の機能は失ったものの、broken = in a broken state として残った。broken は古典語で「動詞派生形容詞」（verba adjectiva）と呼ばれるもので形容詞と同機能であるが動詞活用の一部である。以上の説明から現今「受動態」と呼ばれる形式はかつて過去分詞を用いた完了形が現代英語に継承されたものであることが理解されると思う。また to be は助動詞ではなく通常の動詞である。受動性はもっぱら他動詞から作られた過去分詞の性格に依存している。現在形が使えない組み合わせでも過去形であったり助動詞がある場合は語法上の不都合はない。現在という時間の先端は絶えず先へ移動しているため、to buy, to kill など瞬時に収束する動作はこれに対応できない（*a bought state, *a killed state)。自動詞についても The bus is gone はあるが［?］The bus is come はもは

収束	現在
It was broken.	It is broken.
It was bought.	対応する形式なし(It *has been bought*.)
He (etc.) was killed.	He is dead.

12.5　「状態受動」と「動作受動」というもの

　この形式上の区別は無意味である。所謂「状態受身」と「動作受身」についてである。上記 b)および c)は state passive にはならないので be / get のどちらも同じ結果になる。学校文法でいわれる二種の受身(状態受動と動作受動)は to be を「状態」で、to get を「動作」で言い換えたに過ぎないので新味がないのみならず不正確でもある。*When we were married* last year は *when we got married* last year と同じことである(下の説明参照)。

　　　　　He was killed. ‖ He got killed.

He got killed は映画やテレビドラマのせりふによく聞く。口語では基本的にすべての受動態に to get を適用できるはずではあるが、主語の体験として生き生きと提示するのが to get をあえて使う趣旨であるから、口語法を受け付けない文語文でこの語法が使われることはない。欧米人の論書の中に We *were taught* the Greek subjunctive in college のような文では to get taught は考えにくいという趣旨のことが書かれているのもこのことを指しているのであろう。

Quintal's wife *got killed* by falling from the cliffs. (J. London)「やつの女房は崖から落ちて死んだ」‖ He's had a fight with the robber and *got killed*. (H. Brink)「強盗と渡り合って殺された」‖ The mare *got killed* and Dad gave him to Sis when he was a sucking colt. (B. M. Bower)「母馬が死んだ。それでパパがまだ子馬のときにシスにくれたんだ」— to get killed は事故死の場合にも使える。‖ It must have *got knocked* on a rock somewhere.「(フィルムがひっかかっているのは)このカメラは岩の上にでもドンと落ちたんだろう」‖ I *got knocked* into the sea by the boom and fell between the ships. (C. Reade)「爆風で海へ飛ばされて船の間に落ちたのさ」

但し a)の場合でも環境によって dynamic passive の解釈しかあり得ない場合がある。例えば I was 25 *when I was* [= got] *married* では内容から判断して「私

は結婚していた」意味は論外である。以下の例においても get を使う必然性はない。

Mr. Darwin *was married in January*.「氏は一月に結婚された」‖ I *was married* in summer, on a glorious August morning.（A. Brontë）「私は八月の晴れた朝に結婚しました」‖ It's twelve years *since* I *was married* to you.「結婚してから 12 年になるなあ」‖ You have noticed this in Frank *since he was* [＝came] *here*?（Bulwer-Lytton）「フランクのこの性格は彼がここへ来て以来あなたは気づいていましたね」‖ Police said that a window *was broken* and a petrol bomb *thrown* in to St McNissis' school.（newspaper）「警察発表によれば窓が壊されて、火炎瓶が校舎に投げ込まれた」‖ The fellow came down flat on his face, but the skin *was not pierced*, and no bone *was broken*.（D. Liv.）「その男はうつぶせに倒れたが、皮膚も破れず骨も折れていなかった」

to be going to be / going to get

　この環境でも to get はオプションである。

They *were going to be married* as soon as they could get everything settled.「整理がつき次第結婚する予定だった」‖ She's *going to be married* next Thursday!（A. Brontë）「木曜に彼女結婚するのよ」‖ And I'*m not going to* be forced to it.（D. H. Lawr.）「無理強いされるつもりはありません」‖ Are you *going* to be kissed?（D. H. Lawr.）（子供に）「キスしてあげようか」‖ "Do you know that I *am going to get married*?" "You told me so before." "Did I? I've forgotten."（D. H. Lawr.）「私結婚するのよ」「そう言ってたわね」「あら、覚えてないわ」‖ You say George *is going to get married* after all these years?「いま結婚するんだって？」‖ 'Of course you knew,' she said coolly. 'You knew we were going to get married.'「ご存知だったはずよ。私たちが結婚するはずだったことをね」‖ And I, I was going to fight, I was going *to get killed*.「俺は俺で死ぬまで戦ってやろうと決めていたのさ」

12.6　受動文と行為者の表示

　従来より受動態の行為者をめぐって文法家の間にやかましい議論が行われてきたが、古期英語では単に「～から（of＝off, from）」と表現した。現代英語の to be beloved *of*, to be possessed *of*（an evil spirit）「悪霊にとりつかれた」にその残滓が認められる。

それにしても日本語で「先生から推薦された、推薦を受けた」などというが「違法駐車の車は当局によって他の場所へ移動させられた」では同じことを「当局に移動させられた」といえないのは何故であろうか。車の移動など状況に目に見えて変化が起きなければ「によって」は使えないということらしい。以上が歴史的に見た受動文成立の概要である。

12.7 論理上の受動（受動性）

12.7.a 概念上の受動態

　XがYに作用を及ぼすときその動作が意志の発動を含むときは概念上の受動態が構成できる。「Xが意志をもってYに作用を及ぼす」は「YはXによって作用される（be affected）」ことである。概念上受動態が可能であるものは言語上も表現可能である。但し当該言語の受動態形式によるとは限らない。また受動形式が常に受動の意味を伝えるとも限らない。

原型　うちの猫がネズミを捕まえた。
　　　イ）うちの猫が...　ロ）ネズミが...

原型を維持する限りは論理上イ）には能動、ロ）には受動の関係即ち受動性が認められる。しかし論理上の受動性がそのまま言語形式の「受動態」とは限らない。

The mouse *was caught by* our cat as it darted about in the kitchen.「ネズミはキッチンをちょろちょろしているところを我が家の猫につかまった」‖ The poor mouse *fell a victim to* the hunting instinct of our cat.「可哀そうにネズミは猫の狩猟本能の犠牲になった」

12.7.b 「首になる＝解雇される」

　I was fired, dismissed ＝ I lost my job. 即ち「解雇された」のである（I got the sack）。「辞職した」というときにはI quitted my jobという。また to lose one's mind「正気を失う」では他人に奪われないまでも、自ら好んですることではない。

12.7.c 「落第する＝落とされる」

　to fail / to flunk（米俗）「（学生が）科目を落とす」「（教授が）学生を試験で落とす」

He *flunked* all of his courses.「すべての科目で落第した」‖ He *failed* his exam.「落第した」‖ Long ago, in his first year at college, he *had flunked* the examination of the professor whom he reverenced above all others.（D. Miller）「誰よりも尊敬していた教授に落第点をもらった」‖ But Erno has still a great deal to learn, for he *was nearly flunked* in his exam.「E はまだ未熟だ。試験にもあやうく落ちそうだった」

12.8　他の方法

　to get ＋動作名詞あるいは動作を連想させる抽象名詞。他に to have, incur, receive ともいう（後二者は文章語）。日本語で「戦闘で致命傷を受けた」とは「戦死した」ことである。英語でも He got, incurred, received a fatal wound は同じ意味になる。こちらは He was killed in the battle ともいえる。

I *got a good rebuke* to my ingratitude from that poor fellow.（G. MacDonald）「あいつから恩知らずとさんざんなじられた」‖ If you have a mind to follow the trade that we follow, you can very well *get a place here*.「私どもの仕事に意欲がおありなら、あなたを雇ってあげてもいい」‖ Did you *get a visit* from the police?（TV）「警察から事情を聞きに来ましたか」‖ Of course I *got a good talking-to*, but *no* whipping.（C. E. Johnson）「むろんうんと叱られたが仕置きはなかった」— cf. "Well — *that talking-to you gave me* has had its effect.（D. G. Phillips）「君の説教はこたえたよ」‖ He cannot *get a fair trial*.（newspaper）「公正な裁判を期待できない」

成句：to be in trouble / in hot water「相手と衝突してあるいは相手に攻め立てられてひどい目にあう」Their daughter was in trouble with the police.「非行で補導された」‖ しばらくフィアンセに手紙を書かなかったとかで彼女に油を絞られたという状況を I was in hot water と形容した例がある。‖ A heedless, reckless creature he was, and always in hot water, always in mischief.（M. Twain）「無思慮で向こう見ずなこの男はいつも人と衝突して悪童振りを発揮していた」

12.9　経験と体験

　受動性を特に意識しないとき「（楽しい）思いをする」、苦しいことは「〜の目にあう」で、よくも悪くもこれこれの状況を「体験する（experience）」という含みがある。

A charming time of it you must have *had*!「楽しかったのでしょうね」‖ They had *a dreadful time of* it with her.「彼女といてひどい目にあった」‖ The mother *had a hard time of* it with her family of seven children.（E. Hubbert)「七人の子を抱えて難儀した」

12.10　行為者を表明しない受動性

前置詞を用いて受動表現が作られる。不作為を内容とする自動詞を使うこともできる。前置詞 by の句は文法上の行為者を指すのではない。

定動詞 + prep. + 動作名詞

He *was under suspicion* by the police.（TV) —別に He was suspected by the police の変形というわけではない。論理と言語形式を同一視してはならない。

Wade Williams, you *are under arrest* for murder.「殺人容疑で逮捕する」‖ Roger Smith, you *are under arrest* for the murder of Judith Powel.「殺害容疑で逮捕する」‖ There is, indeed, only a small part *under cultivation* in this fertile valley.（D. Liv.)「この豊かな渓谷ではごく一部しか耕されていない」‖ The ship *was under repairs* at Portsmouth for six weeks, during which … (A. T. Mahan)「船はプリマスで6週間の予定で修理中である」‖ Unhappily the thin cord *broke under the strain*.（B. Stoker)「不幸にも細い紐は力に耐えかねて切れてしまった」

類例：He *is on their list* of suspects.（TV)「被疑者のリストに載っている、疑われている」‖ A Derry-born ambulance driver is to *go on trial* in the United States.（newspaper)「米国で裁かれる予定」— cf. He will *be brought to trial*.

成句：My notes are safe *under lock and key*.（W. Collins)「厳重に保管されている」

第十三章　受動文をめぐる諸問題

13.0　受動態成立の条件（その1）

原則：動作の主体に意志の発動があり、受ける側に動作の影響が認められるとき受動態が可能となる。

During dinner I *was waited upon* by the daughter of the landlady, a good-looking merry girl of twenty. (G. Borrow)「晩餐の間私は美人で陽気な女将の娘から給仕を受けた。年は二十歳ほどであったろうか」‖ This hill has *been walked up* by generations of schoolchildren. (D. Kilby, 1984) ‖ The bridge *has been walked under* by generations of lovers. (D. Bolinger)

最後の例は「その橋の下を恋人たちがランデブーの場所に選んだ」という意味である。このように論理上の受動性があるところでは、他動詞あるいは自動詞を問わず受動態ができることがある。*The bridge is walked under by stray dogs (Bolinger)が成立しないのは、受動性の成立に必要な「選ぶ」という主体的動作が野良犬の場合はないからである。事柄の性格上からして橋に物理的な影響が及ぶことはないが、ランデブーの場所として有名になる、など心理上の影響は残る。また子供達が歩いた丘の道は踏み固められたに違いない。以下の例においては主語に主体性がないため、これらの能動文は受動文へ変更できない (▶ 13.5)。

Then *morning found* him out early, before his friends had arisen. (D. H. Lawr.)「彼は朝、誰よりも早く起床した」‖ *Morning found* him too weak to travel. (J. London)「朝になっても出かける気力はなかった」‖ Yesterday *saw* a sudden fall in stock prices.「昨日株価が突然下落した」‖ Sunrise the following morning *saw* us on the way up a huge gorge with nearly perpendicular sides. (I. L. Bird)「翌朝の払暁、我々は切り立った崖に沿って登った」‖ The path from the wood *leads* to a morass.「この小道は沼沢地へ続いている」

本来 it leads *a person* to a morass の意味である。目的語が省かれてしまっては

受動態は利用できない道理であるが、そもそも *You (etc.) are *led* to a morass *by* the path（AGENT?）という文が存在しない。主語に意志がないと形式上の受動態ができにくいのである。

13.1 受動態成立の条件（その2）

一方「意志の発動」と「動作の影響」のどちらが欠けても「受動関係」は成立しにくい。例えば He *had been surprised at* her soberness of manner.「彼女の様子があまりにも冷静なので彼は意表をつかれた」は形式上 Her soberness of manner surprised him の「受動形」ではあるけれども、動作の主体の側に意志の発動がないから受動性は認められない。即ち彼が驚いたことに関して彼女の側に意志の発動はないということである。仮に by- 前置詞句があっても行為者の表示ではない。

I was amazed *by the loudness* of her song.「声の大きさに感嘆した」‖ He was pathetically amazed *by the look she gave him.*（B. Tarkington）「彼女のまなざしに心底から驚いた」‖ I am somewhat surprised *at your request.*「あなたの依頼には幾分かたじろぎました」‖ The reader has been amused *by it.*（M. Twain）

13.2 「心理」動詞の特徴

「心的に影響される」という意味の動詞はすべて同じ扱いとなるが、通常の受動態と次の点で異なる。

(a) 進行形を用いない：You surprise me / I am surprised.「これは意外な」という意味。これに対し The children were being amused（= entertained）by the baby-sitter は通常の受動態である。

(b) 行為者ではなくきっかけとなる事態が前置詞句で表現される：I am disappointed *in* him / *at* his decision. ‖ She was "bitterly disappointed" *at* the announcement.（newspaper）「声明の内容にひどく失望した」

通常の受動態との比較
He *was struck by a Prussian bullet*, and he had just time to hand the colours to me.（C. Reade）「プロシア兵の弾に当たったがどうにか私に軍旗を手渡す暇があった」— I *was struck by their similarity.*「類似点があることにはっと気づいた」‖ I *was not surprised* at all — surprised（= taken by surprise）.「不意をつかれた」原義は「急襲する、寝込みを襲う」‖ I was not a bit *taken by surprise*, not a bit *confused*, or *awkward*, or *foolish*; I just acted and spoke as I ought to

have done. (A. Brontë)「私は少しもうろたえていませんでした。混乱してもまごついてもいませんし正気を失ったわけでもありません。当然と思う行動をしたに過ぎません」

13.3 受動態成立の条件(その3)

13.3.a 受動文構成のバランス(一)
行為者の状況

　D. Bolinger は形式的条件を整えながら受動態が不自然な例として

Private Smith deserted the Army.「二等兵のスミスが隊を無断で離れた」

を挙げている。二等兵が無断で去っても軍にさしたる影響は出ない。これが将軍であれば事態は深刻である。動作主体に意志の発動がなければ受動文は成立しないことは既に見たとおりであるが (▶ 13.0)、意志の発動があっても影響が対象に及ばなければやはり受動文はないということになる。David Kilby も次の文がおかしい (odd) のは John Smith なる人物の存在の軽重と関係があると説明している。

　　　　? This hill was walked up by John Smith.

13.3.b 受動文構成のバランス(二)
動作の対象の状況

(ⅰ) *A sumptuous dinner* was eaten *by the members* of the club (*by John).
(ⅱ) ??*An apple* was eaten *by John*.
(ⅲ) *A crutch* is a long stick, ... *used* as a support for walking *by someone* with an injured leg or foot. (Harrap's)―定義文ではバランス云々は不問。

(ⅰ)では個人の act (行為)は受動態ができないが event (出来事)なら複数の人々が食卓について食事をすることを指す。(ⅱ) は 受動文において主語の不確定な条件 (*an* apple) との確定的な条件 (by *John*) がつりあわない。*Our lunch* was eaten in haste のように主語が定であれば問題はないが、「不定」主語文から前置詞句(行為者の表示)を除いた An apple was eaten もありえない文ではない。

A hasty lunch was eaten as they stood. (T. Hardy)「立ったまま急いで昼食を取った」∥ By the time *a hasty breakfast was eaten* the water was in the kitchen. (G. W. Cable) ∥ *A man* has been arrested and is to be charged with possessing drugs with intent to supply and having a firearm with intent to endanger life. (newspaper)「売買目的の薬物と加害目的の銃器所持で告訴の見込み」

13.4　主語と行為者の定・不定の均衡

A history of the Persian War was written *by Herodotus* は定・不定のバランスを欠くけれども *A history* of the Persian War was written *by a Greek historian* called Herodotus とすればよい。*A History* 云々が書名であれば問題はない。因みに A. Christie の作品に *A girl* was murdered *by someone* who ... という文がある。

13.5　受動文成立要件の再確認

　受動態成立に必要なバランスを決定するのは不定冠詞などの文法形式ではなく論理上の軽重による。ありふれたリンゴや石ころ、書状、鞄などが受動態の主語になりにくいのは当然であるが、A. A. ポーの *The Purloined Letter*「盗まれた手紙」や C. ドイルの *The Second Stain*「第二の血痕」にあるように極秘扱いのある書状 (a certain letter) がだれそれに盗まれたという状況はありうることである。以下は慣用表現 (to make a ～) である。

Afterwards in no long time *a great search was made by* the Persians for these men. (E. Gibbon)「ほどなくペルシャ人により、この男たちを追って大掛かりな捜索が行われた」∥ *A vigorous but not very effectual attempt was made* by many bishops. (Abbey / Overton)「多くの司教が積極的に試みたが効果はなかった」∥ To prevent disorder, *a formal request was made by* the President. (B. H. Hall)「混乱を防ぐため大統領によって正式の依頼が発せられた」∥ But *one false statement was made by* Barrymore at the inquest. (C. Doyle)「検死の際、一つ偽の供述が B によってなされた」

13.6　受動文における行為者の扱い

　能動態を排除して受動形式をとるにはそれなりの理由がある。受動態の行為者の扱いに関して欧米の文法家が受動態の条件として行為者の表示を絡ませたことから、事態が複雑になってしまった。これは論理上の受動 (passivity) と言語形式の受動 (the passive) を混同した結果である。動作のあるところ必ず行為者があることは論理的必然であるが、言語形式において行為者を表示するしないはもとより次元が違う。例えば Radium was discovered *in 1898*. という文は

最初から行為者の表示を含んでいない。Radium was discovered *in Paris.* や Radium was discovered *by accident.* も同様である。「発見する」という以上は発見者がいることはもちろんであるが、それは論理上のことで言語表現上に反映されるかどうかは話し手あるいは書き手の側の欲求の有無により決められる。行為者の表示を前提としたうえで、省略する場合を列挙する欧米の文法観は愚の骨頂である。受動文成立の要件として見るとき where, when, why, how などのどれかがあれば十分なのであって、しかも行為者の by-phrase もその一つに過ぎないのである。

13.7　日本語の問題

　加えて日本の英語学習者に特有の問題がある。「風で屋根が飛ばされた」というところを英語では「風が屋根を飛ばした」と表現する。'The heavy wind last night blew off part of our roof.' これは擬人化などではない。西洋でいう擬人化とは Death を骸骨が僧衣を纏った姿で描いたものなどをいうのである。自然現象など意志が存在しない環境においても他に影響を及ぼす力としての大自然が行為者とみなされる。英語ではこの場合でも日本語の「流される、吹き飛ばされる」のように「れる・られる」(受動態?)が無条件に優先されるということはない。一般に西洋語では「迷惑を受ける」ことをもって受動の環境が整うわけではない。「彼は橋から落ちて川に流された」という意味を He fell over the bridge and was carried away by the stream と書けばその人の身に次々と起きた出来事を描写する。また He fell over the bridge and the stream carried him away は二つの出来事の単純なる報告である。日本語では「流れが彼を押し流した」とはいわないから我々の脳裏には受動文ばかりが蓄積されていくのである。

13.8　「受動進行形」について

　　　　　A new bridge is being built. 「新しい橋を建設中」

　本来の構文は A bridge is a-building というもので「新しい橋が建設の途中にある」という意味を表した。この a- は前置詞 on の変形といわれ、自動詞あるいは他動詞の区別なく動名詞とともに使用されていた。動名詞であるからむろん能動・受動のどちらにも通ずる。この語法は地方にまだあるかもしれないが標準的英語では使われない (▶ 9.7)。

She was there *a-talking* to me.「私と話していた」‖ You're *a-hunting* a wife. (J. W. Riley)「結婚相手を探しているのだろう」‖ "I'm *a-coming*, sir, I'm *a-coming*." (J. K. Jerome)「ただいままいります」‖ We were all *a-wondering* what made him run off in such a fright. (A. Edwards) ‖ "What are ye *a-doing*?" she said. (W. Ch.)「あんたら何やってんの」‖ I feared to leave the helm ... while this was *a-doing* [being done]. (J. Farnol)「この作業中私は舵先を離れたくなかった」‖ This is quickly over in the telling, but it was long *a-doing*. (J. Farnol)「話せばすぐ終わるが実際はそんなに容易なものではない」‖ "What's *a-brewing*, Henrey?" asked Jacob and Mark Clark. (T. Hardy) (cf. 'What's going to happen?') ‖ Something was *a-brewing*, sure. (M. Twain)「連中は何かたくらんでいるな」

この構文では主語と動詞句の間に文法上および論理上のつながりを認めがたいが、前置詞が脱落すると bridge と build は動詞と目的語の関係にある (to build a bridge) ように見えることから、語感上の要請とつじつまを合わせるために a-building が being built へ変えられてしまった：A new bridge is *a-building* ＞ a new bridge is *being built*.

米国の文法家 G. O. Curme (*Syntax*, p. 443) によると、この語法は 15 世紀に現れ、米国では 1825 年頃にようやく確立する。being built が確立するまで用いられていた A bridge was building の形式は誤りではないが、現在では不自然に感じられるようである (上述)。

13.9　現在の標準的語法 to be being done

A man *is being questioned* in Dublin following the seizure of £2 million worth of heroin on O'Connell Bridge this morning. (newspaper)「警察はヘロインを押収後、男性を取調べ中」‖ He *is being treated* in hospital where his condition is described as stable.「加療中。容態は安定している由」‖ Your attention is somewhere else, not on what *is being said or done* here; you are absent-minded. (Barron's)「言われていることやなされていることに注意が向いていないとき、心そこにあらずというのである」

13.10　受動進行形成立の経緯

上述のごとく「新しい家を建築中」は A new house is *a-building* であるが、接頭辞が消失して building が現在分詞と解釈されるようになると、新たに受動

進行形 A new house *is being built* が導入されるに至った。「家」を主語にすると述部は「建てられる」でなければならぬという理屈である。

The windows *were being opened* <> Somebody *was opening* the windows.「誰かが窓を開けているところだ」‖ He *was being well treated* — they were treating him well.「よい処遇を受けている」‖ He *was being laughed at*.「人の笑いものになっていた」‖ When he came in, sugar *was being auctioned*. (T. Dreiser)「競売の最中だった」‖ He *was being pressed* by his creditors who considered him bankrupt. (T. Dumont)「破産とみた債権者に責め立てられていた」

G. O. Curme は My clover field *was finished sown* yesterday. (G. Washington の書簡から)(*Syntax*, p. 382) という極端な例を挙げているが、They finished sowing my clover field yesterday などで十分とすべきであろう。He *is preparing* to take leave「暇乞いの準備中」は He is *preparing himself* to take leave と読めるが、Tea *is preparing* in the kitchen.「キッチンでお茶を準備中」は Tea *is a-preparing* の変形と判定される。現在分詞と a- 動名詞が同じ形になったとはいえ、この〜ing は現在分詞ではありえない。Tea is being prepared in the kitchen はこの矛盾のつじつまを合わせるために作られた構文と思われる。歴史を見ると現代英語現在進行形の 〜ing 形が確かに現在分詞なのか疑いを抱かざるを得ない。

13.11 受動の論理

　動名詞は本来、態の区別をしないのであるが、やはり論理思考の要請から受動動名詞 being done が作られたと推定される。しかし論理上の能動・受動の区別は流動的な要素もある。例えば The rope *broke* under the pressure「限界を超えてロープが切れた」というときは能動態ではあるが、力が加わって切れたのであるから、重力によって切断されたともいえる。しかし論理を基準にすると至るところ受動態ばかりになってしまう。

「受動態」という意識はラテン文法を手本に近代英国の教育家が一般教育に普及させたものと思しく、ほぼわが国の中学と高校に相当する grammar school は「古典語学校」に他ならない。また言語表現と思考(＝論理)を可能な限り近づける努力もなされた時代があった (▶ 13.10)。既に述べたように (▶ 9.4) The king is to blame はもともと王の状態を説明したものであるが (to blame = blameworthy)、the king と blame に着目すれば the king is to be blamed でなければならぬということになる。現代口語では He is to blame をよく耳にする。

Shakespeare（1564–1616）の *Tempest*「嵐」に And that most deeply *to consider* is the beauty of his daughter があるが、現代ならば what is *to be considered* であろう。

13.12 「受動態」の諸相

　アイルランド古来の言語であるゲール語のように能動態の目的語を残したまま受動態へ移行する風変わりな言語もある。能動文の定動詞に語尾を添加して主語を取り去ればこの言語に特有な主語のない「受動文」が生成する。「ゲール語が話される」を「ゲール語を話すことが行われる」と表現するのである（傍点部分が一個の定動詞）。行為者は必要があれば前置詞句で示すこともできる。目的語の有無にかかわらず動詞が独自に受動態を形成するのであるから他動詞あるいは自動詞の別なく「受動形式」が成立する。例えば tá (to be) にも「受動態」がある：*Táthar* ag amhrán [ta:har agaura:n] 'There is singing going on'）「受動態」をゲール語文法で「自律動詞（saorbhriathar [se:rvriahar]）」と称するのはそれなりの理由がある。印欧語では他動詞の過去分詞（起源上は動作派生形容詞）はすべて「～される、～された」という受動の意味を含むので他動詞の過去分詞のあるところ受動性がある。迂説形を用いる英語の受動表現において be 動詞は時制を担当するに過ぎない。

13.13 「再帰動詞」の受動態

　受動形式でありながら「受動」の意味にならない一群の動詞が英語にも存在する。to engage oneself「従事する」、to retire oneself「引退する」、to persuade oneself「確信する」（自分を説得する意味ではない）など再帰代名詞を目的語として独自の意味を得る動詞を reflexive verbs「再帰動詞」という。「独自の意味」とは、例えば He killed himself は再帰代名詞を含むけれども「他人ではなく自分を殺した」ということであるから「独自の意味」はない。再帰動詞とは次のようなものである：They *amused themselves*.「楽しんだ」‖ Professor Harrison *retired himself* at the age of 70.「70 で退職した」

13.14 再帰動詞の自動詞化

　現代英語の再帰動詞は代名詞を表現しない傾向が強く、結果として自動詞のような概観を呈する動詞が多い。

　　　　代名詞を省けない例： to persuade oneself of it (*He persuaded of it).

代名詞を省ける例: to worry oneself about it (He worries about it).

動詞 to persuade a person of it は「他人を説得する」ことであるが to persuade myself of it は「(自律的に)信じるようになる」という意味である。前者の名詞は「説得」であり、後者のそれは「信念」である。いま to worry oneself を例に説明しよう。

(イ)「悩ませる、心配をかける」意味で通常の他動詞である。

The incident *worried* them all at the time. 「当時みなが心配したものだ」
She knew what *worried* her husband. 「夫の悩みの原因を知っていた」
A very unfortunate parent, *worried* out of my life and senses *by a very bad child*. (C. Dickens) 「問題児を抱えて悩んでいる不幸な親」

(ロ)再帰動詞

a) He often *worries himself about* it.「そのことでしばしば気をもむ」‖ There is no earthly need of your *worrying yourself about* your sister. (F. R. Stockton)「妹さんのことは全く心配ない」‖ It was clear that he must not now suffer passively, *worrying himself over* unsolved questions. (C. Garnett)「未解決の問題に気をもんで苦しんでいる時ではないことは明白だった」

再帰代名詞を省いても意味は変わらない。

b) He often *worries about* it. ‖ He seemed to *be worrying about* his clothes all night. (J. K. Jerome)「服装のことで一晩中悩んでいた」‖ Americans *worried about* what would happen when these men returned home. (N. Coomb)「彼らが帰国したらどういう事態になるか米国人は気がかりだった」‖ He *worried and tormented himself* trying to remember. (Dostoyevsky, tr. C. Garnett)「思い出すに出せなくて苦しんでいた」

迂説形も同様であるが、時間性が希薄になって形容詞に近くなる。分詞は動詞から派生する形容詞であるから、所属は動詞で文中の位置は形容詞と同じになるが分詞には時間の観念が付いて回る。分詞から進行形や完了形ができるのはこの時間的性格があるからであって、それがない形容詞とは性格が違う。open は古い過去分詞のようであるが(不定形は ?*epan)、肝心の動詞が消失してしまった。いまでは純粋の形容詞であるから完了形は The new motorway was *opened* to traffic early this morning となる。

c) He *is* very much *worried* about it.（心配でたまらない）‖ I*'m worried about* my wife — I can't wait any longer.（U. Sinclair）cf. To feel worried. ‖ "She*'s probably worried about* something else," said Norman.（D. G. Phillips）「彼女はたぶん他に心配事があるんだよ」

13.15 受動を意味しない受動態

さらに重要なことは再帰動詞の「受動態」には受動の意味がないということである。
欧米にはこの事実に気づかないまま上記の c) を受動態と見たうえで about it を行為者と見る文法家もある（D. Kilby）。こうした見解が事実誤認であることは明らかであり、いまさら改めて反論する必要もない。D. Kilby は He's worried *by* it ならば受動態であるとしているが、仮に受動態であるとしても to worry は amaze, surprise などと同じく特殊な動詞であって、一般的な動作動詞の説明は当てはまらない。例えば I'm amazed *by* his appetite というが、この by は行為者の表示ではない（次項）。

His presence surprises me. ‖ His absence worries me. ‖ Jane worries her mother — Jane's mother *is worried by* her daughter というとき、Jane は母親に対して何の行為もしていないのであるから厳密には行為者であるとはいえない。また Jane's mother is worried *by her daughter's behaviour* とも書ける。

こうした構文は心的動詞（psychological verbs）で所謂「口業」「身業」に対する「意業（いごう）」のみにあるもので、物理的な影響を伴う動詞の受動態には見られない。

The mouse was killed *by* our cat（*by her behaviour）.

*Our cat's behaviour killed the mouse と通常の言語生活ではいわない以上、これは当然の結果である。The mouse *was worried to death by* the cat は文字通り「猫がなぶって殺した」の意である。

We found that our loose dogs had been attacking a seal, and then came across *a dead seal* which had evidently *been worried to death* some time ago.（R. F. Scott）「放した犬たちがアザラシに襲い掛かっていたのを知った。程なくアザラシの死骸を目にしたが、少し前に犬になぶられて死んだものであろう」

因みに We were worried to death ともいうがこれは比喩で「死ぬほど」の意味

である。また受動態においては叙事文の現在形(現在これこれの状態にある)と by 句は両立しない：The window *is* broken *by* the boy. なお The window was / has been broken by the boy なら問題はない。他所で述べたように古語では The windows is broken は現在完了形であった。He is arrived は C. Dickens (1812–70)その他の作家に若干の例があるようだが、19世紀に既にまれであった。現在は He has arrived が標準語法である。再帰動詞はフランス語の「代名動詞」、ドイツ語なら「再帰動詞」に相当するが、英語の「再帰動詞」の目的語は可能な限り省略される。形式は受動態であっても受動の意味にならない言語形式が英語にも存在するのである。

13.16 再帰用法が存在する動詞と再帰用法が存在しない動詞

再帰用法が存在する動詞とは次のようなものである。

A. 再帰動詞	B. 目的語省略による自動詞	C. 現在の状態
a) He retired himself at 68. 「引退した」（過去の動作）	He retired at 68. 左に同じ	He is retired. 「引退している」
b) I persuaded myself of it. 「信じた」（過去の心的動作）	*I persuaded.	I'm persuaded of it. 「信じている」

現代英語では A-a) の文型はあまり使われないもので、一般の学習辞典にも説明がない。例えば Harrap's に she plans to retire at 54 とあるのみで再帰動詞への言及はない。しかし例文中の *a retired* teacher の retired は「引退させられた先生」ではなく「引退した先生」である。これは a *married* man などと同じく再帰動詞の過去分詞に特有の意味である。

口語では B. が一般的である。A-b) では再帰代名詞を省略できないのでそのまま使用するしかない。例（* 印は省略できない）：to adapt oneself to「適合する」、to apply oneself to*「精を出す」、to convince oneself of*「確信する」、to prepare oneself for「準備する」、to revenge oneself* on「復讐する」、to satisfy oneself* with「満足する」

to apply to「申し込む；（ルールが）適用される」; to apply oneself to「精を出す」意ならば現今の英語では省略できない。因みに「精を出す」意味で代名詞を省いた to apply to は 1848 C. Brontë *Jane Eyre* が OED 最後の引用である。語法は常に改変の可能性にさらされている。最新の英語辞典の動向に注意したい。

補足語句がなければ運用できない動詞は現代英語では再帰代名詞を省けない。この類の動詞は本来の再帰動詞とはいえないかもしれない。to *furnish* oneself *with*. (17世紀に省略例あり) ‖ to *arm* oneself *with* facts「事実関係を知っておく」‖ to *provide* oneself *with* provisions「食料を調達する」 他方 to *prepare* oneself *for* は完結しているので代名詞を省いてよい (to prepare for)。to be applied, to be adapted など受動態と同型になるため意味上の区別ができにくいものもあるが、それらは文脈から判別しなければならない。受動態と異なり中間態では行為者を表示できないことにも留意すべきである。また to be revenged on somebody「誰に恨みを晴らした」などは解釈上、受動の意味にはなりえないから、再起動詞 to revenge oneself on somebody の存在を前提とせざるをえないのである。

13.17 「再起動詞」起源の自動詞

現在では自動詞と認識されている動詞も起源は再帰動詞と思われるものが少なくない。同系語であるドイツ語やノルド語では再帰動詞は他動詞を自動詞に変換する常套手段となっている。英語は再帰動詞を使わなくなってしまったものの再帰動詞的な背景が完全に消滅し去ったわけではない。
to get: to get oneself done の形式は A（随意動作）と B（不随意動作）のどちらの意味もある。

A: He *got himself out of the room* without ceremony.(D. Miller)「プイと出て行った」
B: He *got himself appointed* mayor of the city. (R. Kerr)「市長に選出された」
I wonder how that man *got himself invited*. (A. Trollope)「どうしてあいつが招待状にありついたのか分からん」

I got myself in with a difficulty は「中に入るのが大変だった」という意味である。現代英語でも再帰動詞には「苦労して」あるいは「曲折があって」という意味合いがある。
次によかれと思ってしたことが意図に反して自分にとって不利益をもたらす結果となったという意味に移行する。

He has *got himself into* a bit of tangle financially. (Harrap's)「経済的に困難な状況に追い込まれた」‖ Then he wouldn't have *got himself into* these troubles. (C. Dickens)「難儀する結果となった」‖ He *got himself* heavily *in* debt.

(A. Bierce)「借金に苦しむ状況になった」

かくして不随意動作では受動態と意味が重なる状況が生まれる。次の例で再帰代名詞を省略すると現代の口語法「～される」という意味の受動態が得られる。

"Why, what's he been doing now?" the other asked. *Got himself run over* by a hearse!「霊柩車にはねられたんだ」‖ He *got himself killed* in the insurrection of April.「四月蜂起で死ぬ目にあった」‖ He sometimes *got himself laughed at*. (R. H. Davis)「ときには人に笑われるようなことをした」‖ The drunken man *got himself chucked*. (P. Edmund, ed.)「酔っ払いは放り出された」

13. 18　使役動詞の自動詞化──Ergative Verbs

The door opened [?itself]. ‖ Water boils [?itself] at 100 ℃. ‖ He agreed to make a trial.

to open は古期英語で openian といい、過去分詞起源の形容詞 open から派生した動詞で make open「開ける」意であった。「ドアが開く」とは「ドアが自身を開ける」（独：die Tür öffnet sich）ことである。この動詞の原義に再帰的な要素が含まれていることは OED も示唆している。to close / shut は現代英語では to open と対を成す動詞である。OED に次のようにある：To close (intransitive for reflexive.) Of a door, etc.: *To close of its own accord, or by some unseen agency*.「戸が自然にあるいは風など見えない力で閉じる」要するに再帰動詞から派生した自動詞とみているのである。

13. 19　Ergative の妥当性

　最近の英文法書に項目として立てられる ergative verbs とは日本語でいえば「湯を沸かす」に対して「湯が沸く」のように使役形がそのまま自動詞として機能するものをいうのである。英語の場合は考え方としては以下に述べるように ergative よりはむしろ「再帰動詞」のほうが合理性があると思う。
「開く」と並んで「目を覚ましている」意味の awake は古期英語から存在する形容詞であるが、起源は open と同じく過去分詞であるらしい。OED の to awake の項に再帰形 to awake oneself が記録されているが (1488 年) 現在は使われない。しかし to be wide awake (古い過去分詞)「パッチリ目を覚ましている」の句は再帰動詞を前提とする意味内容である。to boil「沸く (The water is boiling)」、to cook「煮える (The meat is cooking)」、to cut「切れる」(The

第十三章　受動文をめぐる諸問題　　　　　　　　　　221

cloth does not *cut* to advantage「この布は裁断しにくい、うまく切れない」）などは同類である。これらの動詞の意味内容が再帰的であると判断して「再帰動詞」に数えるものの、実際に再帰目的語をとることはないので再帰動詞の「受動態」の使用例はない。

13.20　英語における Ergative の意味

　例えば to cook「煮える」の理論的な想定形は cook itself ではあるが The meat was cooked は「煮えた」ではなく「煮られた、調理された」意となる。*COBUILD English Grammar*（1990, 3.60–68）は ergative 理論を積極的に取り入れているが、細部が煮詰められていない（「煮詰まっていない」）との印象を受ける。ergative はトルコ語からヒントを得たと聞いているが、現代英語に ergative 理論は適用できないのではないか。

【備考】
1.　英語においても The ship *is rocked by* the waves に対して The ship *rocks* on the waves ‖ A little breeze *wafted* its perfume toward him / its perfume *wafted* in the wind というが文法の項目か語彙の問題か判断が難しい。
2.　漢文に「先生見教 xian¹ shengjian⁴ jiaro¹」というのがあり「私（＝話し手）は先生に教えられる・られた」という意味であるという。この意味の「見 jian⁴」は「現 xian⁴」の古い字で「見えるようになる、現れる」の意味であるから「先生が教えるということが（私の元に）現実となった」と解釈すればつじつまが合う。自分が見聞する範囲に現れるという意味の動詞を使う西藏語の受動表現に酷似する。また使用範囲は同じではないが英語の I *had* somebody kick me in the dark を思わせる。
中国の文献には「見相当于被」即ち「見は被に相当する」とある。「信而見疑（史記）」であれば「真心を尽くしても疑いを受ける」で意味が通るが「先生見教」では「先生が教えられる」ことになる。見字のこの用法はよほど特殊なものである。上例は王政白編「古漢語虚詞典」146–8 ページにあるものだが現代語でも「请各位见谅」qing³ ge⁴ wei⁴ jian⁴ liang⁴「手前どもを各位お目こぼし願いたい」、「请见告」qing³ jian⁴ gao⁴「知らせてください」、「莫见怪」mo⁴ jian⁴ guai⁴「悪く思わないでください」（楊伯峻「古漢語虚詞」北京 1981, p. 86）という。やはり珍しい表現らしい。また「见笑」jian⁴xiao⁴ は「笑いを肌で感じる、笑われる」から「お恥ずかしい」意味となる。受動形式によらなくても受動性はなに不自由なく表現できることをこれらの事実が教えている。

因みに「各位了承されたい」という日本語の表現も案外「各位が了承することを私が体験するようであってほしい」と読めないことはないと思うのだが如何であろうか。これは「うけみ」から敬語への転換であるがこうして発生した敬語「れる、られる」は語感上もごく軽い。本格的な敬語は「ご了承いただきたい、承りたい」であろう。

再帰動詞（続き）— I agree myself.
He agreed *himself* to make a trial および I *am agreed* to do は OED に 16 世紀初頭の用例があるのみで、現在では既に廃れている。現在通用するのは we are agreed のタイプのみである。「相互動詞」の項目参照（▶ 13.25）。
そのほかの動詞

I am finished (*I finished myself) — I have finished it とほぼ同義。

これは論理上にのみ想定される再帰動詞で、その「受動形」は口語でよく聞かれるものである。人が主語になるのが条件で I am finished は「いままでしていたことが終わった」という趣旨である。例えばパチンコ (pinball game) を楽しんでいた人が I'm finished といえば「玉を打ち尽くした」ということである。

【備考】 I am finished には「もうだめだ」という意味もある：I feel I have to do something, a number of things no one else could do, and then *I am finished* and *finished altogether*. (H. G. Wells)「何かしなくては人ができない何かをしたいと思うのだが、いざとなるとすっかり気落ちしてしまうのです」

I remember (*myself)

OED に 1890 年の例として He *remembered him* (*-self*) *of* snow-capped Hermon が引用されている。「想いを馳せた」という意味である。

【備考】 北部方言 1828 an ye be remembered (lit. *if you are remembered*), i.e. if you remember. (OED)「君たちが記憶しているのならば」。完了不定詞を使うと、不定詞と動名詞の機能上の区別は消失する。

13.21 意志の有無

無意志動詞：I do not *remember to have met* with the animal. (A. R. Wallace)「その動物を見た記憶はない」‖ I think I *remember having had* a few interviews like that. (C. Dickens) ‖ No, I don't *remember to have had* a fall.「ころ

んだことは記憶にない」

意志動詞：I do not remember to have read that 〜 I remember reading that.
「これからのこと」は to のあとに必ず「意志動詞」を置く。to lose, to meet, to find, to see などの無意志動詞は「覚えている」意味の to remember doing（I remember meeting him in Washington）は問題ないが、不定詞（to remember to do）とは使えない（前項参照）。完了不定詞を使うとどちらも「覚えている」意味となる。また to omit *to do* something は to omit through carelessness to do it「うっかり忘れる」意味であり to *omit doing* something はわざと省くことである。以上は OED の説明であるが不定詞については必ずしもこの原則は守られていない：I *unfortunately omitted to ascertain* whether this was really the fact. (H. W. Bates)「確認を怠った」— I have hitherto *purposely omitted to speak* of the EYE. (E. Burke)「目の働きについては敢て言及を避けてきた」

Remember to check the Technical Information Library (TIL) often.「技術情報図書館でしょっちゅう情報のチェックを怠らないように」‖ Nora, did you *remember to invite* Doctor Rank?「ノーラ、ランク先生にも忘れずに招待状を出したね」— cf. Do you *remember to have invited* Dr. Rank?「招待したのを覚えているか」

古語の I remember myself に対応する現代英語の再帰形は I remind myself of it である。I am reminded of it はあくまでも「思い出した、覚えている」ことであり「他人に思い出させてもらった」のではない。
We *are reminded of* [i.e. remember] Nicolas Flamel. (1330–1418)「NF のことは覚えている、忘れてはいない」

他動詞としての用法ももちろんある：That *reminds* me!「ああそうそう、それで思い出した」（日常会話に頻出）‖ Somebody *reminded* me of it.「誰か私に注意してくれた；その人を見て思い出した」‖ Can't bear what? *To be reminded of* the promises you have broken? (A. Brontë)「何が耐えがたいですって？ あなたが破った約束のことをいわれることがですか」‖ But what does that matter? You would not care *to be reminded of it*. (B. Harte)「どうでも良いでしょう。それを無理に思い出すのがいやなのだから」

13.22 「現在の状態」と両立しにくい再帰動詞

stretch oneself「大の字に体を伸ばす」は再帰動詞である：Ralph *stretched*

himself on a pile of new-made hay to think. (F. R. Stockton) 「体を伸ばして寝ころんだ」‖ Their father is stretched on his death-bed. 「大の字になって臨終の床にあった」

「範囲が延びている、広がっている」意の to stretch はかつて to stretch itself と書いた：The third part *stretches itself* into eight books ― 1607 OED)「第三部は八章に及ぶ」この形式は既に廃れ to be stretched もまれとなった(OED)。現代英語では自動詞が通常の語法：The sky *stretched* over us ― deep and unfathomable. (M. Oliphant)

13.23 ロマンス系の語彙

一般に三点セットになっているものが多い。

to expand (itself)	It is expanded	「膨張している」
to extend (itself)	It is extended	「延長されている」
to distend (itself)	It is distended	「膨れ上がっている、肥大している」

13.24 「受動形」が不可能な動詞

The corridor in which we now *found ourselves* stretched straight ahead for a distance. 「我々が立っている側廊はかなり先まで続いていた」‖ He would talk of nothing but art, from our leaving the gallery until we *found ourselves* at the Northumberland Hotel. (C. Doyle) 「ホテルにたどり着くまで美術の話ばかりしていた」‖ We *found ourselves* in the street. (C. Doyle)「(執事に家から押し出されるように)通りへ出た」(We were found by the police は意味が違う)‖ I *pulled myself* together. 「気を取り直した」‖ With an effort he *pulled himself up*. (I. H. Gillmore) 「気を取り直した」/ 類例：to *bethink oneself* (stop to think; reflect), to *betake oneself* to (to go to)

13.25 相互動詞

「互いに～し合う」という意味を表す「相互動詞」は再帰動詞と形態上および機能上区別される。目的語は each other, one another であるが、しばしば省略される。相手がなくては相互の動作はありえないので、相互動詞は複数行為者を前提とするが、主語と目的語を入れ替えても意味が変わらない。以下の文はすべて同義である。

I met John — John met me — we met each other — we met.

受動態は現在の状態を表す(演説スタイルの文語)。

We *are met* here today for the purpose of choosing a representative. (C. Dickens)「諸君、我らは代表を選ばんとして今日ここに集うているのであります」‖ My brethren, we *are met* here upon the most solemn occasion of our lives in this crisis of the republic.「諸君、共和国が危機を迎える中、我らの人生において最も厳粛なこの時に我らここに集うているのであります」

We are agreed について。to agree は相互動詞と思われるが過去にも実例がないので我々の頭のなかで理解するしかない。用例から推して We *are agreed* / I *agree with* you は問題ないが ?I *am agreed with* you は不可と思われる。

Mr. Blair said all the parties *were agreed* on three things.「ブレア首相は三項目については各党派が合意していると言った」‖ Both governments *are agreed on* the necessity to implement the Patten Report.「P報告の内容を実行する必要については両政府間に意見の相違はない」‖ Eastern authors *are agreed* with respect to the origin of this title. (E. Gibbon)「この称号の由来に関して東洋の文献は記述が一致している」

第十四章　感覚器官の受動的な機能

14.0　感覚作用

　ものが目に入るということは目を閉じるまで外部からの情報が視神経を刺激し続けるので、受容者から見ると一種の受動性(passivity)が認められなくはない。事実、欧米の文法家には知覚動詞を受動表現と見る人もある。本来、受動性には刺激する側に意志の存在が必要であるが、知覚現象にはこの要件がない。味覚および触覚は感覚の対象を器官に接触させなければ感覚が起きないから、受動的要素はさらに少ない。仏典に「受想行識」というときの「受（梵語vedana-)」がここでいう「外部からの刺激に感覚が反応する」ことである。

14.1　五感とその働き

	脳の働き	働きの生じる場所	動作 第1類	第2類	第3類
1)	sight	目 eye	to see	to look	to look
2)	hearing	耳 ear	to hear	to listen	to sound
3)	smell	鼻 nose	to smell	to smell	to smell
4)	taste	舌 tongue	to taste	to taste	to taste
5)	touch	手 hand	to feel	to feel	to feel

14.2　概念と用語

　目、耳などの感覚器官(sense-organs)が対象より刺激を受け入れて脳へ伝達する機能を総称して the faculty of perception「感覚」という： The five senses — sight, hearing, smell, taste, and touch, by which the external world is perceived. (POD)「私たちの周囲の環境を認識するための五種の感覚」
外部から感覚器官を経て押し寄せてくる刺激を stimulus [pl. –i]（ラテン語）というが、受ける側から見ると sensations である： [to feel, have] sensations of amazement, anger, fear, joy, pain, shame, etc. 人間には五感の外に発達した認識能力がある。上記の五種の感覚機能を含めて認識作用一般を discernment と

いう。原義は「区別すること」である。
discernment を司るのが西洋の伝統的思考では悟性 (understanding) および理性 (reason) である。ラテン語で数えることを reor といい、その名詞が ratio (reason) である。日常語で (the) mind というのもこの意味に近い。因みに to lose one's mind「算術ができなくなること」とは「ことの次第が分からなくなる」すなわち「発狂する」ことに他ならない。次の引用では器官が the soul、機能が thought とされている：

The faculties of sense and *reason* are least capable of acting on themselves; *the eye* is most inaccessible *to the sight, the soul* to *the thought.* (E. Gibbon)「感覚と理性は自らを観察の対象にすることが不得手である。目は見ることの対象にはならず、心は思考の対象になりにくい」

【備考】
1. 機能名には定冠詞が必要なことがある (soft to the feel / the touch)
2. taste は touch と同系の語である。ものが味蕾 (taste buds) に接触して味覚が発生することに着目したものであろう。
3. 刺激の感覚を与えるもの：sights; sounds; smells; tastes; feelings

14.3 第一類

私に見える、聞こえる、匂いがする、味がする、感触がする。
1. I see a figure in the distance.「遠くに人の姿が見える」
2. Can you hear me?「声が届いているか」「聞こえるか、聞いているか」
3. Do you smell gas?「ガスが匂いますか」
4. I have got a very bad cold, and can neither taste nor smell. (OED)「舌や鼻の感覚が麻痺している」
5. Do you feel a pain?, i.e. does it hurt?「痛いですか」

14.4 助動詞 can とともに

感覚動詞は単独でも使うが助動詞 can を併用することがある。この can はあってもなくても意味は変わらないようである。I can hear you「確かに声は聞こえている」

I taste garlic in the soup.「ガーリックの味がする」∥ I *can* taste garlic in the soup.（同上）∥ I am sure I taste garlic in the soup.「確かにガーリックの味

だ」‖ I fancy I taste garlic in the soup.「これガーリックかな」

14.5　第二類

　視線を向ける、傾聴する、嗅いでみる、味わってみる、触れてみる。
1) Look at this. → 分析的表現： Take / have a look at this.
「見る、のぞく」意味の同義語：「じっと視線を離さないこと、あるいは目で追うこと」to watch: to watch television, whale watching.「凝視する、じっと見つめる」gaze on, glare at, stare at.「こっそりのぞく」peep at, peek into. to leer at 俗にいう「いやらしい目で見る」こと。
2) Listen to this. → Are you attending [i.e. listening] to me?
3) Smell the rose. → Take / have a smell at the rose. ‖ to smell about「犬がやるように鼻をクンクンさせて嗅ぎまわる」
4) Do taste this port.「このワインを飲んでみて (Do try this port.)」
5) Feel it.「さわって感触をみてごらん」

14.6　第三類

　～に見える、に聞こえる、の匂いがする、味がする、感触がある。
「知覚動詞＋形容詞」で感覚を覚える人は表現されないときは話し手である。
疑問文： *How* does he look?

He looks so dreadfully pale.「血の気が引いて真っ青だ」‖ That *sounds far-fetched*.「それはこじつけに聞こえる」‖ That *sounds* unkind. (H. James)「どうも不親切に聞こえるね」‖ That *sounds presumptuous*. Helen!（A. Brontë）「ヘレン、それは生意気よ」‖ That fish *smells horrible*.「その魚はひどい臭いだ」‖ The blossoms *smell sweet*.「いい香りだ」‖ "It *smells very appetising*!" said I, taking up knife and fork. (J. Farnol)「おいしそうな香り、ナイフとフォークを手に取りながら私は言った」

嗅覚と味覚についてのみ smell of, taste of という。「物質が含まれているときの匂いあるいは味がする」疑問文： *What* does it smell *of*?

Is it nice? It *smells of* peppermint. (J. Gals.)「どう？」「ハッカの香りがするわ」‖ It smells of coffee. (A. Christie) — 比喩的に The whole story *smells of passion*.

14.7　動詞＋like＋名詞

to look like（疑問文：*What* does he *look like*?）

（イ）形が同じに見える

That *looks like* a camel on its knees.（G. Atherton）「ラクダが膝をついている姿だ」‖ He *looks like* Beethoven, doesn't he?（B. Tarkington）「あの人、Bに似ていませんか」

（ロ）様子が同じに見える（Aを見るとBが思い浮かぶ）

He *looks like* a police inspector.（E. Oppenheimer）「警視の風采だ」‖ He *looks like* a very shrewd man to me.（T. Dreiser）「あれは抜け目のない人と私はみた」‖ He *looks like* a college professor.（R. H. Davis）「大学教授風の人」‖ She *looks like* a lost soul.「気が抜けた人のようだ」‖ He *looks like* a beautiful runner at the Olympic games.（H. James）「かっこいいオリンピックの選手のように見える」‖ This whole town *looks like* a gaol.「この町にいると牢獄にいるような気がする」‖ Your room *looks like* a bomb site!（Harrap's）「(爆破後のように)乱雑な部屋」‖ She *looks like* other girls.「他の子と同じに見える（変わったところはない）」

（ハ）これから起こりそうなこと「～になりそうだ」

It *looks like* a fine evening.（R. F. Scott）「晴れた夕空になりそうだ」‖ "*Looks like* a hurricane," said Nick.（W. Ch.）「大嵐になるな」‖ It *looks like* rain.「(空模様を見ると)雨になりそうだ」‖ 節と共に：It *looks like* [it is likely that] I do just that.（C. B. Kelland）（口語）
動名詞と共に：To my morbid fancy, at that moment, it *looked like resigning* myself deliberately to the horrors of a long illness.（W. Collins）＝ it looked like I was resigning myself.「そのときの病的な心理状態にあった私は長患いの恐怖にあえて身をゆだねているような感覚に陥った」

（ニ）性質が同じに見える

It *looks like* suicide.「様子から見ると自殺らしい」‖ So what *looks like* cruelty is really kindness.（C. Hadley）「冷酷に見えても実は親切心なのだ」‖ It *looks like* a finished picture from here.（C. Reade）「ここから見ると完成した絵に見

(ホ) 音、匂い、味、感触について

It *sounds like* a charm.「おまじないに聞こえる」‖ It *sounds like* megalomania.「話を聞いていると誇大妄想の症例のようだ」‖ He *sounds like* a megalomaniac.「聞いていると誇大妄想患者のような話し方だ」‖ What's that noise of crying, Marlow? It *sounds like* a child. (J. Gals.)「あの泣声は？ 子供の（声の）ようだが」‖ Her cheeks were like mother's damask roses! She *smelled like* flowers. (G. S. Porter)「花の香りがした」‖ It *tastes like* a pear, but has a harsh rind, and four large seeds within. (D. Liv.)「味は梨に似ているが表皮はざらざらとして、なかに四個の大きな種がある」‖ He studied until he knew what it *looked like*, *smelled like*, *tasted like*, and how to refine it. (R. H. Conwell)「形、香り、味が何に似ているか、どう磨くかが分かるまで研究した」‖ The place *felt like* a tomb. (G. Macdonald)「そこはまるで墓場にいるようだった」‖ The surface *felt like* sand paper.「表面はザラザラしていて紙やすりのような感触だった」‖ (人が主語) to feel like = feel oneself like: He *felt like* a schoolboy.「小学生に戻ったような気分だった」

14.8 第六感 (the sixth sense)

to have a sixth sense about it「なんとなくそんな気がする」‖ A little bird has always told me that. (J. Gals.)「ただいつもそう思っていた」‖ I *felt in my bones* he would make a mess of it. (F. U. Adam)「彼は失敗すると感じていた」‖ I've *felt it coming* all along. (T. Dreiser)「ずっと予感があった」

14.9 動作から出来事へ

　主体が外から加わる力に苦しむということがあっても直ちに受動性が成立するわけでない。動詞 to bear は荷を背負って歩くことであるから、荷が「勝ちすぎれば」耐えられないことになる。外来語である to suffer (Lat. sub + ferre) では説明が容易である。sub- はこの場合は「下から上へ向かって」という意味、-fer は bear と同系のラテン語で「運ぶ」ことであるから、「荷を下から上へ持ち上げるようにして（重力に逆らって）運ぶ」意味となる。語義がさらに転じて「苦しい思いをする」となり、現在に至っている。また苦しみの原因が他人より来る、という文脈では受動性の表現になりうる。因みに同じ語義構造をもつ to support「支えて運ぶ」に「耐える」意味は発達しなかった。

第十四章　感覚器官の受動的な機能　　　　　　　　　　231

He *suffered death at the hands* of his old enemy (＝He was killed by his old enemy.)「仇敵の手にかかって命を落とした」

14.10　受動から経験へ
　主体の自主性が発揮できない環境で行為の主体が形式と論理の両面で不明瞭であるとき「主体が〜される」から「主体が〜を経験する、目にあう」へと着目点が移動する。

Most of us *have suffered from a certain sort of ladies* who, by their perverse unselfishness, give more trouble than the selfish. (G. K. Ch.)「ある種の婦人のタイプで奉仕精神に徹するあまり利己的な人よりかえって迷惑な人があるものだ。誰しもがそうした経験があるだろう」— Most of us have been more or less *annoyed by* . . .「誰しも多少とも迷惑を受けた経験があるだろう」∥ Most of us have *met with* such petty annoyances . . .

14.11　受動表現の多様性
　受動態の代替表現とみなしうる動詞のなかで常用のもの、あるいは注意を引くものは以下の如くである。一般に人の意図的な行為よりも動作の自然発生、進行に注目するときにこの種の構文が選択される。我々日本人学習者は「れる、られる」に引かれて英語においても受動態を多用する傾向がある。心構えは「能動文優先の原則を守れ」、である。

He was thoroughly beaten — he *got* a thorough beating.「さんざん殴られた」
I *had* my car stolen — somobody *stole* my car — my car *was* stolen.

次によく使われる動詞を例に解説する。
to have＋目的語＋動詞(不定詞か分詞)「させる、してもらう；誰かがしてくれる」

One morning Gilbert *had all his sums done* correctly and *had his name written* on the blackboard on the roll of honor. (L.M.M.)「計算がよくできたのでご褒美に先生が黒板に名前を書いてくれた」しばしば「立場上指示する、報酬と引き替えにしてもらう」意になる。

to fall — 動詞 to fall は主体の意志とは無関係に重力によって地球の中心に引かれる、即ち「落ちる」ことである。このため受動性(非自主性)の表現に適し

ているといえる：To fall among thieves = to be robbed or cheated. (POD)「身包み剝がれる、詐取される」(1611年の欽定訳聖書から) 今日では多く比喩的に用いられる。

So if you ever *fall among thieves* don't go about saying I sent you to them. (H. James)「あなたがひどい目にあっても私のせいにしないでくださいよ」‖ On the third day of the attack the town *fell* (= was captured).「攻め落とされた」‖ She *fell under the charm* of Beauchamp.「彼女はボシャンに魅了された」‖ Even the house *fell under suspicion*.「疑惑の対象になった、疑われた」— cf. to be above suspicion「清廉潔白である」‖ *Fell* for her, did you?「あの女に惚れたんだろ」(fell for her = fell in love with herの意味) ‖ His joke *fell flat* (= was not understood).「通じなかった、理解されなかった」‖ Aunt Polly *fell to crying* and wringing her hands. (M. Twain)「突然泣き出して揉み手をはじめた」‖ He *fell under the influence* of Herder.「ヘルダーの影響を受けた」

なお to perish は to lose one's life「不慮の死にあう、命を奪われる」。また「事故死」の意味もある。古語の「落命する」、現代語の「命を落とす」に意味が近い：

Caligula *perished by* a conspiracy. (E. Gibbon)「皇帝カリグラは陰謀により落命した」‖ Nearly 700 hundred men *perished* [= so many lives were lost] when the ship sank. (Harrap's)

因みに I'm perishing with cold「寒くて凍え死にしそうだ」ともいうが、これは別の用法。

行為動詞としての to fall. (次の成句で) to fall to: With that he *fell to* breakfast. (R.L.S.)「そう言って彼は朝食を食べ始めた」

to come「来る」=「持ってこられる」/ to go「持っていかれる、届けられる」

to come up / down / out [to come = to be brought]: A person brings news to me — News came to me. ‖ This cellphone [英 mobile phone] *comes from* [= was brought from, was made in, is a product of] Japan.「このケータイは日本製だ」‖ The extremely long, dirt-sweeping skirts *were coming* up; the extremely short, immodest skirts *were coming down*. (G. S. Porter)「極端に長い、すそを引きずるようなロングスカートがはやりだして、極端に短いふしだらな

ミニスカートが廃れてきていた」(「廃れる」は to go out) ‖ I remember there *came out a book* many years ago with the title, "What becomes of all the clever little children?" (S. Butler)「ずいぶん昔のことだが"利口な子供たちの将来を占う"という名の本が世に出た」— to come out — to be brought out — to be published.

to go on / out「明かりが(人の手で)灯される・消される」

The lights *went out*, and for an instant all was silence.「明かりが消されて一瞬静まり返った」‖ Then the lights *went up*.「それから明かりが灯された」

to pass for「～として通る」

... malicious gossip which *passes* for "news". (S. Vaknin)「ニュースと称する悪意に満ちたゴシップ」‖ He often *passes for*〔= is (mis-)taken for〕a native of Brittany「人は彼をしばしばブルターニュ人と思いこむ」‖ That extraordinary architecture which in Rome *passes for*〔= considered to be〕*sacred*. (H. James)「ローマで神聖とみなされているあの異常な建築物」

14.12 人に関する非人称文

　意志を発動できない主語の文から行為者を取り去ると論理上の「非人称文」が得られる。この種の文では、動作が行為 (action) ではなく現象 (phenomenon) として把握されることから非人称というのである。例えば人が飢えやのどの渇きを感じるのは生理現象であって、自らの意志でコントロールできない。「夢を見る」のも同様に解釈される。中期英語では「私はある宴会にいる夢を見た」を me mette [lit. *it dreamed me*] I was at a feeste 'I dreamed [that] I was at a feast' と表現した (▶ 14. 13)。心理学者によれば、夢とは外からの刺激が止む睡眠時に潜在意識が見えてくる現象であるという。動詞「見る」と夢との結合法は日英で扱いが異なる。英語で「何かを夢に見る」は: I *saw* an angel *in my dream* last night.「昨夜夢に天使が現れた」などという。

14.13 生理現象と非人称動詞

　古期英語においては非人称のほかに既に人を主語に置いて「私は飢える」とも書いたのであるが、現代英語では「飢える」という意味の動詞 (hyngrian) そのものが消失してしまった (I am hungry, thirsty)。古期英語 steorfan (「死ぬ」) は to starve「飢える、飢え死にする」意味に変化を遂げた。口語で I am starving / famishing.（I'm very hungry）というのは本来の用法ではないが、動詞らしい表現を求めた結果であろう（I'm parched = I'm very thirsty）。なお to die は starve の語義変化と前後して北欧語(deya)を英語に取り入れたものである。

【備考】　動詞 to have「経験する」
精神現象：We had a great time of it.「とても楽しかった」
生理現象：I had a blackout.「いっとき気を失った」‖ I have (a) –ache「～が痛い」(headache, stomachache, toothache)
自然現象（多く to have a time / period of drought, famine などの形式で）：We had a cool summer last year.

非人称動詞としての to think, it seems to me
非人称のもう一つの領域は「思う」と「思われる」にある。現代英語で I think には二様の用法がある。What are you thinking of?「何を考えているのだ」は通常の意志動詞である。意志動詞としての to think は人間の心像を形成する機能に対応している。
What do you *think* of it? = what do you *make* of it?「直訳：それから何を作るか」

14.14　ラテン語の imago

　この語は「像」を意味するが to imagine とはまさに心に像を形成すること、「想像する」ことである。この種の動詞は直接には名詞節を目的語にできないので、代名詞 it を介して that- 節と結合する。これに関しては第十九章を参照されたい。

Many imagine [it] that that an airship will be of great assistance in searching for likely places. It is imagined [by many] that an airship will be of great assistance in searching for likely places.「ありそうな場所を探すには飛行船がもってこいであろうと多くの人が考えている」

「～であると考える」という意味の to take it ... that では代名詞 it は省略できないことに注意したい（▶ 10.12.f, 10.12.h）。現代英語、特に口語において to guess, to imagine, to presume, to reckon, to suppose, to suspect が広く用いられている。これらが口語あるいは俗語であると判断する根拠は、動詞の用法に対応する意味「思う」が名詞 imagination, presumption, supposition, suspicion

に含まれていないからである。

14.15　動詞 to think（続き）

to think のもう一つの用法では心像を作るのではなく、心像が人間の心の中に自然に形成されるのである。例えば I think you are right は It seems to me that you are right の意味である。現在でも古風ではあるが *Methinks* his name was Paul. (B. Lytton) などということがある。I think はこの methinks が人称動詞となったものである。受動態はもちろん進行形もない。It is thought [that] he is an honest man = he is thought to be an honest man というときの is thought は意志動詞でなければならない (it is thought *by people* ...)。
英語では非人称構文がほとんどすべて人称風に改変されたけれども、本来の非人称的性格が完全になくなったわけではない。「欲求、好悪」を内容とする動詞 to want, to like, to dislike などは現在でも主語が目的語に対して動作を行うことはない。従って現在進行形がないのである。

【備考】'It likes me = *I am pleased, it is my pleasure to do so-and-so.* (現在では古風か方言) (OED).' 他にもう一つ古い言葉で to list というのがある：Let him do what him list [what he likes]. しかし19世紀以降ほとんど用例がない。現代英語の lust「異常な情熱、よこしまな心」がその名詞形である。

14.16　無意志動詞としての to want と to like

　北欧語からの借用語である to want は「私にはあるべきこれこれのものが欠けている (ので欲しい)」というのが原義であった。欠けているものと「私」は目的格に置かれている。今日でも The plural is wanting「複数形が欠けている」などという。近代になって The Library of Petrarch wanted *the Divine Comedy* (OED)「ペトラルカの蔵書には神曲がなかった」(古風) などと書くようになったが、「欠けている」という意味はなお明白である。商店で買い物をするときの I *want* some vegetables, please「野菜をすこし欲しいのですが」という表現にその余韻が感じられようか。「必要だ」という語義は英国英語に特有のものとして We definitely *want* rain.「こう日照りでは困る」‖ The bill *wants* paying.「未払いだ」。客観的な必要から主観に基づく必要へ移行した結果として現代英語の I want は「愛想のない要求」となっている。

I *want to* ask him — Oh, take me to where I can see his face!「あの人に聞きたいの。あの人の顔を見られるところへ連れて行って」— cf. I *wish to* ask you something. ‖ I *want to* know all about your husband. 「ご主人のこと何でも知りたいわ」‖ "Oh, *I want to* do things. I *want to* work," cried Dora; "it would be cruel to keep me from the fun of helping you get supper. (F. R. Stockton)「私何かしたいの、仕事がしたいのよ、とドーラが言った。夕食の準備をお手伝いさせてもらえないなんてあんまりだわ」‖ I want you to do は「～してほしい、～してもらいたい」という指示の語調と思われる。I *want you to* remember it.「それを忘れないで欲しい」‖ "Read! I *want you to*," he persisted. (C. Garnett)「読んで、ぜひ読んでもらいたいと彼はさらに言った」‖ I *don't want you to* go anywhere; I *want you to* talk to me. (O. Schreiner)「お前にはどこへも行って欲しくない。ここにいて私に話をしてもらいたい」

14.17　動詞 to want についての注意事項

　人との対話において I want to do は禁句とされる場合がある。ときとしてこの表現には欲求を強く押し出して礼儀をそこなう響きがあるからである。I wish to do には控えめのニュアンスがあるとされる。

I *wish to keep* you in this kitchen.「君にはこのキッチンにいてもらいたい」‖ "I *wish to speak* to him," said La Fleur.「あの方とお話がしたい」‖ I *wish to marry* her as soon as it is convenient to my mother and you.「母やあなたの都合が付き次第挙式したいと思っています」‖ I *wish to know* where Miss Dunross is. (W. Collins) ‖ Perhaps you *want to* retire. I *wish to* continue our conversation.「休みたいのだね。私はもっと話したい」‖ I *wish to* hire some rooms.

14.18　婉曲的表現

　to want との組み合わせでは以下の例に見るとおり表現に細かな工夫が認められる。

I *want to ask* you a question, on the bare chance of your being able to answer it, but *if you cannot, please do not take the trouble to write*.「これはお答えいただけるとの前提での質問ですが、もしできなければご返事をいただく必要はありません」(C. Darwin, *Letters*) ‖ I *want to beg* two favours of you. (C. Darwin, *Letters*)「折り入って二つお願いがあります」‖ Now I *want to beg* for assistance for the new edition of *Origin*.「種の起源の新版の件でお手伝いを頂きたいのです」(C. Darwin, *Letters*) — cf. I'*d like to ask* two favours of you. 但し

to beg は今日では格式張った語である。

【備考】 ややとがめる口調でいわれる What do you want?「なんの用だ?」には特に代替表現はない：*"What do you want?"* he demanded, when he saw Jurgis. (U. Sinclair)「Jを見るや否や何の用だねととがめるように言った」*"What do you want here?"* "Me?" answered the boy, angrily. "I live here." "You live here!" (U. Sinclair)

14. 19　丁寧な言い回し(I should wish / want)

to want, to wish を I should wish / I should want と書いても I like to / I should like to のように一般と個別の違いには対応しないので助動詞があってもなくても意味は変わらない。単に表現を和らげる工夫であろう。I could wish も同様である。

There's one thing *I should wish to* say to you, sir. (C. Dickens)「ひとつお話したいことがございます」‖ But *I should wish you to* accept a copy of my oration. (C. Dickens)「草稿を一部受け取って欲しいのですが」‖ "*I should want to* run out and stop it," she declared.「出て行って止めてやりたいわと彼女は言い放った」‖ Ill or well, I *should want* you just the same. (E. M. Dell)「病でも健康でもあなたへの私の思いは変わりません」‖ "*I should want to* scratch you, and bite you, and push you into the first available ditch. (G. Page)「あなたなんか掻き毟って噛み付いてそこいらの溝へ突き落としてやりたいわ」‖ I *should want to* inspect the letters, of course. (C. Doyle)「手紙も拝見いたしたい」‖ I *could wish* him to be like you. (C. Dickens)「あなたのような方だといいですね」

【備考】「できれば〜したい」I wish I could do = I could do. I *could preach* him a lesson. (G. Meredith)「(あんなことを言うなんて。もしあの人がここにいたら)お説教してやりたいわ」‖ I *could kill* that dammed old man and make off with his money. (C. Garnett)「あの爺さんをやっつけて金を持ち逃げしたいくらいだ」

14. 20　命令、指示の意味を含む You want to do ...

この動詞を二人称に適用すると一種の話法助動詞のように機能する。話法性(modality)とは話し手が聞き手の行動についてよしあしを判断を下すことであ

る。to want の原義「君は〜（すること）がなお欠けていると私は判断する」から忠告（giving someone advice）の意味合いになる：You're as cold as a stone. You *want* a drop of brandy.（J. Gals.）「あなたの体が冷えきっているわ。ブランデーが必要ね」

14.21　That's all の意味

　次の引用文の That's all は判断を下している話し手の語気を表したものである。'That's all there is to it', 'That's all I've got to say' などと同趣旨かと思われるが、別に省略表現というわけではない。

You *want* to keep on steady at it, *that's all*.（J. K. Jerome）「要するに漕ぎ続けることだ」‖ You *want* the state of chaos, *that's all*.（D. H. Lawr.）「君に必要なのは混沌、この一語に尽きる」‖ You *want* a good night, *that's all*.（J. Gals.）「静かに休むこと、それ以外にない」‖ I am warning you, *that's all*.（Z. Grey）「警告、この一語に尽きる」

不定詞とともに：You want「君には〜が欠けている、する必要がある」

You *want to* take more care.「今後はもっと注意するのがよい。注意したまえ」‖ You *want to* develop your mental powers so you can effect the thing sought, and *that is what I want to teach you*.（T. Dumont）「目標を達成すべく精神力を鍛えたまえ。私が君に教えたいのはそのことだ」‖ "Changed your coat?" "No." "You *want to* bring an old coat and leave it here."（D. H. Lawr.）「コートを着替えたのかね。 いいえ。 じゃ古いコートをここへ置きたまえ」‖ "You *want to* grate it," said Beatrice.（D. H. Lawr.）「それはおろし金にかけなきゃだめよ、とベアトリスが言った」‖ You *don't want to* tell lies to me.（TV）＝Don't tell lies to me.「〜するな」‖ You *want* to be in good health *to play* the bagpipes.（J.K.J.）「健康でなきゃバグパイプは吹けない」— cf. *I know* just how you feel! *You want* to help my boy! That's your secret!（C. Gilman）「手伝いたいんでしょ。分かってるわ」

14.22　間接話法としての to want

　三人称の意志を話し手が相手に伝達する文脈では礼儀云々の問題は考えなくてよいので「命令する、指示する、依頼する、お願いする」などのどれも to want で表現できる。過去形にも使える。次の例は最近の英国テレビ映画より

採録したものであるが、直接話法では would you...? とあるのが間接話法では単に she wanted... となっている。

Inspector： What did she say?「でどういう用件でしたか」
Secretary： She said she *wanted to see* Mr. Nelson.
「ネルソンさんにお会いしたいとのお話でした」
Inspector： No, no, no, what exactly did she say?
「実際にどのように言ったのですか」
Secretary： Well, let me think, she said something like, '*Would you ask* him to remain at the office? I shall be arriving after six.'「そうですね。確かこんな風だったかしら、事務所に留まるようにお伝え願えませんかしら。6時過ぎにそちらへ参ります」

They *want to find* you and *tell* you.「あの人たち、あなたに会って話したいそうです」‖ She *wants to know* all about our business.「うちの仕事なら何でも知りたいそうです」‖ to desire は to want / to wish と同じ意味の文語: She *desires to* speak to you.「会いたがっていらっしゃいます」‖ The Editor *desires to* express his gratitude and the gratitude of Miss Keller and Miss Sullivan to...「編者はケラー女史およびサリバン女史と共に...に謝意を表したい」

14.23　性向および好みの表現における to like

I like to swim / swimming は性向としての好き嫌いをいう限りでは判断文として機能しうる。

He *did not like to be* outdone by a competitor.「競争相手に負けるのを嫌った」‖ "I *like to hear* that," said La Fleur. "I have a high opinion of Dr. Tolbridge.「その話なら（いつでも）聞きたい。T博士を高く評価しているのでね」‖ I *like writing*, and *always enjoy* your notes. (C. Darwin, *Letters*)「私自身ものを書くことは好きですし、あなたからの便りを読むのをいつも楽しみにしています」‖ I *like modest colours*, that is all.「色はおとなしいのがいいというだけのことです」‖ She *loves to sit* there behind her rose-vine and let her fancy wander where it will. (W. Cather)「バラの茂みの影に座ってもの思いにふけるのが好きだ」‖ He *loves to be praised*, you very foolishly *abhor* it. (A. Trollope)「あの人は褒められるのが好きで、あなたはおろかにもそれを忌み嫌う」

14.24　特定の場合に限る欲求

「お茶を飲みたい、買い物がしたい、ひと泳ぎしたい」などは一度限りの欲求表現である。現代英語は I should (would) like / love to swim ... の形式でこれに対応している。

Did you say you'*d like to listen*? (J. W. Riley)「聞いてみたいといわれましたか」‖ I *should like to hear* it explained; to me it is quite new.「ぜひ説明を聞かせて欲しいものだ。このような例は初めてだ」‖ Moreover, she *will like to come* here, for then she will not be among strangers. (F. R. Stockton)「彼女はここへ来たいというだろうね。ここなら知っている人たちばかりだろうから」‖ Miss Bannister, I *would like to ask* you something.「Bさんちょっとお聞きしたいことがあります」(ぜひとも答えてくださいという含みがある)‖ "You'*d like to see* our show-room, sir?"「手前どものショウルームをご覧になりますか」‖ I *should like to* visit you again. (A. Lincoln)「もう一度お訪ねしたいと思っています（ご都合はいかがでしょうか）」‖ But I *should very much like to call* at the Museum on Friday or Saturday morning and see you. (C. Darwin)「是非お目にかかりたい」相手の都合をたずねる表現。‖ I'*d love to have* Carlotta at my wedding. (L.M.M.)「結婚式に招きたいわ」‖ I'*d love to have* her come. (G. S. Porter)「彼女に来てもらえるとありがたいわ」

【備考】　筆者は学生のころ英国人教師から I love to の形式は女性言葉であると教わった。

"Would you like ... ?" は質問の形式ではある (Would you like ice in your whisky?) が、しばしば「してはいかがですか」など勧誘の意味へ移行する。

'Would you like to come for a walk?' (D. H. Lawr.)「散歩へ行きませんか」‖ Would you like to come in and wait? (J. Gals.)「こちらでお待ちください」‖ Would you like to wash your hands?「お手をお洗いください」

14.25　受動態への転換の可否について（続き）

I like to swim / swimming から *to swim is liked / *swimming is liked by me が「生成」されることはない (▶ 14.15)。既に論じたように to- 不定詞の所謂「名詞的用法」というものは虚構であり (▶ 3.2)、代名詞 it と組まない限り名詞として機能しない上に、この代名詞の適用にも動詞の側に制約がある。例えば

I want to stay home に勝手に it を想定して *I want [it] to stay home — *It is wanted to stay home などという文を作ることはできない (▶ 3.3)。cf. *It was desired* to secure the door against intruders. (E. R. Bur.)「侵入者に備えて戸締まりをしておきたかった」この制約は個々の動詞に固有の性質であって一般論には向かない。

　もとをただせば to like は古語の to list などと同じく「気に入る」という意味の非人称動詞であったが to love は「好もしいとする」という意味の名詞派生動詞 (▶ 2.3.b) で「絶えず心を向ける」という含みがある。love はきっかけこそ「不如意」であるが行動へ繋がる心的活動であるといえる (cf. to make love to sb.)。しかし to like 同様に不定詞や動名詞など純粋の動作概念を目的語として取ることのない動詞であるために受動形の形成にいたらないものと考えられる (to desire の例参照)。例えば I love / like driving は「レジャーとしてのドライブが好きだ」という意味であり、Driving was out of the question「車で行く選択肢は問題外だった」というときの driving は to love / like と共存できない。この理由から I'd love *to drive* (純粋の動作名詞に前置詞がついたもの) はよいが、同じ意味で *To drive is loved とはいわない。to love / to like は人やものの目的語から受動態が生成するが to like については本来の用法にはなかったものである (昔は「人、もの、ことが私の気に入る」と表現した)。

If something is popular *it is liked* or enjoyed *by* many people. (Harrap's) ‖ Why, everybody *is liked by* some one. (C. D. Warner) ‖ These lizards, when cooked, yield a white meat, which *is liked by* those whose stomachs soar above all prejudices. (C. Darwin)「このトカゲはゆでると白い肉となり、下手物食いの人たちが好んで食する」‖ Dr. Seward *is loved not only by* his household and his friends, but even by his patients. (B. Stoker) ‖ Both good and delight spring from love, for *whatever is loved* is called good, and is also perceived as delightful. (E. Swedenborg, tr. J. Ager)「愛の対象となるものは」の意。

なお to want にも to love 同様に受動態があるが不定詞とは無関係である。

Mr. Smith, *you are wanted* on the phone.「スミスさん、お電話ですよ」‖ *Wanted*, Dead or Alive.「お尋ね者、生死を問わず」‖ Gilligan *is wanted* in Ireland for the murder of Veronica Guerin.「殺害犯として指名手配中」

14.26 類似表現「いま〜したい」

　to feel は自然に沸いてくる気持ちをいう — I feel a good picture coming.「いい写真が撮れそうだな」。疑問文の形式で丁寧な勧誘「〜はどうですか」となり、否定では「いま〜したいとは思わない」という意味合いになる。

I *feel like* a swim.「泳ぎたい」∥ I *feel like* walking to the station.「駅まで歩きたい」∥ I *feel like* crying.「いまは泣きたい気持ち」∥ Do *you feel like* a cup of tea?「お茶をいかが」∥ I *could do with* a cup of coffee.「コーヒーを飲みたい」— I cannot do without を改変して作られた言い方で口語でのみ用いる。∥ Do you *feel inclined* to toddle down to the club? (UED)「クラブまで歩いてみないか」∥ "Are you *in a mood for* chess tonight?"「今夜チェスはどうです？」∥ I *felt disposed* for a moment to indulge in a pleasantry.「ふとはしゃぎたい気分になった」(文語的表現)∥ I'm *in no mood for* letter-writing to-day.「今日は手紙を書く気分になれない」

第十五章　過去分詞と完了形

15.0　現在完了の形成の経緯

現在完了の形成の経緯については既に述べた（▶ 6.14）。現代英語における完了形を3種の用法に分けて説明する。

15.1　現在完了形 I

15.1.a　完了形による過去の総括

過去の特定の時点から発話の時点「いま」に至る時間の中で繰り返し起きたことを回数で記す表現法である。個々の出来事の歴史性はさておき、同じことが何回あったかという点のみが問題とされる。下図において＊印は歴史的な行為を示すものであるが、完了形は当該期間中の回数にのみ注目する。「今年は二度海外旅行をした」、「君とは卒業以来会っていない」、「そういう話は初耳だ（聞いた経験がない）」など。この用法には動作動詞（e.g. to break）、状態動詞（e.g. to be, to love）などの意味内容による制限はない。

```
        Start——*——*———*———*——  → Now
```

Everyone's hand *has been* against me — *always*.（A. Christie）「誰もが私に敵意ある行動をしてきた — ことあるごとにね」‖ I *have always lived* a very busy life.（M. Oliphant）「これまでいつも忙しい生活だった」‖ I *have been ill* a few times since I came to live in these quarters of the town.「私はこの町に引っ越してから数回病気をした」‖ "I*'ve wondered several times* why you had no dogs here," Joan said.（J. London）「なぜここで犬を飼っていないのかなと何度か思いました」‖ Oh, I*'ve never been* to a picnic — I*'ve dreamed of* picnics.（L.M.M.）「ピクニックというものは経験がないわ。夢にまで見てきましたけれど」‖ Rachel *has been incessantly restless and excited* since she first heard of it.（W. Collins）「とかく落ち着きがなくなった」‖ I *have driven* past Westminster but *have not been in it*.（E. D. Bancroft）「ウエストミンスター寺院の前は何度も通ったけれど中に入ったことはない」‖ After she *has done that* *two or three times* she'll get used to it. (H. James)「彼女は 2、3 度同じ経験をするとそれに慣れてしまうのだ」‖ Let me see; I *have been four times* in his company. (W. Collins)「あの人とは4回同席したことがある」‖ She *has never entered* into the family quarrels. (G. Eliot)「家族の喧嘩に加わった例はない」‖ *Nobody ever has loved m*e since I can remember. (L.M.M.)「物心ついて以来私は誰にも愛されたことはない」‖ He *has loved Rome always*. He caught the spirit of it long ago. He will be glad to know I have found it also. (M. M. Mason)「ローマへの愛は変わらない。とうの昔に彼はこの都市の心をつかんだのである。私も同じだと告げれば彼は喜ぶだろう」‖ I have travelled hundreds of miles at night on lonely roads, I was *never* robbed or in any way molested. (A. R. Wallace)「これまで何百マイルも人気のない夜道を旅してきたが、強盗にあったり迷惑を蒙ったことは一度もない」‖ *We have travelled a long way, we have spoken* in the rustle of the wind, *have whispered* in the wood, *we have sung* in the waters. (A. Lang)「長い旅だった。風のささやきに語り、森でささやいたこともある。流れに歌うこともあった」‖ But now I care not what the universal world says; *I have always found you right*. (C. Darwin, *Letters*)「世間がなんと言おうと気にしません。あなたのおっしゃることはもっともだと私は常に思ってきましたから」‖ He *has indulged for many years* altogether too much in tobacco and alcohol. (W. M. Healy)「あまりにも長期間にわたって喫煙と飲酒に浸ってきた」‖ 'How often *have you seen her since*?' 'Why, only twice, sir, but that's as much her doing as mine.' (C. Dickens)「あれ以来何度あの人に会いましたか」「二度だけです。私もそうでしたが向こうも消極的だったのです」

15.1.b 分量の表現

頻度の代わりに量的に表現することもある: *There has been a lot of talk about it of late*. (H. James)「最近その噂で持ちきりだ」‖ *There has been a great change* at our house since you left. (M. M. Dodge)「あなたが去ってから我が家に大きな変化がありました」‖ *There has been a great deal of talk* about London of late; it's the fashion to cry up London. (H. James)

15.1.c 二種類ある時間の把握法

イ)「〜から今日まで何日間、何年間など」

```
|------------------------------------------ → NOW
[............... a period of time ............]
```

修飾語として前置詞 for の他に always, ever, never, times などの副詞を使う。always は「四六時中、絶えず」ではなく「そのたびごとに」の意味である。

Such a thing *has never happened* at Bertram's. I mean we are not the sort of hotel where murders happen. (A. Christie)「そのようなことは当方では例がありません。手前どもは殺人の現場になるようなホテルではございません」‖ An anarchist! How interesting! I *have always wanted to meet* an anarchist. (D. Marquis)「無政府主義者ねえ。面白い。無政府主義者なるものに一度会ってみたいとこれまで私は何度も思った」‖ I*'ve always wanted* to get into a big show, but I didn't see how it would come the way of a homely citizen like me. (J. Buchan)「ビッグショウをやってみたいと常々思ってきたが私のようになんの変哲もない人間にそんな機会があるはずもないとあきらめていたんです」‖ She *has been hospitalized* a few times ... Yes, she was hospitalized twice. (TV)「彼女はこれまでに何度か入院した経緯がある。そう二回ほどね」‖ She *has not been to confession for* nine months. (A. E. Barr)「彼女は九ヶ月のあいだ懺悔（ざんげ）をしていない」‖ Indeed *for many years I have looked upon you as my husband*, though I thought you dead. (H. R. Haggard)「あなたはもう世にないと思ってはいましたが、何年ものあいだ（思い出すたびに）あなたを夫と思ってきました」‖ *In all the thousands of times I have asked other people for advice, I never yet got the advice I wanted.* (W. Ch.)「何度となく人に忠言を求めたけれど欲しいものは得られなかった」‖ I [have] *been to the circus three or four times* — lots of times. (M. Twain)‖ I *have always regarded* Jack as the finest-looking sailor *that ever sailed*. (C. Dickens)「ジャックが最もハンサムな船員とこれまで思ってきた」‖ "I *have not been to* Jerusalem," he said; "but I have heard of its princes." (L. Wallace)

ロ)「～以来今日まで」

```
Since X |............................. → NOW
[......passage of time..........]
```

I *have not touched a pen since* the day the manuscript blew out of the window.「原稿が窓から飛び去って以来私はペンを手にしていない（ものを書いていな

い)」‖ He *has never seen* his brother since that day.「あの日以来、彼は兄(弟)に会っていない」‖ Since that time the sweating sickness *has never reappeared* in England. (Gould & Pyle)「それ以来、英国ではこの病気の症例はない」‖ *Ever since* Greek civilization was merged in Roman imperialism, *there has been a slowly growing tendency* toward complexity of social life.「古典ギリシャ文明がローマの帝国主義に合流して以来、社会生活が絶えず複雑化へ向かってきたのである」(時間の表示がない場合は「これまでに何度か」を補って読む)‖ She *has loved and been disappointed*, so that she can no longer love at all. (G. Sand)「恋愛して失恋した彼女はもう愛することができない」‖ I *have been in* the pit of the opera, and seen your fine ladies. (Bulwer-Lytton)「平土間にいたことがあり、ご婦人達を拝見したことがあります」‖ Besides, the Parisian world is entirely unknown to me, for, as I believe I told you, *I have been in* Paris but very few days.「そのうえパリの社交界を私は全く知りません。お話したことがあると思いますがパリには数日滞在したことがあるのみです」‖ I *have been in* the noblest houses, and am admitted there still. (C. S. Baily)「高貴この上ない方々のお宅にお邪魔したこともありますし、いまでも出入りを許されているのです」‖ We *have been in* France, Switzerland, Italy, in fact, almost all parts. (C. Dickens)「フランス、スイス・イタリア、実際ほとんどの地域に行った経験が我々にはある」

15.1.d　現在完了形と過去時制

　これまで論じてきた完了形のIは完了形の意味としては比較的遅く発達したものらしい。完了形以前は単純過去形が通常の表現であった。大体の傾向としては米語では過去形が、英国英語では完了形が好まれるといわれているが、Did you ever...? などは米英を問わず口語でよく耳にするもので経験の有無を問う形式である。

Dear me! *Did you ever see her*? (C. Dickens)「なんと、いつか彼女に会ったのですか」‖ *Did you ever love* any one else? (C. Doyle)「他の誰かを愛したことがあるのですか」‖ *Did you ever hear* of a dog running up a curtain?「犬がカーテンをかけあがるなんて聞いたことがありますか」‖ "*Did you ever know* of anybody whose hair was red when she was young, but got to be another color when she grew up?" "No, I don't know as I *ever did*," said Marilla mercilessly. (L.M.M.)「若いときは赤毛で成長すると頭髪の色が変わる、そんな子

に会ったことがありますか」「そんなのは知らないわ」とマリラが冷たく言い放った」‖ *Did you ever suppose* you'd see the day when you'd be adopting an orphan girl? (ibid.)「孤児の娘を養子にすると思ったことがありますか」

最上級表現に続く関係代名詞節では今日もなお過去形を使うことある。The bravest soldier that ever shouldered a gun など表現にわざとらしさが付きまとう所謂クリシェー（cliché「陳腐な表現」）と見なされるものが多い。

The greatest genius that ever lived could not think better than a child of ten if you deprived him of food for ten days. (A. Brisbane)「10日間何も食べなければ最高の天才も十歳の子供ほどに思考力が落ちるものだ」‖ *The greatest book on men that ever was written on this earth* is but an analysis of the emotions of imperfect human minds. (ibid.)「この世で人間について書かれたもっとも偉大な書物は不完全な人間の心の分析論である」‖ And here is my other self — *the best fellow that ever lived:* Darius Grant. (A. E. Barr)「これが私自身、とても好いやつだ。名をDGという」‖ Miss Sedley is *one of the most charming young women that ever lived.* (W.M.T.)「セドレイ嬢はこの上ないチャーミングな女性です」‖ I possess the great advantage, in the present case, of having had years of professional experience among some of *the wickedest women who ever walked this earth.* (W. Collins)「この世に前例がない邪悪な女たちを相手にしてきたことは非常に有利な経験だと思う」

15.2 現在完了形 II

15.2.a 近過去

いままさにことが起きようとしている状況で「近未来」ということがあるが、同じ筆法で「近過去」というものがあってもよいわけである。たったいま終わった行為あるいは出来事についてまだ「ほとぼりが冷めていない」という含みをもつ。これを図示すると

completion|•••••••• → Now

となる。問題は ••• の長さである。ここで示される時間は相対的なもので、日常生活の範囲から天文学の分野まで千差万別である。欧米の文法家の用語で recentness という。これも相対的な概念であるが、筆者はむしろ newsworthiness を提案したい。「それぞれの環境でニュース性をまだ失っていない状況」という意味である。

例えばビッグバンによってこの宇宙が誕生してから100億年以上を経たといわれるが、最近の報告によれば天文学者は大爆発直後のガスを宇宙のかなたに捕らえたという。その限りにおいてなお「ほとぼり」が冷めていないわけで The Big Bang *has created* our universe「ビッグバンによってわが宇宙が誕生した」といえるわけである。Flight XX has just arrived では「目的地について目下乗客が降機中」などの意味となる。日常生活の場面でいえば We have just finished our dinner は食事を終えたばかりで食器はまだ片付けられていない状況をいうのである。

15.2.b 時間の相対性

このことについて英国の文法学者による次のような興味ある記述がある。

The World War has ended. 「世界大戦はもう終わったのですよ」

「この文は戦争収束の直後ならば適切な表現であるが、伝えられるように旧日本軍の兵士が何十年も戦争の収束を知らないでいた状況でもこの文は十分意味を持つであろう。彼らが英語を理解できればの話であるが。また戦後何十年もたつ現在でもドイツ人や日本人に敵意を抱き続けている人に対してもこの表現は有効である」(David Kilby, *Descriptive Syntax*, 1984 p. 27)

要するに完了IIは「ある行為なり行事がつい先ほど終わったばかり」という認識を表現するのであるが、この表現形式の心理的な要素も顧慮しなければならない。

The Government *has just published* its latest plans to deal with the housing crisis.「政府は最近住宅危機への対応策を公表した」(昨今の新聞に載っている) ‖ The post *has just come in*.「つい先ほど郵便物が届いた」‖ His wife *has just given birth* to their second child. (Harrap's)「細君が第二子を出産した」 ‖ I *have just received* your essay.「貴論文をいましがた受け取りました」‖ I *have thrown these few notes together*, because the subject of them was well known to me for many years. (C. Dickens)「今回のは私が以前から注意していたテーマである」

因みに動作の収束を強調するとき現代口語では to have finished doing とすることが多い： I have just read your latest novel ⇒ I have just finished reading your latest novel. 動名詞が省かれているときは状況から動詞を補って理解する

必要がある。

15.2.c　動詞 to be の完了形

完了 II は to be にも適用される。「つい最近までこれこれの状態だった、どこそこにいた」という意味で、その状況は既に終わったという意味を含む。

'You *have not been ill*, I hope? You look a little thinner.' (A. Christie)「ご病気でらしたのではないでしょうね。すこし奥れてみえますよ」‖ And you've *been to visit her*? (A. Hope)「で彼女に会ってきたの？」‖ Why, Helen! *What have you been doing* so long?「いままで何をしていたの」‖ "*Have you been to* the police office?" "I've *just been* there."「警察へ？」「そうです」‖ *Have you been working* all night? Why did you not come down to breakfast?「徹夜をしていたのですか。朝食に降りてきませんでしたね」‖ I've *been to see* Nancy Brown. (A. Brontë) — cf. I *have just returned* from a visit to my landlord. (E. Brontë)「会ってきたところです」‖ I've *been to* the hospital, and the man is getting along all right. (J. London)「病院に見舞に行ってきたところだ。回復は順調だ」‖ "*Have you been sketching* in the forest?" "No — I *have been making a study* of the chateau and terrace from this point."「森でスケッチをしていたのですか」「いえ、この角度から城とテラスを観察していたのです」‖ There *has been a quarrel* between our comrade Sarceda and our captain. (H. R. Haggard)「ついいましがた喧嘩があったばかりだ」の意。

「最近手に入った、いまもっている」に対し「なくした、忘れた」も完了形である。

'What German word?'「ドイツ語とは何のことです？」'Dear me, I've *forgotten* it now.'「あら、思い出せないわ」... I remember now, what the German word is. Doppelganger! (A. Christie)「あ、思い出した。そのドイツ語はドッペルゲンガー（分身）だったわ」

15.2.d　「今回」の完了形

時間の限定を時計やカレンダーによらず任意の一定期間を漠然ととらえる完了形の用法がある。「今回は」の意味を含み、当該の期間中か収束直後に限って完了形の使用が認められる（▶ 1.11）。

Clare *has been accused* of incapacity *on this occasion*. (G. K. Ch.)「クレアは

今回の一件では能力不足であると責められている」‖ But *on this occasion*, (I gladly own it!) she *has behaved charmingly*. 「有り体にいって、今回ばかりは彼女の振る舞いすばらしかったと思う」‖ It is another murder, sir, at the old town councilor's, Albernass; and *this time* they *have made* a clear house of it. 「また事件でさあ。元議員のところで今回は全員がやられた」

15.2.e 完了受動態
完了受動態は時制に関しては能動態と同じように扱われる。

A man *has been arrested* in connection with the incident＝the police *has arrested* a man...「拘留中」‖ Another appeal *has been made* for information about the missing County Kildare teenager, Deirdre Jacob. 「情報提供願いが出された（両親が願いを出した）」‖ He *has been turned loose* in a city full of temptation.（A. Brisbane）「誘惑の多い街へ放たれたのだ（いまそこにいる）」‖ He *has been invited* to a reception for Nobel Prize winners in Rome. 「招待されている」

15.2.f 部分的完了(完了 II)
到達点が明示されていない動作に完了形を適用すると動作の収束ではなく、現在までの成果 (the amount of work done so far) を示す表現となる (▶ 2.4.e)。

    We have worked *eight hours* today.

分量の規定である *eight hours* は省けない要素であり、これを除いた文 *We have worked は意味を成さない。'We worked *eight hours* today' との違いは僅少である。

I have walked *all the way* — I have walked *to the station*.（完了 II）
I *have walked as far as* the station.　部分的完了「徒歩で駅のあたりまで来た」
I walked, i.e. I came or went on foot.　目的地は示さなくてもよい。

同じように I have read *the book* (from cover to cover) は「読み終える」という意味でゴールに到達したことになるが、I have read *a lot of English books* では部分的完了となる。

We *have worked our way a mile or two on* since, but with much difficult.

(Cap. Scott)「これまで一、二マイル歩くのにたいそう難儀した」‖ We may *have travelled an hour or more* without my paying any attention to this little family party. (C. Doyle)「一時間以上歩いたかと思うがこの家族づれには全く気づかなかった」‖ I *have travelled for years* about England, and never heard them mentioned before; the belief in them *has died away*, and even their name seems to be forgotten. (G. Borrow)「私が英国を旅行して何年にもなるがその名を耳にしたことはない。人々の信心は既に絶えてしまってその名すら忘れられているようである」‖ Believe me, my dear Henslow, I feel grateful to you on this occasion, and for the multitude of kindnesses *you have done me from my earliest days at Cambridge*. (C. Darwin, *Letters*)「君今回のことは本当にありがたいと思っている。ケンブリッジ以来なにかにつけ親切にしてもらったこともあわせて君に感謝している」

15.2.g 動詞 to be と部分完了

be 動詞の完了形と動作名詞の組み合わせも部分的完了となりうる。

From about this time on *there has been steady improvement*. (W. M. Healy)「今日まで着実に改善されてきている」‖ As mental and moral standards *have improved, there has been constant improvement* in the conception of God. (A. Brisbane)「精神あるいは道徳も向上した。神の概念も絶えず向上し続けてきた」

15.3 現在完了形 III

この用法は過去から現在まで維持されてきた状態を表現する「状態動詞」に適用される。状態動詞とは to be, to remain, to live; to love, to like; to fear, to rejoice などで現代英語では数が極めて少ない。また「完了動詞（▶ 1.6）」も同様の扱いになる。

What is far more important, my love of natural science *has been steady and ardent*. (C. Darwin)「熱意がこれまで衰えたことはありません」‖ Progress through the centuries *has been steady*, and perhaps the twentieth century will prepare a vessel that will be unsinkable as well as magnificent. (L. Smith, ed. *Titanic*)「技術は絶えず進歩する。20世紀には豪華な不沈船も建造されることであろう」‖ *George has loved Amelia Sedley ever since they were children;* no wealth would make him marry any but her. (W.M.T.)「G は子供のころから

AS が好きだった（いまも好きだ）」∥ 'I *have known* Ferrari's wife *for many years*.' (W. Collins)「F の奥さんなら昔なじみよ」∥ '*There's been one weakness in my life*, and I'll tell you what it is,' he said. 'It's drink.' (T. Hardy)「私のこれまでの生き方には一つだけ弱点がある。それは何かといえば酒です」∥ It *has been my custom for many years* to run across to Jersey in the way of business. (T. Hardy)「用向きで J へ出かけることは昔から私の習慣になっています」∥ I *have been in love* with you from the very first night I saw you. (T. Dreiser)「初めてお目にかかった夜以来あなたのことを切実に思ってきました」

15.4 現在完了進行形（▶ 1. 11）

　現在進行形に過去から現在に至る時間の経過を加えたものを「現在完了進行形」という。適用対象は完了 II である。完了の I は完結した動作の繰り返しを表現するものであるから、「進行」とは相容れない。完了の状態動詞（完了 III）も進行とは縁がないが、動作動詞の完了進行形は状態動詞の完了 III と同じ状況を意味する。

現在進行形　　　　　……………［•☐
　　　　　　　I am reading a newspaper.

完了進行形に対する現在進行形は特急列車の窓から外の景色を眺めている状況で、進行する列車の窓に映る景色しか目に入らない。

現在完了進行形　　［•••••••••••••••☐
　　　　　　　I have been reading a newspaper (e.g. for two hours).

いまの状況がいつから始まったかを含めて現在の状況を見るのである。

I *have been selling* cars for ten years.「十年ほど車のディーラーをやっています」∥ Mary *has been teaching* in that school since 2003.「2003 年以来あの学校で教えている」∥ "And *what have you been doing* lately?" "I — oh, not much!" (D. H. Lawr.)「で近頃どうしてるの」「特になにも」∥ How long *have you been* here, doctor? (C. Doyle)「先生はいつからここにご滞在ですか」∥ I *have been waiting* for somebody to give me one.「誰かくれるかと暫く前から待っている」∥ A woman *has been missing* for nearly fortnight. (newspaper)「2 週間ほど前から行方不明」

15.5 完了か継続か——「含み」について

　意義上の問題点は完了進行形は現在のとき (MS) を含むか含まないかという疑問である。Where have you been? では発話の時点、当該の状況は終わっていることは既に明らかになっている。「完了進行形」は「部分的完了」の意味を基本としているので、問題の状況は発話の時点 (MS) で継続中であることが暗黙に了解されている。それと同時に一定の手続きにより、これを否定することもできる。暗黙の了解があり、かつその了解内容の変更を可能にする状況を意味論で implicature「含み」と呼ぶ。

　例えば I used to be a member of the club は既に会員ではないという暗黙の了解がある。これをこの表現の「初期値」という (▶ 10. 13. a)。「特に断りがなければこれこれの意味になる」という暗黙の約束である。しかし and I still am と加えるとその内容は現在も有効となる。「かつてはメンバーであったし現在もそうである」という意味となる。あるいは泥だらけになって家に帰ってきた子供に母親が Where have you been, Tom? You are mud all over! というとき、泥だらけになった場所を母親が知らないという事実によって暗黙の了解「いままでずっと」が「つい先ほどまで」に変更される。what, who, where などの疑問詞があるときも初期値が変更される（現在完了進行形および完了 III に限る）。

He *has been making trouble ever since* I can remember. (A. E. Barr)「あの男の身辺には昔からいざこざが絶えない（いまもそうだ）」∥ For many years Mark *has been ferrying people* across the river. (A. Lang)「マークは長年フェリーを運航してきた」∥ "I intend to know exactly what *has been going on*," he declared. (B. Takington)「いったい何が起きていたのか説明してもらおう」∥ '"Mercy on us," said astonished Marilla, "*have you been asleep*, Anne?" "No," was the muffled reply.' (L.M.M.)「なんとまあ」とマリラがあきれて言った。「アンは寝ていたのね」「違うわ」と眠そうな返事が返ってきた。∥ Matthew *has been telling me* about last night. (L.M.M.)「M から昨夜の話を聞いていた」∥ Far as I can make out from her story, Mr. Phillips *has been carrying matters* with a rather high hand. (L.M.M.)「彼女の話によると P さんは相当高飛車にことを進めていたようですね」∥ I *have been to* him, and he is not at home. (C. Dickens)「彼のところへ行ってきたところだが、いま留守だ」∥ How long it is that I *have been in* Semur with those who are now there. (M. Oliphant)「あれからどれほど時間が経っただろうか」

ラテン語の完了形は状態動詞についても収束を意味するので、いまもそうであるときは現在形を添える： Puella quam *amavi* et *amo* 'the girl whom I *have loved* and [still] *love*.' 英語でこの区別は通常文脈によるので次のような例は限定的である。

... such a poor creature as I *am and have* been. (J. Bunyan 1628–88)「これこのとおりの私ですが」‖ He *is and has been* well known to us ever since. (M. Edgeworth) ‖ This little house is — well, it *is and has been* what no other house can ever be to us, I admit, but you know it is out-of-the-way down here for a doctor. (L.M.M.)「この小さな家は私たちにとってこれまでかけがえのない家だったし今もそうだけれど、お医者様から遠すぎるわ」

15.6 過去完了形

　この形式には二重の機能が与えられている。その一は現在完了形の内容をそのままに視点を現在から過去の特定の時点に移動させるものである。現在完了形は MS を必ず含むが、過去完了は過去の一点を指定するので話者の立場から見れば、移動点 ($\bigcirc^1$) のほかに固定点 ($\bullet^2$) が一つ増える。どちらの場合も MS は見えていない。

現在完了形　　[Completion] ……… →$\bigcirc^1$ NOW
　　　　　　　　　　　　　　　　　Constantly moving forward
We have just arrived at Narita.「たったいま成田についたところだ」

過去完了形　　[Completion] …… $\bullet^2$ ……………… →$\bigcirc^1$ NOW
　　　　　　　　　　　　　　　Fixed　　　　Constantly moving forward

When at last we arrived at the airport, we found our plane *had already taken off*.
「ようやく空港に着いたとき我々の乗る便は既に出発してしまっていた」

現代英語では $\bullet^2$（下線部分）がしばしば省かれるので一見非論理的な文が生成する。

When at last we *arrived* at the airport, our plane *had already taken off*. 複文中の arrived は隠された found に呼応するが had taken off には直接繋がらない。類例： Half an hour later [they found] *he had been violently attacked, knocked down, and almost choked to death*. (U. Sinclair)「暴漢に襲われ殴り倒されて

窒息寸前だった」

次の文でも●²[when the accident occured]が省かれている。従って He had been playing when his body was discovered とは繋がらない(▶ 0.6)。

He *had been playing* in the stream which is a mile from his home. His body *was recovered* at around half past eight last night.「男の子は自宅から一マイルのところにある川で遊んでいた。昨夜8時半ころ彼の遺体が収容された」‖ He died shortly afterwards. He *had been detained* for an alleged public order offence. A Garda [the Irish police] investigation *is continuing*. 上掲の文で省かれている●²を補うと次のようになるであろう：When he *died* shortly afterwards, *it was found out*² that he *had been detained* …

15.7　大過去

その二は「大過去」というもので特定の点(●³)がもう一つ増える。完了の意味はない。

　　　●³……… ●²…… →○¹ NOW
　　　Fixed　　fixed　　moving forward

I went to bed ² after I had locked ³ the doors = I locked all the doors and then went to bed.「戸締りをしてから就寝した」‖ After he *had stared* at the smoke for some time, he *mounted* the white horse.「ひとしきり煙を眺めてから白馬にまたがった」‖ After he *had finished* his meal, he *sat* for twenty minutes; then he stoked up a big fire. (D. H. Lawr.)「彼は食事を終えてから20分間座っていたが、囲炉裏に大きな火をおこした」— この文に○¹を加えたいときは He is taking a stroll in the garden now などと書く。

15.8　完了不定詞

完了不定詞は親元(主文の動詞)に対して時間的に先行する状況を表現する形式である。書簡や新聞雑誌の文章によく見られるものである。to remember to do は「～することについて思い起こす、忘れない」である。思い出した時点で当該の行為(to do)はまだ行われていない(未然)。完了不定詞を用いると to remember doing「～を記憶している」と同義になる。cf. to intend to do / to have done

He made a point of *remembering to get* his glasses fixed. (He tried hard to *remember to take* his glasses to be repaired.) (Barron's)「忘れないで修理に出す」‖ *Remember to check* the Technical Information Library.「忘れずにチェック」(使用説明書)‖ "So you've *remembered to come*," she said. (J. Gals.)「忘れずにいらしたのね」‖ I remember *to have seen* him there.「そこで彼を見たことを記憶している」‖ I *intended to write* to you yesterday ならば実行したかどうか不明であるが、完了不定詞は実現しなかった意味を含む。I intended to *have written* a line to you to-day, if I had not received yours. (G. Borrow) ‖ I don't think I ever *remember to have seen* Moulsey Lock. (J. K. Jerome)「記憶がない」‖ The new project is said to cost eight million dollars はまだ最終結果が出ていない状況をいうのである。The new project is said to have cost eight million dollars i.e. The new project cost (*or* has cost) 8 million dollars.

15.9 完了分詞と動名詞

　現在分詞も完了形に対応する：doing ― having done.
用法の範囲はごく限られたもので、分詞構文にのみ使用できる。付加語用法 (e.g. a *sleeping* dog) はない。以下に示すように機能上は前置詞付きの動名詞と区別はない。

Entering the hall I saw a strange sight = *on entering* the hall I saw a strange sight.「ホールに入ったとき不思議な光景を見た」‖ *After having travelled* about twenty miles we reached a higher and drier region. (A. R. Wallace)「二十マイルほど進んで乾いた高地へ着いた」

動名詞は分詞よりも表現力に富む。例えば before having done に対応する分詞はない。

Long *before having arrived* at this part of my work, a crowd of difficulties will have occurred to the reader. (C. Darwin)「拙著をここまで読んでいただく過程で読者には多々分かりづらい点があったと思う」

現在分詞もまた先時性を表現できるが、内容が完了的な動詞に限られる。例えば opening the door = having opened the door であるが 非完了的な動詞は意味に違いが出る (e.g. singing a song ― having sung a song)。

After having been twice driven back by heavy southwestern gales, Her Majesty's ship Beagle, . . . sailed from Devonport. . .（C. Darwin）「強い南西の風に二度押し戻された後、軍艦ビーグル号はデヴォンポートを出港した」

第十六章　分割文——先行詞と関係節の分離

16.0 「は」と「が」と英語に対応する英語構文

　日本語の基本構造が外枠文と内枠文(いずれも仮称)から構成されることは既に述べた。外枠文の主部は「は」で内枠文の論理上の主部は「が」である。

　　　　【　　　　外枠　　　　】
　　　　【私は [頭痛がした] のです】。
　　　　　　　　【内枠】

1a)　(?) I was *one* who had (a) headache.　　1b)　I had (a) headache.

1a)は日本語からの直訳であるが、英語では承前(再説)(【備考】参照)の場合を除けば、特定の出来事を I was one who... とは表現せずに通常は 1b)のようにいう。

【備考】「承前」とは前に出た名詞を二度目以降に反復する際に代名詞を使う状況をいう。「再説」ともいう。英語では anaphora であるが、語源は「過去へ戻って言及する」意味のギリシャ語である。次の例では one は前に出た tutor を繰り返したものである： Tom Staple was one who maintained a high dignity in the University.(A. Trollope)「大学では威厳を保っている講師だった」

2)　He is *one who* can bring things about.(F. H. Burnett)「彼は物事をやり遂げる人だ」

これは人の性格などを説明するもので、日本語と文構成がよく似ているが、英語では日本語ほど一般性はない。通常は次のようにいう： He can bring things about.「彼は物事をやってのける(のだ)、有能だ」

And you are *one who* loves mystery.(E. D. Biggers)「それにあなたはミステリーがお好きな方だ」‖ I can see that you are *one who* may be trusted.(C. Doyle)「私はあなたが信頼できる方であると見ています」

第十六章　分割文──先行詞と関係節の分離

主語が不定(特定の対象を指さない)であると定義文になる。

3) *His divine teacher is one who* can enter into the human duties, sorrows, doubts, of each human spirit. (C. Kingsley)「人の心の師(というもの)は人間一人一人の義務、悲しみ、懐疑を体験できるのだ」語順は 'Whosoever can enter [subj.] . . . is his divine teacher [compl.].'

4) *A gentleman is one who* never gives offense. (J. F. Dobie) cf. One who never gives offence is a gentleman.「人に不快感を与えないのが紳士というものだ」

5) *A fool* or *idiot* is one who expects things to happen that never can happen; he pours milk into a can without a bottom, and expects the milk to stay there. (G. Eliot)「愚かな人間は起こらぬことを起こると思い込む。底なしの缶にミルクを注ぎ、ミルクが溜まると思っている」

16.1　The One Who (The Cleft Sentence)
16.1.a　「分割文」とは何か
定冠詞は文の内容を根本から変えてしまう。

「(実は)先生(＝医者)が110番した(のです)」[The fact was that] the doctor was *the one* who phoned the police.

日本語では「誰が110番したのですか」「先生がしました」あるいは「110番したのは誰ですか」「先生です」となる。主部と述部が転倒すると、述部が外枠文(▶ 0.1.b)に転ずるので、助詞が入れ替わるのが特徴である(上述)。主部と述部の転換は英語でも容易に発生する。節を後ろに回して文頭に代名詞の it をたてる。これが所謂「先取りの代名詞」であるがこの代名詞は実は文の「補語」(complement)なのである。

The doctor was *the one* who phoned the police. ‖ *The one who phoned the police was the doctor.

以上が想像される文構成の過程であるが、実際に次のようにいう。

It was the doctor *who phoned the police.*

さらに関係節以下を分かり切ったこととして省くと *It* was the doctor となる。

関係節が残っているものを欧米の文法家は誤って分割文 (the cleft sentence) と呼んでいる。

   It was the dotor *who* phoned the police.

しかし、既に説明したように代名詞 it は元関係代名詞節の先行詞であったものであるから、構造上の分割はどこにも発生していない。これをもとに戻す (undo) と

   I phoned the police.　欧米の文法家の説(誤り)
   Someone phoned the police.　筆者の説

となる。関係代名詞節が人ではなく物・ことを代表するときは、関係代名詞に what を使える。以前は who も what 同様に「複合詞」であった：who = whosoever となる：*Whom* the gods love die young.「惜しい人物ほど先に逝くものだ」(古風な文体)。

16.1.b　先行詞の位置

 所謂「先行詞」とその同格要素である関係節の語順が確定したのは中期英語以降のことで、それ以前には「先行詞」に相当する名詞句が「後続詞」ともなりえた。現代英語では語順が固定的となり、さらに先行詞が関係節に密着している。こうしたなかで一つだけ両者が密着せず離れて置かれる場合がある。所謂「強調構文」である。この構文は英文法で the cleft sentence「分割文」と呼ばれる。この cleft は分裂ではなく分割の意味である。

   It was Mr. Crewe *who pushed open the door*.
   「ドアをぱっとおし開けたのはクルー氏であった」

この構文では関係節の先行詞は文頭にある it である。人称代名詞は先行詞になれないという規則はない。実際 he who ... あるいは they who ... はなんら問題がないし無生物代名詞 it も同様である。ただ、この中性代名詞は関係節に「密着」できない (*it that ...)。

a) Somebody pushed open the door.
b) Who was it? [it = the person who pushed open the door]
c) It was Mr. Crewe.
d) *It* was Mr. Crewe *who pushed open the door*.

上記 a), b), c), d) 中、情報は c) で尽きている。d) は a), b), c) に含まれる情報をコンパクトにまとめた総合版である。最後の d) の後半部(関係節)は、事情を知らない人に行為の内容を具体的に説明するために a) から復活させたものである。通常の会話ではこの d) タイプが一般的に使われる。即ち「誰かドアをぱっと開けた人がいたが、それは誰かというとクルー氏だった」と読める。すべての情報が要領よく盛り込まれている。

また d) は *it that opened the door was Mr. Crewe「ドアを開けたの [it] はクルー氏であった」の意味であるが、上述の制限により関係節が後ろへ回されたのである。

I knew *it* (complement) was my liver (subject) *that was out of order.* (J. K. Jerome) また '*It* was a gentle rain *that fell at Helford*' (D. du Maurier) は '*The one* that fell at Helford was a gentle rain' の意である。

16.1.c 類への言及(9.16.e)

諺に *It* is an *ill wind* that blows nobody good「風が吹けば桶屋が儲かる」というが、これは *The kind of wind* that blows nobody good is an ill wind と解釈される。It is a long lane that has no turning も同様である。

【備考】 This was *a lashing, pitiless rain that* stung the windows of the coach. (D. du Maurier)「馬車の窓から容赦なく入り込んでくる雨だった」では先行詞は rain である。

16.2 分割文の意味

イ) 話題の絞り込み(強調ではない) clefting をもとに戻したときの文型(左側)に注意。

The professor was reading *something* → It was *a newspaper* he was reading.
He was reading *a newspaper* → It was *an English newspaper* he was reading.
He was reading *an English newspaper* → It was *the Times* he was reading.
He was reading *the Times* → It was *the Sunday edition of the Times* he was reading.

ロ) 二者択一

It was not Tom but Jim *who* was on the phone.「電話の相手はトムではなくジムだった」

But *it* was a very sober Paul *who* came back from the shore in the twilight. (L.M.M.)「薄明かりの中を浜辺から帰ってきたのはいつもと違うしらふのポールだった」

16.3　擬似「分割文」(The Pseudo-Cleft Sentence)
16.3.a　基本構文の分析
「資金は我々に是非必要なものだ」
Money is *the thing we need badly* → It is money *that we need badly* → *The thing we need badly* is money → *What we need badly* is money.

以前は that も現在の what のような用法があったが、これが関係代名詞 that の本来の性格であった。G. チョーサー(1342–1400)、W. シェイクスピア(1564–1616)には現在の what の意味で that と that which のどちらも用例がある。現在でも that は複合関係詞なのであるが、文法家はそう見ないので that which または what と書く。

The thing [=that which] we need badly is money. ‖ What we need badly is money.
"Can I find here that which I seek?" (C. Reade)「探しているものが見つかるだろうか」

【備考】　関係代名詞 which も例に漏れず that which の意味であった: The steward signed to him to follow, *which* he *did*.「執事はついて来るように合図したので、彼はその合図に従った」‖ I should not be able to spend that season in Aru without remaining another whole year, *which was* out of the question. (A. R. Wallace) この構文では動詞が必ず to be または to do であるところから、後者ではあたかも先行詞の an action が省かれたように見える(▶3.3)。現代英語ではこのような解釈もできなくはないが(但し省略の根拠は不明)、歴史的経緯は上記のごとくである。

欧米では、この種の文型を the pseudo-cleft sentence「擬似分割文」と呼ぶが、構文の読み違いによる不当な名称である。この見方によれば What we need is money は we need money の変形であり、後者に what...is...が割り込んだために前者が作られたというのである。事実関係をいえば What we need はこれ全体が一貫となって主語(即ち見かけ上の主語で実は補語)を形成しているのであり、文の構成からいえば What we need badly is money は It is money と

いうのと同じことである。「分割」あるいは「分裂」など、どこにあるというのだろうか。

16.3.b 「擬似分割文」の破綻
「擬似分割文」の解釈は受動文において破綻する。
What is at present called Peterborough Cathedral is a noble venerable pile. (G. Borrow)「P 寺院と現在呼ばれているのは、一群の崇高な建築物である」

「擬似分割文」の解釈を適用すると、受動態であるこの文は主語を失ってしまう。

What is called P. C. is a noble pile → *[　] is called noble pile.

16.4　Vox Populi Vox Dei の意義
「民の声は神の声」か―民衆パワーというもの。
It is me は It am I から一般人の言語感覚によって変形されたものである。承前（再説）のため it が必ず後続文の文頭に置かれるため、後続文中では be 動詞の補語であるものを主語とみなして am を is へ変えてしまった。14世紀の G. Chaucer は It am I と書いている。また上に論じた *It that broke the glass was Tom は現代英語の規則によって It was Tom that broke the glass と語順が変わるので、先行詞 it と Tom を取り違えて it was Tom who broke the glass となり、現在に至る。It was me に関係節が続くとき、通常は It was I who broke the glass と書く事実からも、直前の名詞あるいは代名詞が「先行詞」とみなされていることが分かる。

It was he that asked me if I had ever heard that eating cabbage made a person's ears grow. (A. S. Baily)「キャベツを食べると耳が長くなる、という話を聞いたことがあるかと尋ねたのは彼だった」∥ It's you that are out of your mind. (H. James)「頭がおかしいのは君のほうだ」(you が主格かどうか不明)。It's me Jacob is after. (TV)「J のお目当ては私よ」(目的格関係詞の省略)

【備考】　用例は極めて少ないが、次のような文もある。俗語であろう: It was me who betrayed her at the St. Cecelia. (F. C. Adams) ∥ Benson is so forgetful, and it was me who sent him after you. (A. M. Barnard)「B は忘れっぽい男だ。あなたを迎えに彼を遣ったのは私だ」

16.5 「物がある」、「ことがある」

　be 動詞がコピュラではなく「ことがある、起きる」という意味のときは上記の説明はあてはまらない。次の引用にあるように、たしかに to be には to happen の意味がある： I kept thinking over everything that has *been* ever since Jonathan came to see me in London.（B. Stoker）「J が私に会いにロンドンへ来て以来の出来事を考えていた」（▶ 8.0）

所謂「分割文」で to be がこの意味であると構文が変わる。例えば It was *near Edinburgh* that Sean Connery was born は「エディンバラの近くにおいて SC が生まれたということがあった」という構造である。この意味で it [so] *happened* that SC was born near Edinburgh とも書く。因みに it ではなく、so が that に呼応する。

語順が固定している英語では It was *yesterday* that I met Tom が無理なく副詞要素を移動する手段である： It was *during the first summer* that an incident already mentioned occurred.（M. Twain）「先の出来事が持ち上がったのは最初の夏のころであった」時および場所の副詞については制限はない。奇妙なことに「様態」について It was *by word of mouth* that he made the statement はよいが *It was *orally* that he made the statement は容認されない（ゲール語では可）。

　It was just *before sunset* that the city was always at its gayest point.（A. E. Barr）「まちが活気づくのは日没前であった」‖ It was not *for nothing* that Ernest had been baptised in water from the Jordan.（S. Butler）「洗礼を受けたことは理由のないことではなかった」— cf. Indeed, when he spoke *it* was with something almost like an air of relief.（D. Marquis） — 'it was' = it happened = he spoke.

　似て非なる文。It was to meet a woman [that he was at the gate]. *To meet a woman! He?*（C. Doyle）は「女性に会うためだって、彼が？」と日本語に直訳できそうに見えるが実は Was it *to meet a woman* that *he* was at the gate? という文を省略的に変形した結果であり日本語の文構造とは似て非なるものである（▶ 3.4 備考： 9.19）。安易な物わかりのよさは物を見る目を曇らせる。なお It was late in the night *before / when* the situation began to outline itself dimly.（F. C. Kelly）「状況が輪郭を見せ始めたのは夜も更けてからであった」は構文が異なる。

第十七章　展開文

17.0　展開文(The Expanded Sentence)

17.1　「展開文」の定義

　There is Noun に関係節が続くやや特殊と思われる構文がある (▶ 9.11.c)。例えば新約聖書ルカ伝 15 章の放蕩息子の逸話に次の文がある。

欽定訳(1611 年)　　A certain man had two sons.
現代語訳　　　　　There was a man *who had two sons*.

確定・未確認の意味がある a certain は指示対象の実在を前提とする。現代英語では確定の要素を there- 構文で示して未確認の要素を関係節に置く構文が好んで用いられる。この構文の特徴は there is + a Noun 形式を踏襲するが、場所の副詞句(例：There is an old car *in the garage*) が不要だという点である。この関係節もまた特殊な用法である。この構文を本書では「展開文」と呼ぶ。「展開文」はあるものの存在とそれに関する事情を複文で表現する特異な構文で日本語では二文に分けていう。

「今は昔、天竺に阿育王と申す大王おはしけり。一人の太子あり。クナラと云ふ」(今昔物語)：Many years ago there was in India a powerful king, *Aiku* by name, who had a son called Kunara.

同じ内容を二文に分割することは英語でもむろん可能である(口語)。

"*There's a man* by the name of Mike," said Molly, "*He* helps me sometimes." (F. R. Stockton)「マイクという男の人がいて時々手伝ってくれるの」— *There is a man* by the name of Mike *who* helps me. ‖ I have a daughter, *she* studies medicine in London. (TV)

欽定訳聖書(1611 年)でも名詞が形容詞を伴うとき、関係節が続く例がある。

There was a certain *rich* man, which had a steward (*Luke*, 16. 1) — cf. A man had a steward. ‖ There was a certain *rich* man, which was clothed in purple and fine linen. (*Luke*, 16. 19) — ギリシャ語原文を直訳すると 'A certain man was rich, who was clothed . . .' ‖ And *there are fools who* talk of a dog as an inferior being to ourselves! (W. Collins)「犬を我々より劣った生き物だという愚か者がいる」‖ *There aren't many people who* come here. (A. Christie)「ここへ来る人はあまりいません」Besides, *there are a great many foolish men*, vain, ignorant, and careless, *who never trouble themselves* to think. (A. Sewell)「思い上がりで無知で不注意で、考えることすら煩わしいという愚かな人間が実に多いのである」‖ There was *an old man and his wife who* lived next door but one to Ernest himself. (S. Butler)「アーネストの先隣に住んでいる老夫婦がいた」‖ But there would be *millions of red-headed men who* would apply. (C. Doyle)「無数の赤毛の応募者があるだろう」‖ And *there are enormous plains, which* in winter are white with snow. (C. Doyle)「また冬には雪化粧をする広大な平野がある」— cf. There are enormous plains *there*, which in winter... 確定名詞と there- 構文を両立させるには *There were five of* us in the party とする。

17.2　certain の有無

特定の誰か何かであることを強調するときは a certain を使えるが、日本語の「或る」のつもりで使っていると行き過ぎる恐れがあるから注意されたい。

There was *a certain young poetess whom he had encouraged.* (M. Edgeworth)「彼が励ましたある若い女流詩人がいた」‖ There is *a certain man*, a passionate and angry man, *who says* he loves me, and who I must believe does love me. (C. Dickens)「私が好きだ、というある男性がいるのよ」‖ There was *a certain episode* in his past *that wouldn't bear* too close an investigation. (E. M. Dell)「彼の過去に信憑性に乏しいあるエピソードがあった」

現代口語では a certain man は someone / somebody に通ずる。D. Bolinger の調査によれば「知っているが敢えて名を挙げない」という文脈では someone を選ぶ傾向があるという。

17.3　省略構文

関係節を使わずに分詞を利用することで同趣旨の表現が可能となるが場所の表

示は不要などの「展開文」の性格は失われる。

There is a townland containing the ruins of a castle, called Townlough on the verge of the lake. (P. W. Joyce)「湖畔にTという名で城址を擁する村落がある」‖ Six miles further on there was a village called Panghu, which [通常の関係節] had been recently formed and had a good deal of forest close to it. (A. R. Wallace)「六マイルほど先にパングという名の村があった。この村は最近できたばかりで近くに豊かな森林があった」

17.4　物の一部の状態 (a＝a certain)

There is *a bend* in the stick.「杖の一部が湾曲している」‖ At this point there is *a sharp turn* / *a rise* in the road.「ここで道路が急カーブになっている、登り坂になっている」‖ There is *a dip* in the terrain.「土地にくぼみがある」‖ There's a bit of *a fall* on the river here. (W. Ch.)「ここで川が少し落ち込んでいる、ちょっとした滝になっている」‖ I'm sure there is *a lump* coming on my back. (F.H.B.)「きっと背中にこぶができるな」― cf. She *had a tumour* on her left breast.「左の胸に腫瘍があった」(「できもの」は一時的な現象)

第十八章　名詞節の性格

18.0　目的語が事柄の場合

　目的語が人や物ではなく事柄である場合とは即ち日本語で「何々という事柄」と言いまわす場合に相当する。

18.1　求められる条件

　言説、思考、判断などの動詞で名詞節 (that- 節) を目的語にすることができる。後に説明するようにこれらの動詞は直接ではなく代名詞 it を介して名詞節と結合できる。

18.1.a　that- 節の起源

　that に導かれる名詞節が目的語として機能する場合、従来から他動詞が直接 that- 節に接続すると説明されているが、これは誤りである。

Could *it* be possible *that* she was not aware *that* he was there?（M. Twain）

現代英語の規則では他動詞といえども that- 節を直接目的語にとることができない、という「意外な」事実をここで指摘しておきたい。
that- 節が単独で目的語として機能していないことは次の事実から明らかである。

　　　可　　He told me *that* he was going away.
　　　不可　**That* he was going away* was told me.

I entered and asked one of the matter, and *it was told me that* fire from above had fallen on the hut of the king as he lay sleeping.（H. R. Haggard）「なかへ入って訳を尋ねると、聞かされたところによるが王が横になっていると小屋の屋根に火が降りそそいだという」‖ ... and *it was told him that* this was the Minister.「この人が大臣だと教わった」

新たな事実として、所謂「名詞節」は代名詞 it を介してのみ動詞に接続できること、かつこれが条件次第で表現されないという事実を学習者は知らなければならない。

I know [*it*] *that Mr. Smith has left for New York* — *It* is generally known *that Mr. Smith has left for New York.* cf. We take *it that Mr. Smith has already left for New York.*（代名詞を省かない）‖ *It* was argued *that* the money ought, in fairness, to be divided between the two hospitals. (newspaper)「寄付金は2病院に公平に分配されるべきだという意見があった」

前置詞がある場合は代名詞とともに常に省かれる。また代名詞を前置詞から切り離し、これを主語として受動態を作ることはできない。

We are aware *of a stranger's arrival* — we are *aware of the fact that* a stranger has arrived — we are aware [of it] that a stranger has arrived.

また to beg, to pray, to vow（etc.）に続く that- 節も受動態がない。むしろ I prayed *in such a way* that . . . の意味でラテン語 precor ut . . . の意義借用かもしれない [*ut* = so that]。

Rosamund *begged that she might hear* what Nevil had first said on his arrival. (G. Meredith) cf. *It* was sworn on the trial *that* Maria had been frequently seen . . .「～と証言された」。まれな語法であるが to swear the oath that . . . ともいうから論理上不可能ではない。

18.1.b　it の起源

この it はどこからきたものか。この it の起源を略説すると次のようになる。

  Stage 1　It is a fact: 'Mr. Smith has left for N.Y.'

fact の内容が同格的に置かれた直接引用文によって説明されている。

  Stage 2　That Mr. Smith has left for New York is *a well-known fact.*

引用文の内容が that- 節に組み込まれて主語となり、補語に a fact が置かれる：That . . . is a fact. この場合、that- 節の補語になる名詞は数が限られている。*fact, circumstance, state of affairs, condition; truth*（< true）*, likelihood*（< likely）, etc.

STAGE 3　*The fact* that Mr. Smith has left for New York is well-known.

fact と that が同格に置かれ、主部を構成する。この際 a fact が the fact となる。

STAGE 4　*It* [the fact] is well-known that Mr. Smith has left for New York.

the fact が代名詞 it と交代すると it + that の連続は許されないので it ... that へ変更される。it「それ」は何かを具体的に指しているのではなく「辞書から何か名詞を補って読め、適当な言葉がなければ it のままにしておけ」というメッセージの意味を持つ。

STAGE 5　Everybody [it] knows that he has left for N.Y.

代名詞は必要に応じて見え隠れする：*It* is known *that he has left for N.Y.*「ニューヨークへ出発したのはよく知られている」この代名詞はときには省略できないことがある。

I take *it* that you are a confessing Christian.（Saki）「敬虔なキリスト教徒と存じ上げる」

動詞 to take it that ...「～と考える」は that は省けるが（口語）、代名詞 it は省けない（to *take for granted* that ... は可）。前置詞がある I *hold to* it that ...（cf. I hold that ...）/ I *stick to* it that ... etc. においても省略はできない。これらは「思考の動詞」である。

I *take* you are speaking seriously.（D. H. Lawr.）‖ I *take it* there is not much.（S. Butler）‖ If I am asked for testimony I shall *hold to it that* you are as good Christian as any. ‖ "You *stick to it that*, i.e. persist in the view, that I'm a broken-down man?" "I do." ‖ He *stuck to it that* they should stay there and not leave their post.（E. Gibbon）‖ I'll *see to it that* you have more leisure.「取りはからう」‖ I'll *see to it that* you're not bored. ‖ You can *take it* from me that it's a perfectly genuine proposition. [take it from me = believe me, my statement, etc.]（A. Christie）— cf. Every one seemed to *take for granted that* she missed him.（K. Chopin）「当然、彼が恋しいのだろうと誰もが思っていた」‖ We *were given to understand that* our plane would be delayed.「到着が遅れるといわれた──逐語訳「我々に（与格）はそのこと（省かれている it）| that 以下のこと | を理解すべく与えられた」（*Lit. it* was given us to understand（= for understanding）| that ...）（▶ 10. 11）。

18.2 直接引用と間接引用

　直接話法の主動詞は to say が基本動詞であるが、種々の動詞が代替表現として使われる。'I'll tell the press' he *threatened* は 'I'll tell the press' he said *threateningly* に同じ。書き言葉は発話の音調を再現できないから、それを補うための工夫と思われる。

He *smiled* and *said* "The better for our purpose". (Shakespeare, *Richard III*)「それはかえって好都合、とにんまりして彼は言った」‖ He *lost his temper* and *said* he was always being made to do everything he didn't want to do. (M. Twain)「癇癪をおこして〜言った」‖ "I wouldn't do it to anyone else," she *said, by way of apology* = "I wouldn't do it to anyone else," she *apologised*.「〜と言い訳した」‖ 'Well, perhaps I would,' he *decided* at last. (S. Crane)「であると決断した」‖ 'You will leave me alone', he *snarled*.「ほっといてくれ、と噛み付くように言った」‖ 'It may be the unwisest thing I ever did,' he *said to himself*.「考えた」(C. W. Chestnut) ‖ 'Hope that dog won't wake her!' he *thought*. (J. Gals.)「犬の鳴き声で目が覚めなければよいがと思った」‖ Harris *objected*: he said he had a headache. (J. K. Jerome) — cf. Harris *objected that* he had a headache「頭痛を理由に反対した」

18.3 間接話法の主動詞

　日本語の「〜という、思う、判断する」などに対応する言説、思考、判断の動詞は名詞節による「間接話法」の形式を使えるが、「笑う、泣く」などはこれができない。

'Nonsense!', he *laughed*. ‖ He *said laughingly* that it was nonsense. ‖ He *laughed* [at my remark] *and said* it was nonsense. ‖ 'Fancy old George talking about work!' he *laughed* (J. K. Jerome) 但し *He *laughed* that it was true とはいわない — cf. "Haven't we seen enough?" "I haven't," she *smiled*, i.e. she said smilingly. (H. James)

第十九章　命令文

19.0　命令文の性格
　現代英語では動詞の原形と命令形が同形であるが、これは歴史の過程で発生した偶然によるもので、古今の西洋語でそうはならない言語がむしろ主流である。

19.1　名称の是非

19.1.a　伝統的名称の問題点
　「命令文」という名称（英語で the imperative < Lat. modus imperativus）もまた誤解を招きやすい。定義上「命令」は拒絶できないが要求や依頼は断ることができる。命令文は命令するときしか使わないと学習者が思い込んでしまう危険がある。

19.1.b　「命令」と「指示」の伝達
　英語で「命令」「指示」を伝達するために次のような文形式がある。

(1) to command one to do something, to order one to do something ‖ The captain *ordered* his men *to fire* the canon. ‖ So I just *ordered him to put up* the shutters for the day. (C. Doyle)

(2) to tell one to do something: You *told* me to stay here till you came back.「待てといった」

以上は断る余地がないという意味で「命令」と定義してもよい。以下は内容から見れば「依頼」であるから承諾・不承諾は自由である。

(3) to ask one to do sth. 依頼する：He asked me *to come in*.「お入りくださいといった」

(4) to entreat / to implore one to do something「お願いする」— She *entreated* him *to explain* the matter to her.「是非説明してくださいと頼んだ」

(5) to beg one to do something「膝をついて頼む」— He *begged* me to sit down on the sofa.「(このままでは話もできませんから)どうぞおかけになってくださいといった」‖ I beg your pardon for not making more haste.「遅くなってすみません」‖ I beg your pardon は「何ですって！」あるいは「お言葉を返すようですが」という意の挿入句。

19.1.c　直接話法の多様性
　間接話法に対応する直接話法の形式は多様である。例えば 'Do it now!' は部長刑事が部下に職務上の行動を指示する場合であるが、'Please do it now!' では個人的な「お願い」となる。小説では主動詞に意味づけが示されることが多いので参考になる。映画ならば、役者の演技にゆだねられる部分である。

'I'm going to Echo Lodge.' '*Take* me with you,' *entreated* Davy. (L.M.M.)「お願い、連れて行ってと D がいった」‖ "Take these two, and go!" she *commanded*.「命令口調でいった」‖ 'Be quiet', he *ordered*. ‖ "You won't tell anyone, George? Promise you won't tell anyone," she *implored*.「哀願調で」‖ 'Come back — please come back!' she *begged*.「お願いといった」

19.1.d　「命令法」の詳細
　「命令法」は以下に説明するように意味が命令のみとは限らない。英語圏でもこの弊害に気づいてか最近は the directive「指示法」などともいう。言語機能的基本とは次の3項目であると考えられているが、命令とは意志の伝達の形式である。

情報の伝達：　一方的に情報を他人へ伝達する I'm not coming.
意志の伝達：　人を動かす Take this home.
注意の喚起：　状況にコメントする Rainy weather isn't it?

命令形式ではあっても Enjoy your holiday in Japan! などは「命令」ではない。

Everybody *be seated*.「みなさんご着席ください」(cf. Everyone, please be seated.) ‖ *Stand up* the boy who said that!「いま発言した子(は)起立しなさい」(R. Huddleston, *Introduction to the Grammar of English*)

19.2　「命令形」が用いられる環境
　以下に一括して提示する。

a) 命令、要求、注文をつけるというときの「注文」

Speak out, then. What is this? (C. Doyle)「ではいっていただこう。これは何ですか」‖ *Mark* that, Watson. Now, then *listen* to this.「それに留意をしてくれたまえ、ワトソン君。でこいつなんだがね」‖ Now *listen* to me; turn this pitiful rascal out — I beg you to do it. Will you?「いいかね、この哀れな奴を追い出すんだ。是非にもそう願いたい」‖ *Look* at〔= let's look at〕Sir Charles's death! That was bad enough. (C. Doyle)「チャールズ卿の死を見たまえ。あれはひどいことだった」‖ You will の文で："You *will* either give me a serious reply, or wish me good-morning（= leave me）"‖ "You *will* excuse me — yes?"「え、なんですって？ OKですか」‖ "You *will* remember〔= Remember〕me to your father?"「よろしく伝えてくれたまえ」— 意志動詞の命令形は努力を求める意味となる「～するように、せぬように努めよ」。

Let's try and sleep. (J. Gals.)「すこし休もうよ」‖ Don't forget the letter.「手紙（のこと）を忘れないで」‖ Don't lose your temper.「短気を起こすな」‖ Don't lose courage.

b) 依頼する（Requesting）

Give my love to Liza.「ライザによろしく」‖ *Drop* me a line.「便りをくださいよ」‖ *Pass on*, please!（乗り物で）「中ほどへお進みください」‖ *Pass* me the salt, please!（会食などで）「塩をまわしてください」‖ *Love* me, *love* my dog. 参考：「坊主憎けりゃ袈裟まで憎い」

c) 忠告、示唆、指示（否定＝禁止）などを伝える。相手が忠告をもとめている、指示を待っている、などの状況では自然に「命令」文を使える。器具やソフトウエアなどの説明書にも「命令形」を使う。

"The way to the bank? I have no idea. *Ask* at the police station just around the corner."「銀行ですか。知りませんね。そこの交番で聞いてください」‖ *Try* the next button.「隣のボタンを押してごらん」‖ *Do Not Touch* With Bare Hands.「素手で触れないでください」（掲示）‖ *Do not block*.「出入り口につき駐車禁止（など）」（掲示）‖ *Wait* until the light comes on.「ランプがつくまでお待ちください」‖ *Do not lose* this number.「この番号をなくさないように」（ソフトウエアなどの注意書き）‖ *Do not eat* this.「これは食べられません」（食品に添えられた乾燥剤などの注意書き）‖ *Hold* the line, please.「そのまま切らずにお待

ちください」‖ *Look* before you leap.「飛び跳ねるときは接地先をよく見よ」とは「注意深く行動せよ」の意味。‖ *Spare* the rod and spoil the child.「子供のしつけを怠るな」という意味の諺。

d) 停止の要求「やめてくれ」

Stop it, I say (*or* I tell you).「おい、やめてくれ」‖ *Stop* criticizing, I am doing my best. ‖ *Leave* me alone now.「もういい加減にしてくれ」‖ *Come off.* You aren't serious, are you?「よしてくれ、冗談だろう」‖ *Knock it off!*「おいよせ；やめて、だめよ」(口語)

e) 買い物をするとき(できるだけ簡潔に)

Give me the large one, *please*. How much is it? ‖ *Show* me another!「別のを見せて」

f) 激励(Encouragement)

Cheer up!「元気を出せ」‖ *Enjoy* your holiday! ‖ *Have* a good time! ‖ *Come on,* George! Let's go!「ジョージ、頑張れ」(応援の言葉) ‖ *Keep up* your hearts, your spirits!「頑張って」‖ After you have once gained self-control, however, *don't relinquish it. Keep up* the good work until ... (T. Q. Dumont)「それを失わないでそのまま続けるのよ」

g) 緊急時の絶叫(Hue and Cry)

Stop the thief!「泥棒だ」‖ *Help*! *Help*!「助けて！」

h) 勧誘(Invitation)

Come on in, the water's fine!「おいでよ。ここはとても楽しいよ」(in invitation to do somebody to join an enjoyable or profitable activity. (OxDic of Current Idiomatic Eng.)" ‖ *Do* it yourself.「日曜大工をしよう」(DIYと略記) ‖ "*See* Naples and die."「ナポリを見て死ね」(諺) ["Naples is such a beautiful place" — cf. But *you will come on, will you not,* and see Merripit House? (C. Doyle)「M館を訪れてみませんか」‖ *Come on,* you needn't be frightened to tell an old mate like me. (H. Lawson)「心配ないから話してくれよ。昔なじみじゃないか」

英語のコマーシャルではこの形式を好んで用いる： *Get* more from your home PC.「家庭で PC をもっと使おう」‖ *Live* in America, 55,000 Green Cards Offered in the Official U.S. Gov't Program.「アメリカで暮らそう」‖ *Save* on international phone calls!「国際電話の料金を節約しよう」

i) 食べ物などをすすめる。

Help yourself, please!「どうぞ召し上がってください」‖ *Have* some more coffee. — cf. *Won't you have* some more steak? (E. P. Roe) ‖ But do sit there and rest yourself and — *have* some more lemonade. (W. Ch.) ‖ *Let's have* some more wine.

19.3　祈願「～あれかし」（三人称で）

　この動詞形はもと「願望法」と呼ばれたもので命令文ではないものの、現代英語では独立した文法形式とはいえなくなった。

19.3.a　God (Heaven)を主語とするもの

　God save the Queen!（英国国歌）［国王の御代ではむろん "God save the King!" という］

Dear me!（もと God dear me! 直訳：「神が私を慈しんでくださいますように」。「こりゃ大変」の意 [dear = have mercy on]）‖ *God bless you for* ... は I thank you for ... の意である（やや古風）: *God bless you for* promising to come. (C. Doyle) ‖ *God bless you for* telling me this. (C. Reade)「話してもらってよかった」‖ "You are so kind! *God bless you for* it.「神の恵みをあなたに」— cf. *May God bless* you for it! (A. Bierce) ‖ *I would to Heaven* I might be a young fool again! (L. J. Vance)「願わくば昔の愚かな若者に戻りたい」‖ *I would to God* I were! (G. Meredith) ‖ *Would to God* you were right! (A. K. Green)「あなたの言うとおりであることを願います」‖ *Would to Heaven I may* thus atone for the past, and secure your future. (M. Edgeworth)「自分の過去を償い、あなたの将来を確実にしたいと願う」‖ *Would to God that* I had given him notice on the very day that he came. (C. Doyle)「知らせておくべきだった」— Would to God that it were so 'I wish it were so' はもと Would God it were so といい、God が主語であった。あまりにも特殊な表現であったことからつじつまを合わせるために現在の形に落ち着いたが、いまも奇妙な表現ではある。

19.3.b　それ以外の主語

　Be it said in passing, that success is a very hideous thing.「ついでに申し添えておくが、成功とは恐ろしいものなのだ」現代英語では to my shame *be it said*, to his credit *be it said*, here be it said in parenthesis「ついでに触れておくが」など挿入的に用いる。Anne's got plenty of faults, goodness knows, and *far be it* from me to deny it.「確かにアンには欠点がうんとある。それを否定しようとは思いません」(口語体であることに注意)。
　現在では助動詞 may または let を使う (Let ～ do については 10.9.d 参照)。

May you have a pleasant journey.（C. R. Drake）「どうか楽しい旅を」‖ *May you prove more successful* in your enterprise than those who have preceded you.（E. Brahmah）「これまでの人たち以上にあなたが成功を収めますように」‖ *May* he rest in peace!（弔辞）‖ *Let* bygones be bygones.「過ぎたことは忘れよう」‖ *Let* it *snow, let* it *snow*!（歌詞）「雪よ降れ降れ」‖ If it rains, *let* it *rain*.（Z. Grey）「降りたけりゃ勝手に降れ」‖ *Let it rain, let it blow, let it thunder, let it lighten*, a Christian must still believe.（J. Bunyan 1628–88）「雨降らば降れ、風吹かば吹け。雷鳴耳を裂き稲妻空に光れども基督教徒は信念を貫け」(▶ 19.6)

19.4　*suffice* it...（古風）= *let* it *suffice*...

I need not dilate on the particulars of our interview; *suffice* it to say, that he received me with more than usual kindness.（G. borrow）「いつもとは違う歓迎を受けたと記しておきます」‖ *Let it suffice* that Miss Corray and I were engaged in marriage.（A. Bierce）「～ということだけは記しておく」

19.5　be 動詞の命令文

　意志の発動が不可能な事柄、例えば *Be afraid!, *Be scared には使えない。Be male!（TV）は「男らしく振る舞ったらどう」の意。

Be kind to the sick and you will win their friendship.（J. Reynolds）‖ *Be kind to* say a prayer for me.（E. Nesbit）‖ *Be careful!*「気をつけて」‖ *Be assured!*「安心しなさい」‖ *Be pleased to* ask your question and let me go.「なにとぞご質問を早く済ませて、ご放免願いたい」（古風）‖ Be quiet!「じっとして」‖ Be silent!「黙っていろ」

19.6 譲歩文

　従属文中では譲歩の意味を得る。

Be it a duke or a shoeblack, what do I care? 「公爵でも靴磨きでも誰がかまうものか」∥ *Be it ever so humble*, there is no place like home. 「ささやかでも我が家が一番だ」∥ *Come* what may of it, I love him.（W. Collins）「どういう結果になろうとあの人を愛している」

事　項　索　引

あ
アイスランド語（Icelandic）→ ノルド語
相乗り型（不定詞の用法）　3.12.a

い
意義借用　10.12.f, 18.1.a
意志動詞と無意志動詞の現れ方　2.4.h
意志動詞と無意志動詞の組み合わせ　2.4.j
意志の発動　2.4, 6.10, 12.7.a, 13.0, 13.1, 13.3.a, 19.5；意志が発動不能な場合 6.10, 6.10.a
意志未来　6.8
意味上の主語［不定詞］　3.5, 3.10.c, 3.12, 3.12.a, 3.13.a, 3.13.b, 4.3.a, 10.13；［動名詞］4.3.a
印欧語　0.0.b, 1.6, 2.0, 2.2, 6.16.a
　印欧語の完了形　6.14

う
迂説形　6.14, 11.4, 11.13, 13.12
内枠文　0.1.b, 16.0 → 外枠文

え
英国ルネッサンス期　10.13.a
婉曲法　7.3.d

か
概念の梯子（conceptual ladder）　0.4, 3.5, 9.5, 9.7, 9.14, 9.16.b, 9.16.c, 9.16.e, 9.21.a
過去完了形　1.7, 6.1, 15.6
過去形と過去時制　1.1.d, 1.6, 1.7, 1.12, 2.0, 2.1, 2.3.a, 6.1–6.3, 6.15.a, 6.16.a–6.16.c, 9.15.b, 11.12.d（there's の過去形），11.13, 14.22, 15.1.d
　過去形と完了形相互の関係 6.16.b；過去形の独自性 6.2
過去進行形　1.1.c, 2.4.c, 6.1, 6.13
過去の一点　6.1.c, 6.13, 15.6
過去分詞　1.12, 6.0, 9.2.f, **11.1–11.4**（性格・由来）　11.5, 11.7, 11.8（古い過去分詞）過去分詞の二面性 12.4；他動詞の過去分詞と受動態 12.3
仮定法（the subjunctive）→ 法
感覚動詞（verb of perception）　10.21.f
関係詞　3.5, 3.10.c, 16.3.a, 16.4
　関係代名詞 3.10.c, 15.1.d, 16.1.a, 16.3.a；関係副詞　3.10.c；関係詞の省略 3.10.c, 16.4
関係節（relative clause）　3.10.c, 3.11.c, 6.16.c, 9.12.c, 16.1.a, 16.1.b, 16.4, 17.1；関係代名詞節 15.1.d, 16.1.a；関係節中の過去形 6.16.c
冠詞 → 名詞と冠詞
間接疑問文　7.3.b（whether の由来），11.12.a, 14.6, 14.7, 14.26
間接受動（伝統文法の呼称）　10.11, 12.0
間接目的語 → 与格
間接話法　14.22, 19.1.c
　間接話法の主動詞 18.3
完了形と完了時制　15.0–15.9 → 現在完了形
完了受動態　12.4, 15.2.e
完了動詞（perfective verb）　1.6, 15.3
完了不定詞　3.9, 13.20, 13.21, 15.8
完了分詞と動名詞　15.9

き
祈願文　19.3
擬似分割文（the pseudo-cleft）→ 分割文
擬似目的語　10.4
基層言語（substratum）　10.10.f
規則動詞（regular verb）　2.1
既定値　10.13.a → 初期値
義務分詞（gerundive）　3.3, 11.5
疑問代名詞　3.10.c, 7.3.a, 7.3.c
疑問文（の語順）　7.3.a
行住座臥 → 四種の基本体位（FCP）
強変化動詞（strong verb）　2.2
ギリシャ語　5.0.b, 6.14, 9.7, 11.5, 16.0, 17.1

[279]

禁止(prohibition)　4.5.c（動名詞による）, 19.2
欽定訳聖書(the Authorized Version)　7.3.a, 9.12.c, 14.10, 17.1

け
繋辞(copula)　8.0, 9.16.b → コピュラ
継続的用法（関係節）　3.10.c
継続動詞(durative verb)　11.12
形容詞
　形容詞の比較法 9.2.e, 9.2.f, 9.10.b；形容詞の潜在比較 9.2.a；形容詞派生動詞 9.8.b
形容詞的用法 → 不定詞
ゲール語(Irish)　1.1.d, 9.16.a, 10.10.e, 10.21, 11.4, 11.13, 13.12
現在完了形　1.1.d, 1.1.f, 6.1, 6.14, 6.15, 6.16.a, 6.16.b, 13.15, 15.1, 15.6
　現在完了形の形成　6.14；現在完了形と過去時制 15.1.d；現在完了形 I, 15.1；現在完了形 II, 15.2；現在完了形 III, 15.3
現在完了進行形　15.4, 15.5
現在形と現在時制　6.4–6.7
　現在形（単純現在形）と時の副詞 6.8.a
現在進行形 → 進行形
現在進行形と過去進行形の相違　6.13
現在進行形の成立過程　9.7
現在分詞　2.4.b, 4.0, 9.6, 9.7, 9.8, 10.12.f, 11.0–11.10.c
　（起源と性格）　3.10, 15.9；自動詞の現在分詞 11.8；他動詞の現在分詞 11.10
言説動詞(Latin: *verbum dicendi*)　3.11 (E)

こ
行為者（受動文）　8.4, 12.6
構造上の省略　0.6
構文(sentence pattern)
　五種の構文　8.0；第一構文 8.0；第二構文 8.0, 9.2, 9.2.d, 9.2.e；第三構文 9.16, 9.16.a, 10.9.e, 10.12.a, 10.12.c；第四構文 10.10；第五構文 9.7, 9.8.a, 10.9.e, 10.12, 10.12.b；不定詞構文 1.1.e, 3.12.a, 4.3.b
呼格(vocative)　0.0.b
古期英語(Old English)　2.4.b, 3.1, 3.2, 3.7.a, 3.11.d (C), 4.0, 6.14, 6.15.a, 6.16, 9.6, 10.1.a, 10.5.c, 10.11, 10.14, 11.10, 12.6, 13.17, 13.19, 14.13
国文法
　体言 0.0.a, 0.1.c, 0.2, 4.2；体言止め 0.0.a；連用形 4.2
語順(word order)　7.3
　祈願文(precative)の語順 19.3.a, 19.3.b；疑問文の語順 7.3.a；感嘆文の語順 7.3.e；否定文の語順 7.3.c
コピュラ　3.5, 8.0, 9.2.b, 9.7, 9.8.b, 9.16.a, 9.16.b, 9.16.e（二つの機能）, 10.10.b, 16.5
　コピュラ文 3.5；コピュラ文の特性 9.21.a
固有名詞　9.11.a, 9.11.b, 9.11.c, 9.11.d, 9.16.b, 9.16.c, 9.16.d, 11.6, 12.2
混淆(blending)　4.3.b, 9.12.f

さ
再帰代名詞(reflexive pronoun)　11.7, 13.13, 13.14, 13.16, 13.17
再帰動詞(reflexive verb)　9.8, 11.7, 13.13, 13.14, 13.15, 13.18, 13.19, 13.20, 13.22, 13.25
　再起動詞起源の自動詞 13.17；再帰動詞の受動態 13.3, 13.15, 13.16, 13.17；再帰動詞の動作名詞 11.7；再帰動詞の分詞 11.7；再帰用法の有無 13.16
先取りの it（伝統文法）　3.4, 9.8.b, 10.5.c, 10.12.h, 16.1.a

し
使役動詞(causative)と使役構文　10.9–10.9.g
　使役動詞の自動詞化(ergative) 13.18；使役構文の条件 10.9.d
時間の経過(passage of time)　1.7, 1.8
　時間の経過と発話の時点（時制の原理）1.7–1.9
時間の表記法　2.4.c
思考の動詞(Latin: *verba cogitandi*)　10.17, 18.1.b
指示副詞　9.13
指示法 → 命令法
時制　0.0, 1.0, 1.1, 1.1.a, 1.1.d, 1.1.f, 1.5,

事項索引　281

2.0, 3.0, 3.8, 6.1, **6.1.b**, 13.2
　時制の連想　6.1.a；時制論 1.8
実行(型)動詞(performative)　6.7, 10.1.b
自動詞(intransitive)
　再帰動詞目的語の省略 13.17；他動詞
　目的語の省略 → 省略語法
弱変化動詞　2.3, 2.3.a, 2.3.b
惹起動詞(*trigger*-verb)　10.9.a
従属節　1.7, 6.15, 6.16.a, 7.2
主語(subject)　9.17
　主語と補語の転置 9.16.h
述語　3.3, 9.16.a, 9.16.e, 9.16.f, 9.20
述部(predicate)　0.0, 0.0.a, 0.1.c, 0.2,
　0.4.a, 3.3, 7.2, 7.3.a, 9.2.e, 9.7, 9.14,
　9.16.a–9.16.c, 9.16.e, 9.21
　述部の反復(there- 構文) 9.14
受動形式 → 受動態
受動態　**12.0–12.10, 13.0–13.15**
　受動態(passive voice)と受動形式 4.3.a,
　6.0, 6.16.a, 8.4, 10.5.d, 9.8.f, 10.4,
　10.5.d, 10.6, 10.7.a, 10.9.g, 10.19, 12.3,
　12.7.a 13.12, 13.13；受動の意味を含蓄
　しない受動態 13.15；受動形式と論理受
　動 12.2, 12.7.a；受動進行形 13.8, 13.10；
　受動進行形成立の経緯 12.4, 13.10；受動
　性 9.8.d, 12.2, 12.3, 12.7.a, 12.9, 12.10,
　13.0, 13.1, 13.8, 13.10, 13.12, 13.20,
　14.0, 14.9, 14.10；受動態の行為 12.6,
　13.6；受動態の生成 13.2；受動態への転
　換 10.1.a, 10.3, 10.7.b, 10.7.d, 10.16,
　10.17, 10.20 (to wish), 14.25；同転換不
　可 10.13.d；受動態成立の条件 13.0,
　13.1, 13.3；動作受動と状態受動の非合
　理性 12.5
主部(subject)　0.0, 0.0.a, 0.1.c, 0.2, 0.4.a,
　0.4.b, 3.13.c, 7.2, 9.16.b, 9.16.c, 9.16.e,
　9.19, 9.21, 16.0, 16.1.a, 18.1.b
　主部の臨時の省略 9.19
授与動詞　**10.10.a–10.10.d**, 10.10.f, 10.11,
　10.21 → 第四構文
瞬間(的)現在(instantaneous present)
　6.1.c
瞬間動詞(momentary verb)　11.9, 11.11.b
準動詞(verbal) → 動名詞, 不定詞
条件を表す不定詞 → 不定詞

承前　3.5, 4.1.a, 9.11, 9.16.h, 16.0, 16.4
状態(state)
　状態の定義 8.2；継続状態と結果の状態
　8.3；状態受動(状態受け身) 10.5；状態
　動詞 1.5.d, 1.10.b, 3.10.b；述部の状態表
　示 9.3
譲歩文(concessive sentence)　19.6
省略語法　0.1.b
　口語特有の省略 9.19；目的語の省略 10.1.b,
　10.1.c, 10.6
初期近代英語(EModE)　1.9, 10.20
初期値(default)　10.13.a, 10.13.b, 10.13.d,
　10.14, 10.16, 10.17
　初期値の変更 10.13.c
叙事文　**5.0.a–5.2**
　叙事文と判断文の組み合わせ 5.0.d；叙
　事文と判断文の接点 5.1
所有格　4.3.a
進行形　1.1.c, 1.1.e, 1.1.f, 1.5.c, 1.9, 1.10.b,
　2.4.b, 2.4.d, 2.4.g, 6.4.c, 6.6.a, 6.8,
　6.8.a, 6.12.a, 9.7, 9.12.d, 9.12.e, **11.11–
　11.15**, 11.17, 11.18, 13.2, 13.14, 13.15
　巨視的進行形 1.11, 11,14, 11.17；段階的
　進行形 11.16；進行形の起源 9.7；進行形
　の欠如 14.15；進行形と時の副詞 6.8.a
新約聖書　5.1, 17.1

す
随意動詞(voluntary verb)　12.1 → 意志
　動詞

せ
性質形容詞(adjective of quality)　9.7
聖書の英語(Biblical English)　9.7
節(clause) → 従属節、名詞節
接続法(the conjunctive) → 法
接頭辞 a-　9.6, 9.7, 10.7.b, 10.8.a, 10.8.b,
　10.8.c, 13.10 (受動進行形)

そ
相互動詞　13.25
外枠文　0.1.b, 16.0, 16.1.a → 内枠文

た
体位の変更(changing the posture) → 四種

の基本体位
第一構文 → 構文
大過去　15.7.b → 過去完了形
体言止め → 国文法
第五構文 → 構文
第三構文 → 構文
第二構文 → 構文
第四構文 → 構文
単純未来　6.8
単文(the simple sentence)　7
　単文の構成　7.2

ち
知覚動詞の受動態　10.9.g
知覚と感覚動詞　3.11.d(E), 10.9.g, 10.12.f, 14.0, 14.6
中期英語(Middle English)　2.4.b, 3.1, 3.4 備考, 3.11.d (C), 3.12.d, 6.14, 6.16.a, 9.8.c, 14.12, 16.1.b
直説法(the indicative) → 法

て
定義文　9.21.a, 13.3.b, 16.0
定動詞(finite verb)　0.0, 1.0, 1.7, 3.0, 3.1, 3.10.b, 4.3.a, 6.1.b, 7.0, 7.2, 7.3.c, 8.1, 9.12.f, 9.14, 10.9.g, 10.12.a, 10.12.c, 11.5, 11.12.c, 12.10, 13.12 → 不定詞
展開文(the expanded sentence)　9.12.c, 17.0–17.4
伝達動詞(report verb)　10.14 備考
伝統文法の時制観　6.1.c
デンマーク語(Danish) → ノルド語

と
ドイツ語　1.1.d, 2.2, 11.0, 13.15
東海道中膝栗毛　10.2.b
同格的補足語　10.12.a → 構文(第五構文)
動作から見た現在　1.11
動作受動(動作受身)　12.5
動作の現れ方　2.4.b
　動作の開始・継続・収束 10.7.c, 11.11.c；
　動作の性格 2.4.d
動詞の起源 → 規則動詞, 不規則動詞
動作の定義(action defined)　1.3
動作の目的　10.2, 10.2.b

動作の様態(manner of action)　1.1, 1.2, 1.5, 1.10.a, 6.7, 8.1
　継続動作 11.12；瞬間動詞 11.9
動作名詞(action noun)　2.4.d, 4.2
　動作名詞の性格 4.4.a
動詞の種類(grouping of verbs)　1.5
　第一群 1.5.a；第二群 1.5.b；第三群 1.5.c；第四群　1.5.d；動作動詞(action verb) 1.7, 3.10.b, 11.12.c, 13.15, 15.1.a, 15.4
　状態動詞(state verb) 1.5.d, 1.10.b, 3.10.b；類動詞(generic verb) 2.4.k
動名詞(gerund)　4.0 (由来)
　動名詞の機能 4.1, 4.3, 4.4

に
人称構文 → 非人称構文(the impersonal)

の
能動態(active voice)　6.0, 6.16.a, 10.7.a, 10.9.g, 10.11, 10.12.f, 10.12.h, 10.14, 13.6, 13.11
ノルド語　1.1.d
　アイスランド語 3.11.d；デンマーク語 10.3, 10.12.a；古ノルド語 10.22

は
場所の表示(locative)　9.11.a, 9.11.d, 9.12, 10.12.c, 17.0
派生動詞(denominative)　2.1, 9.8.b, 10.25
発話の時点(MS)　1.1.b, 1.1.c, 1.1.d, 1.1.f, 1.10.a, 2.0, 6.1.a, 6.1.b, 6.9.b, 6.15.a, 6.16.a, 9.2.a, 11.14, 15.5
　日本語における発話の時点の扱い 1.1.f
「春は曙」　0.4.a
判断文(general statement)　5.1.a–5.2
　判断文と単純現在形 5.1.b–5.1.d；判断文と進行形 11.17

ひ
比較級 → 形容詞
否定(negation)と否定文　7.3.c
非人称(impersonal)　14.12 (定義)
　非人称動詞 10.5.c, 14.13, 14.25；非人称(構)文 10.11, 14.12, 14.15
避板法(variation for elegance)　9.16.d

事項索引 283

ふ
不完全自動詞(伝統文法の呼称) 9.1.a
不規則動詞(irregular verb) 2.1
複合過去(passé composé) 6.16.a
複合語(合成語)(compound) 4.4.b
複合時制(the periphrastic tense form) 6.14, 6.15.a, 6.16.a
副詞成分(adverbial) 8.4, 10.6, 10.7.b
複数(形) 0.3, 9.14, 9.15.b, 9.15.c, 9.20, 11.9, 11.11.c, 13.5, 14.16
　名詞の複数形 9.12.a, 9.15.b, 9.15.c, 14.16；動詞の複数形 9.14, 11.11；複数の行為者 13.25(相互動詞)；複数の選択(there are) 9.15.b
複文(complex sentence) 7.0, 17.1
不随意動作(involuntary action) 12.1 → 無意志動詞
付帯事情(attending circumstance) 9.1
不定詞(the infinitive) 3.2
　不定詞構文 1.1.e, 3.12.a, 4.3.b, 10.12.e, 10.14；不定詞付き対格 10.19；不定詞のtoと前置詞のto 3.9；不定詞句と動名詞の選択 3.6；名詞的用法(伝統文法の呼称) 3.2–3.5；形容詞的用法 3.10.c–3.11.d；副詞的用法 3.11.d [A] – [G]；原因と理由 3.7.b；条件 3.8；目的と結果 3.10.a 備考；目的語として(伝統文法) 10.3, 10.4；意味内容による分類 3.11.d；意味上の主語 3.12
不定詞句 → 不定詞
部分的完了 → 現在完了形(現在完了形 II)
分割文(cleft sentence) 16.1.a–16.2
　分割文による類(genus)への言及 6.1.c；擬似分割文(pseudo-cleft) 16.3, 16.3.a, 16.3.b

へ
平叙文の語順 7.3.c

ほ
母音交替(vowel gradation) 2.2
法(the moods)
　直説法(the indicative mood) 2.0, 6.3；仮定法(the subjunctive mood) 1.7, 2.0, 4.1.a, 6.3；接続法(the conjunctive mood)

1.7, 2.0；命令法(the imperative mood) 19.0–19.2
補語(complement) 0.3, 0.4, 3.2.b, 3.4, 3.5, 4.0, 8.0, 9.2.a, 9.5, 9.16.c, 9.16.e, 9.16.h
　補語の定義 9.2.b, 9.16.b；補語のみの文 9.18
補足語 7.2, 8.0, 8.1, 8.3, 8.4, 9.4, 10.12.a
　状態補足語 8.0；必須補足語 9.2.a；様態補足語 9.7；補足語の性格 9.1

み
未来を語る 6.8–6.12.c
　未来完了形 6.16.a；未来形(変則的未来表現) 1.1.e；未来進行形 1.1.c, 2.4.c, 6.8, 6.8.a (その3)；未来の一点 2.4.c, 6.1.c → 過去の一点

む
無意志動詞(involuntary verb) 2.4.a, 2.4.h, 2.4.j, 6.10.b, 14.16
　無意志動詞 to want と to like 14.16

め
名詞化(不定詞) 4.2, 10.7.c, 11.6
名詞句 3.2, 3.13.c 備考, 10.7.a, 16.1.b
名詞節 1.1.e, 3.13.b, 10.3, 10.12.f, 14.14, 15.1.d, 16.1.a, 18.0–18.3
名詞的用法 → 不定詞
名詞と冠詞
　単数か複数か 0.3；単数名詞と複数名詞 9.14, 9.15.b, 9.20, 11.13；複数の行為者 13.25 → 受動態；複数形の有無(日本語と英語) 9.15.c；不定冠詞 9.11.a, 9.11.b, 9.16.e, 9.16.f, 13.5；普通名詞 9.11.c, 9.11.d, 9.12.a, 9.16.d, 11.6；無冠詞 9.15.b, 9.16.e；無冠詞複数 9.12.a, 9.16.b；類名詞 0.3, 9.12.a, 9.14
名詞の二重性格 0.4
命名動詞 10.22
命令文 19.0–19.2

も
目的語(object)
　仮想目的語 11.10.a；結果目的語 10.2.b；

目的語の省略 → 省略語法；目的語の受動文の主語への変換 10.11（間接受動文）
目的補語（objective compliment）→ 第五構文

よ

要求文　6.9.a 備考 → 命令文
様態（manner）→ 動作の様態、様態の副詞
様態の副詞　8.1, 8.4, 9.7, 9.16.f, 16.5
与格（dative）　3.2, 8.0, 10.5.a, 10.5.b, 10.10, 10.10.a, 10.10.c, 10.11
予知性（predictability）　3.4, 3.7.b
予定 → 未来を語る
四種の基本体位（FCP）　11.12.b–11.13
　行住坐臥 11.12.b；体位の変更　10.12.c, 11.11.e

ら

ラテン語　1.6, 3.11.d（C）, 3.12.a, 3.13（C）備考, 6.5.a, 6.8, 6.10.a, 10.10.b, 10.14, 10.19, 10.20, 10.22, 12.2, 14.2, 14.9, 14.14

ラテン語からの意味借用 18.1.a；ラテン語の完了形　15.5；ラテン語の現在分詞の形成 11.3（現在分詞の形成）；義務分詞 11.5；ラテン語の不定詞構文 10.13.a

り

俚諺調（proverbial style）　5.1.b

る

類概念　9.12.a, 9.16.b → 名詞と冠詞
類動詞 → 動詞の種類
類名詞（generic noun）→ 名詞と冠詞

れ

歴史的現在（historic present）　6.6.b, 11.12.c, 11.13
連用形 → 国文法

わ

話題化（thematization）　9.16.h
「私はカレーライスだ」　0.5

〈著者紹介〉
秦　宏一（じん・こういち）
1941年北海道札幌市に生まれる。東京都立大学（現首都大学東京）名誉教授。博士（文学）。留学先のコペンハーゲン大学で英語学・北欧語学・印欧語比較言語学を学ぶ。主な著書に *Aspects of English Syntax and Style*（秀文インターナショナル）、「デンマーク語の入門」（白水社）がある。学術論文はほとんどが英語で書かれており、*Aspects of English Syntax and Style* の海外の専門家の評価は極めて高い。

英語動詞の統語法
日英語比較の新たな試み
The Modern English Verb — A Pragmatic Approach

2009年3月25日　印刷	2009年4月3日　初版発行

著　者　秦　　宏一
発行者　関戸　雅男
印刷所　研究社印刷株式会社

KENKYUSHA
〈検印省略〉

発行所　株式会社　研究社

〒102-8152
東京都千代田区富士見2-11-3
電話（編集）03(3288)7711(代)
　　（営業）03(3288)7777(代)
振替　00150-9-26710

© Koichi Jin, 2009
Printed in Japan / ISBN 978-4-327-40153-5　C 3082
http://www.kenkyusha.co.jp/

装丁：たかはし文雄